Martin Hüfner

40 Geld-Fallen, die Sie besser vermeiden

Martin Hüfner

40 Geld-Fallen, die Sie besser vermeiden

Warum alles falsch ist, was wir über Wirtschaft wissen

HANSER

MIX
Papier aus verantwortungsvollen Quellen
FSC® C014889
FSC
www.fsc.org

Bibliografische Information der Deutschen Nationalbibliothek
Die Deutsche Nationalbibliothek verzeichnet diese Publikation in der Deutschen Nationalbibliografie; detaillierte bibliografische Daten sind im Internet über http://dnb.d-nb.de abrufbar.

1 2 3 4 5 18 17 16 15 14

Internet: http://www.hanser-literaturverlage.de
Lektorat: Martin Janik
Herstellung: Andrea Reffke
Umschlaggestaltung und Motiv: Hauptmann & Kompanie Werbeagentur, Zürich
Satz: Kösel Media GmbH, Krugzell
Druck und Bindung: Friedrich Pustet, Regensburg
Printed in Germany
ISBN 978-3-446-44036-4
E-Book-ISBN 978-3-446-44063-0

Inhalt

»Wirtschaftswissenschaften sollte man nicht studieren, um eine Reihe von fertigen Antworten auf ökonomische Fragen zu erlangen, sondern um zu lernen, wie man es vermeidet, von Ökonomen getäuscht zu werden.«

Joan Robinson, englische Ökonomin, 1903 – 1983

Vorwort

Ein Jahr nach der Pleite der New Yorker Lehman-Bank war ich bei einer Kundenveranstaltung der HypoVereinsbank in Stuttgart. Es ging um die Inflationsaussichten. Ich diskutierte auf dem Podium mit Kai Carstensen, einem jungen, klugen Professor der Universität München und des ifo Instituts. Ich vertrat die These, dass die Geldentwertung als Folge der hohen Staatsverschuldung, der niedrigen Zinsen und der starken Liquiditätsausweitung steigen müsse. Das konnte gar nicht anders sein. Wenn die Leute viel Geld haben, geben sie viel aus. Die Preise steigen. Ich riet den Zuhörern daher zu Anlagen in Sachwerten, die gegen Inflation schützen, also Aktien, Immobilien, vielleicht auch Gold.

Carstensen war ganz anderer Meinung. Mit gleicher Überzeugungskraft wie ich begründete er, dass es wegen der schwachen gesamtwirtschaftlichen Nachfrage keine größeren Preissteigerungen geben werde.

Für das Publikum waren zwei so unterschiedliche Meinungen interessant. Sie brachten Spannung und jede Menge Argumente in der einen und der anderen Richtung. Jeder konnte sich sein eigenes Bild machen.

Kurzfristig hatte ich recht. Die Geldentwertung hat sich in den Monaten danach von 1½ auf über 3 % verdoppelt. Der Rat, Sachwerte zu kaufen, war goldrichtig. Dies geschah jedoch – das war weniger gut – nicht wegen der großen Liquidität und der Staatsverschuldung, wie ich vermutet hatte. Es lag vielmehr daran, dass die Ölpreise in die Höhe geschossen waren. Das hatte keiner so auf der Rechnung. Meine Prognose war richtig, aber aus den falschen Gründen. Ich hatte Glück gehabt.

Längerfristig betrachtet war die Vorhersage von Carstensen zutreffender. Die Geldentwertung ermäßigte sich trotz des vielen Geldes wieder. Sie ist heute so niedrig wie schon lange nicht mehr. Ich war mit meiner Theorie also in eine Falle getappt.

Das ärgerte mich. So etwas sollte mir nicht noch einmal passieren. Ich schaute mir daher andere gängige und verbreitete Thesen zum Geschehen in der Geldwirtschaft an. Es zeigte sich, dass es hier häufig nicht viel anders war. Es gab nicht nur eine, sondern eine ganze Reihe von Aussagen, die jedem plausibel, vielleicht sogar selbstverständlich erscheinen, die bei näherem Hinsehen aber auf wackeligen Füßen stehen. Häufig stellten sie sich später als Irrtum heraus.

Ist es nicht klar, dass Goldwährung Stabilität garantiert? Oder dass die Preise bei Stabilität nicht steigen? Oder dass Geldentwertung schlecht ist? Werden Banken durch Regulierung nicht sicherer? Wer wollte darüber noch diskutieren? Aber leider ist es falsch. Es ist gerade das Typische und Tückische an Fallen, dass sie auf den ersten Blick harmlos und überzeugend erscheinen, sich am Ende als Täuschung entpuppen.

Das war der Anlass zu diesem Buch. Ich wollte meine eigenen Aussagen auf ihren Wahrheitsgehalt abklopfen, damit ich dem ersten Anschein nicht noch einmal auf den Leim gehe. Ich wollte aber auch anderen die Erfahrung ersparen, dass sie bei wirtschaftlichen Einschätzungen danebenliegen und damit vielleicht Geld verlieren. So sammelte ich Vorurteile und Selbstverständlichkeiten, die mir bei Gesprächen auffielen. Ich stellte sie auf den Prüfstand, ob sie wirklich so selbstverständlich waren oder ob sie sich am Ende nicht doch als falsch herausstellen könnten. Das Ergebnis sind die 40 Geld-Fallen, die Sie in diesem Buch finden.

Ich behaupte nicht, dass ich es besser weiß. Die Zukunft hält immer Überraschungen bereit. Manches kommt anders, als man vermutet. Ich sage auch nicht, dass alles falsch ist, was wir denken und was öffentlich behauptet wird. Aber es ist unbestreitbar, dass manches nicht korrekt und vor allem nicht so zwangsläufig ist, wie viele meinen. Manchmal wird man von anderen bewusst geleimt. Bisweilen liegt der Irrtum aber auch nur darin, dass man vergisst, unter welchen Bedingungen die Theorien formuliert wurden. Wir wundern uns dann, wenn sie plötzlich nicht mehr funktionieren.

Man sollte daher näher hinschauen, bevor man gängige Thesen übernimmt. Das Buch will dabei helfen. Es zeigt die Mechanismen, die hinter den Aussagen stehen. Es erklärt, dass und warum manches anders laufen kann. Das Buch enthält nicht »ewige Wahrheiten«. Es will Sie aber davor bewahren, von »ewigen Wahrheiten« hinters Licht geführt zu werden. Es unterstützt Sie, wenn Sie Angst haben, von Märkten oder Finanzexperten in die Irre geführt zu werden. Ganz im Sinne der großen Volkswirtin Joan Robinson: Wie kann man vermeiden, von Ökonomen bei Ratschlägen oder Empfehlungen in Gelddingen getäuscht zu werden?

Es gibt wohl niemand, der solche Erfahrungen nicht schon einmal gemacht hat. Das Buch richtet sich daher an einen breiten Leserkreis. Entsprechend habe ich versucht, alles in einfachen Worten zu erklären, sodass auch der berühmte »Jedermann« es versteht. Ich bin davon überzeugt, dass sich alle wirtschaftlichen Fragen kurz und für den Laien verständlich beantworten lassen. Was kompliziert ist, ist verdächtig. Es riecht danach, dass etwas nicht stimmen könnte. Kein Kapitel ist länger als fünf, sechs Seiten. Auch schwierigere Tatbestände werden auf ihren einfachen Kern zurückgeführt. Wissenschaftliche Streitfragen, so wichtig sie für den Experten sein mögen, bleiben außen vor.

Zudem ist das Buch nicht als theoretische Abhandlung geschrieben. Zwei Geschwister tauschen sich über E-Mails aus. Die Schwester hat die Fragen und hakt nach, wenn etwas nicht plausibel erscheint. Der Bruder hat die Erklärungen, muss sich aber auch kritisieren lassen, wenn etwas nicht überzeugend ist. Ich stelle mir die Schwester als eine Frau mittleren Alters vor, vielleicht eine Ärztin, die ihr Geld sorgfältig anlegt, sich viele Gedanken macht und dabei auf Fragen stößt, auf die sie keine Antwort weiß. Sie ist an wirtschaftlichen Fragen interessiert, hat aber keine vertieften Kenntnisse. Der Bruder ist Ökonom und versucht, ihre Fragen so zu beantworten, dass sie sie versteht. Manchmal formuliert er vielleicht etwas pointiert. Das ist bewusst. Übertreibung ist nun einmal die Lupe des Nationalökonomen. Sie soll die Fehler und Fallen deutlicher machen.

Das ist eine Art »sokratischer Dialog«. Dabei sind die Fragen natürlich nicht so existenziell wie die bei dem Philosophen Sokrates. Sie betreffen nur die Wirtschaft. Das hat aber den Vorteil, dass hier am Ende niemand den Schierlingsbecher trinken muss. Ich hoffe, der Dialog macht das Lesen leichter und angenehmer.

* Anleitung zum Lesen: Ich freue mich natürlich, wenn Sie das Buch ganz lesen. Sie bekommen dann einen Überblick über wichtige Zusammenhänge und Antworten auf viele Fragen, die bei der Geldanlage, bei der täglichen Zeitungslektüre, bei Gesprächen im Büro, beim Small Talk am Abend oder auch beim Reden mit ihrem Bankberater immer wieder auftauchen. Es ist so kurz und kurzweilig, dass Sie es auf einem Flug von München nach New York bequem in einem Anlauf lesen können (und immer noch Zeit zum Essen und für ein Nickerchen haben).
Sie können aber auch nur einzelne Fragen und Kapitel herausgreifen. Kein Kapitel baut auf dem anderen auf. Jedes ist für sich verständlich.
Nur der erste Abschnitt fällt aus dem Rahmen. Er geht der Frage nach, warum es gerade in letzter Zeit so viele Geld-Fallen gibt. Ist das nur ein vorübergehendes Phänomen? Oder müssen wir damit auf längere Zeit leben?
Die übrigen Kapitel enthalten die jeweiligen Geld-Fallen. In jedem Kapitel finden Sie in den ersten Zeilen die Frage, die die Schwester stellt. Da können Sie entscheiden, ob das auch Ihre Frage ist oder ob Sie andere Probleme spannender finden.

1 Warum es so viele Geld-Fallen gibt

1.1 Vorsicht, wenn Ökonomen Straßen und Brücken bauen

Betreff: **Wer hat die Krise gesehen?**
Hallo Tom,
ich glaubte immer, dass ich mich auf den Kapitalmärkten etwas auskenne. Ich hatte meine Ersparnis ganz ordentlich angelegt. Seit die Staatsverschuldung aber so stark gestiegen ist und die Märkte in einer Flut von Liquidität ertrinken, verstehe ich die Welt nicht mehr. Viele Zusammenhänge stimmen nicht mehr. Was ist hier geschehen?
Schöne Grüße, Deine Alexandra

Betreff: **Wer hat die Krise gesehen?**
Liebe Alexandra,
Finanzexperten lügen und betrügen nicht, jedenfalls nicht mehr als andere. Sie sind aber ganz plötzlich in ein riesiges Loch gefallen. Seitdem glaubt man ihnen nicht mehr. Bei jeder ihrer Aussagen vermuten die Menschen eine Falle.
Man kann das sogar genau datieren. Es war der Winter 2008/2009. Es war damals zwar nicht besonders kalt. Es gab auch keine Naturkatastrophen. In wirtschaftlicher Hinsicht aber war es die schlimmste Zeit, die die Welt je durchgemacht hat. Der Absturz in diesen Monaten war größer als der in der Weltwirtschaftskrise vor 80 Jahren.

In Deutschland verringerte sich das reale Sozialprodukt von Januar bis März 2009 mit einer Jahresrate von 16 % (!). Die Zahl der Arbeitslosen schoss in die Höhe. Eine der großen renommierten amerikanischen Banken, Lehman Brothers, ging pleite. Das drohte die Finanzmärkte insgesamt in den Abgrund zu reißen. Rund um die Welt konnten Banken nur mit Hilfsgeldern der Regierungen überleben.

In Europa hatten die Menschen Angst, dass ihre gerade eingeführte Währung Euro zusammenbrechen würde. Die Aktienkurse, immer ein gutes Barometer für die Lage einer Wirtschaft, fielen in Deutschland in zwei Monaten um 25 %, in den USA sogar noch mehr.

Gut, dass wir diese Monate einigermaßen unbeschadet überlebt haben.

Schlecht aber, dass keiner der Finanzexperten das vorausgesehen hat. Das zeigte, dass es mit ihren Kenntnissen über das Geld doch nicht so weit her ist. Wer sich bei einem so zentralen Ereignis vertut, darf sich nicht wundern, dass auch andere Aussagen von ihm infrage gestellt werden.

Schöne Grüße, Dein Tom

Betreff: **Wer hat die Krise gesehen?**

Haben die Ökonomen daraus denn wenigstens gelernt?

Gruß, Alexandra

Betreff: **Wer hat die Krise gesehen?**

Nein. Das war das Allerschlimmste, liebe Alexandra. Einige waren sogar halsstarrig und behaupteten steif und fest, dass sie die Krise doch prognostiziert hatten. Das waren die, die vorher bereits zehn Krisen an die Wand gemalt hatten, von denen nur zwei oder drei tatsächlich eintraten. Wenn Du immer wieder Krisen beschreist, hast Du natürlich irgendwann recht.

Was noch hinzukam: Die Ökonomen haben nicht nur die Krise nicht vorhergesehen. Viele von ihnen waren so verunsichert, dass sie auch die Entwicklung danach nicht richtig eingeschätzt haben.

Sie fürchteten Inflation, Währungsreform und Staatsbankrott. Die Europäische Währungsunion würde zerbrechen. Deutschland würde unter der Last der Zahlungen an Griechenland und andere Mitglieder der Gemeinschaft zugrunde gehen. Von Aktien wollte sowieso niemand etwas wissen.

Es kam aber ganz anders: Statt all der Endzeitprognosen hat sich die Konjunktur schnell wieder erholt. Die Preise blieben mehr oder wenig stabil. Zeitweise wurde sogar Deflation befürchtet, das heißt ein allgemeines Sinken der Preise à la Japan. Die riesige Staatsverschuldung und die Angst vor einer Währungsreform hielten niemanden davon ab, der öffentlichen Hand Kredit zu geben, jedenfalls nicht in Ländern wie Deutschland, Frankreich oder den USA. Finanzminister konnten sich vor Geldangeboten kaum retten. Nach einiger Zeit entspannte sich selbst die Situation im Euro. Kredite Deutschlands an andere Mitgliedsländer der Währungsunion wurden, wer hätte das gedacht, zurückbezahlt.

Schließlich das Tollste: Die Kapitalmärkte entwickelten sich so gut wie selten. Die Aktienkurse haben sich in den fünf Jahren seit der Krise in Deutschland mehr als verdoppelt. Wer im März 2009 in seinem Depot Dividendenpapiere in Höhe von 100 000 Euro hatte, besaß Anfang 2014 mit einem Mal ein Vermögen von über 200 000 Euro.

Selbst an den Rentenmärkten konnte man ein Plus von 20 bis 30 % erzielen. Das war ganz ungewöhnlich. Denn einerseits waren die Zinsen schon so niedrig, dass sie eigentlich nicht mehr weiter fallen konnten. Andererseits entwickeln sich Aktien- und Rentenmärkte normalerweise gegenläufig. Wenn die Aktien steigen, fallen die Renten.

Das waren echte Geld-Fallen. Sie waren nicht nur intellektuell interessant. Sie kosteten manche Anleger auch richtig Geld.

Schöne Grüße, Dein Tom

Betreff: **Wer hat die Krise gesehen?**
Hallo Tom,
was hältst Du denn von denen, die jetzt wieder neue Krisen an die Wand malen?
Gruß, Alexandra

Betreff: **Wer hat die Krise gesehen?**
So ist das im Leben nun mal, liebe Alexandra. Wenn die alten Götter fallen, kommen neue. Während sich die traditionellen Ökonomen neu sortierten und Schwächen ausbügelten, kamen neue Propheten auf die Bühne. Ihre Thesen waren zum Teil ganz radikal. Einige empfahlen, die Geldwirtschaft ganz abzuschaffen und stattdessen wieder Gold als Währung zu etablieren. Andere schlugen vor, die Banken zu entmachten und dem Staat die Herrschaft über die Finanzwirtschaft zu geben. Die großen Industrieländer der Welt beschlossen, dass es in Zukunft keinen Bereich mehr geben dürfe, der nicht streng und umfassend reguliert würde. Selbst ernannte Propheten kündeten von neuen Krisen und Währungsreformen, die größer und schlimmer als alles bisher Dagewesene sein würden. Das machte die Verwirrung komplett und führte dazu, dass viele gar nichts mehr glaubten. Als ob es nur noch Fallen gäbe.
Manchmal wünschte ich mir, dass ich nicht Ökonomie, sondern Naturwissenschaften studiert hätte. Keiner hat Bedenken, über eine Brücke zu gehen, die ein Techniker konstruiert hat. Aber würdest Du nach diesen Erfahrungen eine Brücke betreten, die von einem Ökonomen gebaut wurde? In jedem Fall liegt der erste Grund für die vielen Geld-Fallen darin, dass die Ökonomen nicht gut genug nachgedacht haben.
Schöne Grüße, Dein Tom

1.2 Die Marktwirtschaft ist verloren gegangen

Betreff: **Finanzmärkte**
Hallo Tom,
Du ziehst jetzt über die Ökonomen her, weil Du selbst enttäuscht bist, denke ich. Aber die Wirtschaftswissenschaften sind doch eine jahrhundertealte Disziplin. Sie haben viel erreicht. Es gibt inzwischen sogar einen Nobelpreis für Wirtschaft. Wie konnte es passieren, dass die Finanzexperten nach der Finanzkrise so ein Armageddon erleben?
Schöne Grüße, Deine Alex

Betreff: **Finanzmärkte**
Guten Tag Alexandra,
wenn die Erde bebt, bleiben auch die stabilsten Häuser nicht stehen. Nicht nur, dass sich die Finanzexperten getäuscht haben. Auch die Welt, die sie erklären wollten, hat sich durch die Krise, vor allem aber durch die Maßnahmen zu ihrer Überwindung grundlegend verändert. Dadurch wurde der traditionellen Ökonomie der Boden unter den Füßen weggezogen.
Viele sprechen heute davon, dass wir in einer »neuen Normalität« leben. Das ist ein Ausdruck, den Bill Gross, einer der Altmeister des internationalen Anleihegeschäfts und einer der besten Kenner der Finanzmärkte, unmittelbar nach der Krise geprägt hatte. Er meinte damit, dass die Märkte inzwischen ganz anders ticken. Sie werden stärker reguliert (»reregulation«). Sie sind weniger global (»deglobalisation«). Und sie sind weniger kreditgetrieben (»deleveraging«). Das klingt überzeugend.
Es ist aber untertrieben. Die Veränderungen gingen viel, viel weiter. Es geht nicht um ein bisschen mehr oder weniger Globalität. Es geht nicht um ein paar mehr oder weniger Regulierungen oder um den Abbau von Kreditbeziehungen. Der ganze Ordnungsrahmen der Finanzmärkte hat sich verändert. Die Marktwirtschaft ist zusammengebrochen oder besser noch: abgeschafft worden. Wir haben beim Geld Märkte ohne Marktwirtschaft.

Damit ändern sich natürlich die Regeln des Geldes. Wenn es keine Marktwirtschaft mehr gibt, gelten die alten Lehrbuchweisheiten von Angebot und Nachfrage nicht mehr. Da reagieren die Preise nicht mehr auf Marktveränderungen. Da sollen plötzlich Anordnungen der staatlichen Aufsicht konkrete Marktprozesse ersetzen, was natürlich nicht geht. Da tritt der Staat an die Stelle privater Investoren. Da sinken die Zinsen so stark, dass die private Altersvorsorge nicht mehr funktioniert. Da kann man sich nicht mehr auf die Worte der Regierungen und der Zentralbanken verlassen. Da passt auch anderes, was wir in den Universitäten gelernt haben, nicht mehr zusammen. Da müssen wir neu denken.

Es ist dasselbe geschehen wie am Ende der Weltwirtschaftskrise 1932, nur nicht so offensichtlich. Damals hatte der Staat den Wettbewerb im Bankensektor in Deutschland offiziell mit dem neuen Kreditwesengesetz abgeschafft. Er war der Meinung, dass er sich nicht als Ordnungsprinzip für das Kreditgewerbe eigne und nur zu Krisen führe. Diesmal war man nicht so offen radikal. Man machte das diskreter. Man bekannte sich nach wie vor zum Konkurrenzprinzip. Man wollte dem Markt nur Fesseln anlegen und ihn »besser regulieren«. Im Endeffekte war das aber nichts anderes.

Schöne Grüße, Dein Tom

Betreff: **Finanzmärkte**

Hallo Tom,

gehst Du hier nicht etwas zu weit? Wieso haben wir keine Marktwirtschaft mehr auf den Finanzmärkten? Ich denke, die Banken konkurrieren doch heftig miteinander. Das sagen sie jedenfalls. Die Zinsen für Einlagen und Kredite unterscheiden sich von Institut zu Institut. Sie geben viel Geld aus für Werbung. Das sind doch Märkte.

Liebe Grüße, Deine Alexandra

Betreff: **Finanzmärkte**

Liebe Alex,

das sind »Peanuts«, um einen prominenten Banker zu zitieren. Die musst auf die Grundlagen schauen. Marktwirtschaft beruht auf sieben konstituierenden Prinzipien. Sie wurden von dem Vordenker der sozialen Marktwirtschaft, Walter Eucken, vor 70 Jahren formuliert. Sie gelten noch heute. Fünf davon sind auf den Finanzmärkten inzwischen abgeschafft. Nur zwei gelten noch. Das ist aber zu wenig, um noch von Marktwirtschaft sprechen zu können.

(1) Abgeschafft ist der Preismechanismus im Geldwesen. Die kurzfristigen Zinsen sind auf null oder fast null gesetzt. Die langfristigen Renditen werden zum Teil durch Interventionen der Zentralbanken auf ein Minimum reduziert. Es gibt keine Knappheiten mehr. Die Märkte sind durch Liquidität geflutet. Der Staat dominiert mit seiner Verschuldung die Kapitalmärkte. Als Folge lohnt sich das Sparen nicht mehr, weil die Zinsen zu niedrig sind. Die Anleger wissen nicht mehr, wohin mit ihrem Geld. Es gibt einen Anlagenotstand. Die Unternehmen halten sich mit Investitionen zurück, weil sie dem Frieden nicht trauen. Die Ausgaben für Maschinen und Ausrüstungen sind in Deutschland so niedrig wie schon lange nicht mehr. Das erklärt das geringe Wachstum der Volkswirtschaften. Banken geben Kredite an Schuldner, die das gar nicht verdienen. Kreditsicherheiten werden falsch bewertet. Die Finanzwirtschaft sitzt auf einem Haufen fauler Kredite.

(2) Abgeschafft ist auch, dass Kreditinstitute als Unternehmer für ihre Handlungen haften. Das ist ein ganz wichtiger Verstoß gegen die Marktwirtschaft. Wenn sie in Schwierigkeiten geraten, müssen sie nicht selbst zahlen. Stattdessen werden sie vom Steuerzahler »aufgefangen« oder unter staatlicher Aufsicht abgewickelt. In der ganzen Finanzkrise hat kein einziger privater Gläubiger der Banken in Deutschland direkt Geld verloren (außer durch Kursverluste von Aktien). Es gibt sogar eine spezielle Kategorie von »systemisch wichtigen Kreditinstituten« (»SIFIs« = systemically important financial institutions), die per Staatsdekret nicht

vom Markt verschwinden können. In Deutschland gehört zum Beispiel die Deutsche Bank dazu. Weil den Kreditinstituten nichts mehr passieren kann, gehen sie mehr Risiken ein. Sie halten weniger Liquidität und weniger Eigenkapital. Sie sind auch nicht mehr so kundenorientiert, weil sie nicht mehr so stark auf das Wohlwollen des Kunden angewiesen sind. Das System wird instabiler (was dann weitere Eingriffe notwendig macht).

(3) Das Privateigentum an Banken ist eingeschränkt. Ebenfalls ein ganz wichtiges Prinzip. Einige Häuser gehören vollständig dem Staat, wie die deutschen Landesbanken. An einigen hat er sich beteiligt, zum Beispiel mit 25 % an der Commerzbank. Die Geschäftsmöglichkeiten der Finanzindustrie sind zudem gesetzlich beschränkt. Die Bankenaufsicht lässt bei ihren Prüfungen keinen Zweifel, welche Geschäfte sie für wünschenswert hält und welche nicht. Das ist ein Nährboden für Fehlinvestitionen, den Erhalt von Überkapazitäten und die Unzufriedenheit der Kunden. Die Stahlindustrie, mit der die Banken manchmal verglichen wurden, war beim Abbau von Überkapazitäten wesentlich schneller und konsequenter als die Kreditwirtschaft. Selbst die im Besitz des Staates befindliche Bundesbank hat ihre Filialen schneller und radikaler geschlossen, als das private Banken getan haben. Geschäftsbanken reagieren auf Marktveränderungen und neue Wünsche der Kunden nur zögerlich.

(4) Die Währungsstabilität hat nicht mehr absolute Priorität. Auch das ist ein wichtiges Kriterium der Marktwirtschaft. Regierungen und Zentralbanken kümmern sich mehr um die Funktionsfähigkeit des Finanzsystems und die Bekämpfung der Arbeitslosigkeit als um den Geldwert. Die Preissteigerung ist zwar noch niedrig. Die neue Politik schürt jedoch Ängste bei Sparern und Anlegern und führt zu einer falschen Investition der Spargelder. Es werden Gold und Immobilien gekauft, wo eigentlich produktive Investitionen sinnvoller wären.

(5) Die Wirtschaftspolitik hält nicht Kurs. Sie ist nicht »konstant«, wie Eucken sagen würde. Stattdessen reagiert sie hektisch und ohne langfristigen Plan auf jede noch so kleine Veränderung.

Sie verteilt Gefälligkeiten, statt sich um die Wettbewerbsfähigkeit der Wirtschaft zu kümmern. Damit fehlt es an verlässlichen und einschätzbaren Rahmenbedingungen, die eine Marktwirtschaft braucht. Das schafft Unruhe. Investitionen werden aufgeschoben, langfristige Projekte nur in Notfällen in Angriff genommen. Sparer sind verunsichert. Sie trauen den Aussagen der Regierung nicht mehr.

Eucken nennt noch zwei andere Prinzipien einer Marktwirtschaft. Eines ist, dass (6) die Märkte offen sein müssen, damit sich die Wirtschaft auch gegen ausländische Konkurrenz behaupten muss. Ein anderes ist (7) Vertragsfreiheit, damit jeder mit jedem Geschäfte machen kann. Diese beiden Kriterien sind zwar auch nicht in Reinkultur überall auf den Finanzmärkten gegeben. Hier halten sich die Verletzungen aber in Grenzen.

Es ist klar, dass wir uns in einer solchen Welt mit dem Anlegen und mit der Erklärung der Vorgänge auf den Kapitalmärkten schwertun und dass es so viele und immer mehr Fallstricke gibt.

Schöne Grüße, Dein Tom

Betreff: **Finanzmärkte**

Lieber Tom,

wenn das alles mit der Finanzkrise und ihrer Bekämpfung zusammenhängt, dann müsste es doch vorübergehend sein. Wenn die Krise zu Ende ist, ist der Spuk vorbei. Mein Ältester würde sagen: Chill deine Basis. Oder?

Schöne Grüße, Deine Alex

Betreff: **Finanzmärkte**

Ich bin da nicht so sicher, liebe Alexandra. Gewiss wird manches besser werden. Die Notenbanken werden Liquidität einsammeln, wenn auch nicht ganz so viel wie nötig. Die Zinsen werden wieder ansteigen, wohl aber nicht auf das alte Niveau. Die Staatsverschuldung wird – jedenfalls in Relation zur Wirtschaftsleistung – zurückgeführt werden, vermutlich aber nicht auf den Stand von früher. Die Maastricht-Grenze, nach der die Staatsverschuldung nicht größer als 60 % der Wirtschaftsleistung sein darf, werden wir wohl nicht mehr sehen. Es werden nur die krassesten Ungleichgewichte beseitigt.

Zudem wird das lange dauern und mit viel Schmerzen verbunden sein. In diesem Jahr hat die amerikanische Notenbank begonnen, in homöopathischen Dosen die Liquiditätsversorgung wieder etwas zu normalisieren. Was gab es da schon im Vorfeld für einen Aufruhr an den Märkten?

An den Kern der Ungleichgewichte wird man sich aber auf lange Zeit nicht herantrauen: die Rückführung des Kreditgewerbes in ein marktwirtschaftliches System, in dem die Finanzmärkte nicht durch den Staat und Bankenaufseher, sondern durch Unternehmer und Preismechanismen gesteuert werden. Dazu ist das Misstrauen gegenüber den Banken und den Märkten in der Öffentlichkeit und bei den Politikern zu groß. Wer kann sich heute schon vorstellen, dass Kreditinstitute von allein und ohne staatlichen Druck verantwortlich mit den ihnen überlassenen Spargeldern umgehen? Dass sie sich im Normalfall bei Risiken zurückhalten und so viel Eigenkapital und Liquidität halten, wie es für eine gesunde Entwicklung erforderlich ist? Früher gab es dieses Vertrauen. Jetzt ist es weg. Solange dieses Vertrauen aber nicht da ist, wird es auch die marktwirtschaftlichen Reflexe nicht geben, auf die der Anleger vertrauen kann.

Nicht denkbar ist im Augenblick auch, dass sich die Wirtschaftspolitik von der Feuerwehrfunktion zurückzieht, in der sie sich für jeden noch so kleinen Brand verantwortlich fühlt (oder von den Wählern verantwortlich gemacht wird). Sie wird sich nicht so schnell wieder auf die Rolle eines Wächters der Rahmenbedingungen in einer Marktwirtschaft zurückziehen, wie es in einer funktionierenden Wirtschaftsordnung nötig ist. Das würde die Öffentlichkeit auch nicht verstehen. Es braucht hier schon große Persönlichkeiten, die die Weichen neu stellen und dafür in der Demokratie auch die Mehrheit finden. Ich sehe da im Augenblick niemanden, der das wollte, könnte oder gar täte.

Wir werden also noch eine Weile mit diesen Bedingungen leben müssen. Nach der Weltwirtschaftskrise dauerte es 35 Jahre, bis die Finanzmärkte wieder in die Wettbewerbsordnung zurückgeführt und wieder normale Bedingungen hergestellt wurden. Warum soll es diesmal schneller gehen?

Wir können die Geld-Fallen also nicht als eine kurzfristige Sottise abtun.

Schöne Grüße, Dein Tom

2 Geldmenge und Inflation

Falle Nr. 1 Geld allein macht noch keine Inflation

Der Weg ist länger, hat Umwege und geht auch über die Realwirtschaft

Betreff: **Inflation**
Hallo Tom,
ich war eine von denen, die daran geglaubt haben, dass das viele Geld in der Wirtschaft zu Inflation führt. Ich war mir da auch ganz sicher. Und jetzt stehe ich da mit meinen inflationsgeschützten Anlagen, die niemand haben will. Wie konnte das passieren, dass die Preise nicht stärker gestiegen sind? Muss ich jetzt ganz umdenken oder kommt die Inflation doch noch?
Schöne Grüße, Deine Schwester Alex

Betreff: **Inflation**
Hi Alexandra,
es gibt wenige Dinge in der Ökonomie, die so plausibel klingen und so wenig verlässlich sind wie der Zusammenhang zwischen Geld und Inflation. Die Amerikaner würden etwas pointiert sagen: Das ist Voodoo Economics – es hat eine Menge mit Magie und weniger mit Wissenschaft zu tun. Viel Geld führt zwar manchmal

zu viel Inflation, aber nicht immer. Drei Gründe: Zum einen ist der Zusammenhang zwischen Geldmenge und Inflation nicht so mechanistisch, wie viele annehmen. Die Wirtschaft ist kein Physiklabor. Zum anderen gibt es neben dem Geld auch noch andere Faktoren, die das Preisniveau bestimmen. Da kam in den letzten fünf Jahren einiges zusammen. Zum Dritten dauern wirtschaftliche Prozesse häufig länger. Sie strapazieren unsere Geduld.

Lass uns dazu mal in die Werkstatt des Geldes schauen. Wenn die Zentralbank die Liquidität ausweitet, geht das ja nicht so, dass sie einfach Geldscheine druckt und aus dem Flugzeug wirft. Die Menschen bräuchten das Geld dann nur aufzusammeln, in die Läden zu gehen und es auszugeben. So hatte das der frühere amerikanische Notenbankpräsident Ben Bernanke einmal karikiert (was ihm den Spitznamen »Helikopter-Ben« eintrug). Dann würden die Preise in der Tat sofort steigen.

Der Prozess ist komplizierter. Wenn Geld »gedruckt« wird, dann geschieht das heute so, dass die Notenbank den Finanzinstituten Kredit gewährt (so funktioniert das in Europa) oder dass sie ihnen Wertpapiere abkauft (so war das in letzter Zeit in den USA). Auf diese Weise entsteht das sogenannte Basisgeld. Es war in Europa zeitweise um über 100 % gestiegen. Noch jetzt liegt es um über 30 % über dem Stand von vor der Krise 2008.

Davon sieht aber außer den Banken keiner etwas. Es profitiert auch sonst niemand. Denn die Banken kaufen damit nicht Güter und Dienstleistungen, die die Verbraucherpreise nach oben treiben könnten. Sie erwerben allenfalls Aktien, Bonds oder sonstige Wertpapiere. Oder sie lassen – auch nicht selten – das Geld auf ihren Konten bei der Zentralbank liegen. In jedem Fall bleibt das Geld im Finanzkreislauf. Inflation gibt es nicht.

Zu der kann es erst kommen, wenn das Geld aus dem Finanzkreislauf heraustritt und die Menschen in der Wirtschaft erreicht, also die Unternehmen und privaten Haushalte. Dazu müssen die Banken das Geld weitergeben. Das erwartet die Notenbank auch von ihnen. Sie tun das, indem sie ihren Kunden Kredite geben. Dann werden aus dem Basisgeld Einlagen bei den Banken. Man könnte

das das »M-Geld« nennen, zum Beispiel M1 oder M2 oder M3. Von M3 hast Du sicher schon in der Zeitung gelesen. Es ist der gebräuchlichste Geldbegriff, weil er die meisten Einlagen umfasst.
M3 ist in Euroland heute weniger als 10 % größer als vor der Krise. Es ist viel weniger gewachsen als das Basisgeld. Zum Teil hängt das damit zusammen, dass die Banken mit der Kreditvergabe zögerlich waren, weil sie sich nach der Finanzkrise nicht neue Risiken einhandeln wollten. Zum Teil fehlte ihnen das nötige Eigenkapital für die Kreditvergabe.
Zum Teil fragten ihre Kunden aber auch nicht so viel Kredit nach. Sie waren nach der Wirtschaftskrise gebrannte Kinder. Das Wirtschaftswachstum war nicht so stark.
Vor allem die privaten Haushalte zögerten mit dem Geldausgeben, weil sie sich nicht so sehr verschulden wollten. Selbst in Amerika, wo die Verbraucher normalerweise besonders viel auf Kredit kaufen, ging die Konsumentenverschuldung nach der Finanzkrise zeitweise absolut zurück. Im Endeffekt ist nur ein kleiner Teil des von der Notenbank geschaffenen Basisgelds auch wirklich bei Verbrauchern und Investoren gelandet.
Viele Grüße, Dein Tom

Betreff: **Inflation**
So lang ist der Prozess dann aber offenbar doch nicht, wie Du am Anfang gesagt hast. Das jedenfalls kann ich noch ganz gut überschauen.
Gruß, Deine Alexandra

Betreff: **Inflation**
Vorsicht, wir sind noch nicht am Ende. Der nächste Schritt ist: Verbraucher und Investoren müssen das Geld ausgeben, das sie erhalten haben. Sonst kann keine Inflation entstehen. Auch das ist nicht selbstverständlich. Auf diesem Weg bleibt noch einmal Liquidität auf der Strecke. Bei privaten Haushalten kommt das nicht so oft vor. Sie nehmen Kredit nur auf, wenn sie ihn wirklich brauchen. Aber Unternehmen nutzen Kredite häufig nicht, um

neue Maschinen und Ausrüstungen anzuschaffen. Sie stocken damit vielmehr Kassenreserven auf, um ihre Bilanz zu stärken. Gerade in den Jahren nach der Finanzkrise sorgten sie in besonderem Maß für Risiken und unsichere Zeiten vor.

Es gibt nur einen Sektor, der mit der Kreditaufnahme und dem Geldausgeben nicht so zimperlich war: Das ist der Staat. Er hat seine Verschuldung nach der Finanzkrise kräftig erhöht und seine Nachfrage ausgeweitet. Im Euroraum war er der größte Nutznießer von der Liquidität, die die EZB zur Verfügung stellte.

Insgesamt ist das nominale Bruttoinlandsprodukt als Ergebnis von privater und öffentlicher Nachfrage in Euroland in den sieben Jahren seit Ausbruch der Krise nur um 2 % gewachsen. Das ist nur noch ein kleines Rinnsal verglichen mit dem großen Wasserfall, den die Notenbank zu Beginn der Krise in Gang setzen wollte.

Auch damit ist die Geschichte aber noch nicht vorbei. Wenn die Nachfrage zunimmt, steigen nicht automatisch die Preise. Dazu kommt es nur, wenn das Angebot knapp ist, wenn also die Unternehmen nicht in der Lage sind, die entsprechenden Güter und Dienstleistungen zur Verfügung zu stellen. Auch das war nach der Finanzkrise nicht der Fall.

In den letzten Jahren hatten viele Firmen freie Kapazitäten, die sie erst einmal auslasten wollten. Zudem gab es auf dem Arbeitsmarkt genügend Frauen und Männer, die gerne einen Job annehmen und arbeiten wollten. Mit ihnen konnte entsprechend mehr produziert werden. So wurde noch einmal Druck aus der Pipeline in Richtung höherer Preise abgelassen.

Gruß, Dein T.

Betreff: **Inflation**

Lieber Tom,

das erklärt, warum es keine größere Inflation gab. Aber warum sind die Preise trotz des vielen Geldes sogar weniger gestiegen als vorher? Wir hatten ja fast Deflation.

LG, Deine Alexandra

Betreff: **Inflation**
Da kamen noch ein paar Dinge dazu, die nichts mit dem vielen Geld zu tun hatten. Die beiden wichtigsten waren einmal, dass das gesamtwirtschaftliche Wachstum trotz aller staatlichen Ankurbelungsmaßnahmen nicht in Gang kam. Es hat sich von 2010 bis 2013 kontinuierlich verlangsamt. 2013 betrug es in Deutschland nur noch 0,4 %, so wenig wie schon lange nicht mehr. Da kann natürlich keine Inflation aufkommen.
Zum anderen gingen die Öl- und Benzinpreise zurück. Das hatte auch nichts mit der Geldmenge oder dem schwachen Wachstum zu tun. Es war ganz einfach Glück.
Die Lage auf den Ölmärkten hatte sich durch die Erfindung und Verbreitung der neuen Ölfördertechnik »Fracking« dramatisch verändert. Mit einem Mal stieg die Menge des verfügbaren Öls und Gases auf den Weltmärkten drastisch an. Die Preise sanken, in den USA noch mehr als in Europa. Das veränderte die Welt.
Du weißt, wie wichtig die Ölpreise für die Geldentwertung sind. Viele Jahre haben wir unter den hohen Ölpreisen gelitten. Sie haben die Geldentwertung dramatisch nach oben getrieben. Jetzt haben wir den umgekehrten Fall: Die Ölpreise gehen zurück. Das ist gewissermaßen eine »negative Ölkrise«. Sie wird so schnell nicht zu Ende gehen.
Gruß, Dein Tom

Betreff: **Inflation**
Und was ist Deine Schlussfolgerung aus alldem?
Schöne Grüße, Deine A.

Betreff: **Inflation**
Erstens, dass es unter diesen Umständen erst wieder in zwei oder drei Jahren zu einer stärkeren Inflation kommt. Es ist nicht so, dass die Wirtschaft inflationsresistent ist oder dass die Inflation tot ist. Die Geldmenge ist nicht verschwunden. Sie steckt immer noch in den verschiedensten Ecken der Volkswirtschaft (wo man sie schlecht identifizieren kann). Sie kann jederzeit nach oben ge-

schwemmt werden. Das wird dann geschehen, wenn die Konjunktur an Fahrt gewinnt – vorausgesetzt freilich, dass das Geld nicht vorher abgesaugt wird (was wir alle hoffen).
Zweitens: Wenn es Preissteigerungen gibt, dann wird es trotz des vielen Geldes keine Hyperinflation werden wie in Deutschland 1923. So etwas können Regierungen und Zentralbanken in den Industrieländern heute verhindern, wenn sie nicht ganz unverantwortlich sind oder sich nicht ganz dusselig anstellen. Es wird aber eine Inflation werden, die dem Sparer wehtut und gegen die er sich durch entsprechende Anlagen schützen sollte.
Lege das Thema Inflation jetzt nicht zur Seite (und verkaufe nicht Deine inflationsgeschützten Anlagen). Du brauchst sie noch. Das Thema wird uns weiter beschäftigen.
Beste Grüße, Dein Tom

Falle Nr. 2 In einer Goldwährung ist es nicht besser

Die Welt käme vom Regen in die Traufe

Betreff: **Goldwährung**
Hallo Tom,
wenn das Geldwesen so viele Schwierigkeiten macht, warum führen wir dann nicht einfach wieder eine Goldwährung ein? Das hat doch in der Vergangenheit funktioniert. Dann gäbe es keine Inflation mehr. Dann bräuchten wir uns nicht mehr um Kunstwährungen wie den Euro den Kopf zu zerbrechen. Dann gäbe es keine Transferunion in Europa. Wenn ein Land kein Gold mehr hat, dann ist es pleite. Schluss. Wäre das nicht das Beste?
Übrigens finde ich Vertreter dieser Theorie ganz sympathisch, wenn sie im Fernsehen auftreten. Vielleicht könnte ich als Anlegerin sogar noch etwas verdienen, denn ich habe ein bisschen Gold im Depot. Soll ich vielleicht noch etwas nachkaufen? Es ist doch jetzt so schön billig.
Schöne Grüße, Deine Alexandra

Betreff: **Goldwährung**
Liebe Alex,
jetzt bin ich schon baff, dass ausgerechnet Du Gold kaufen willst. Du bist doch sonst so vorsichtig, vernünftig und konservativ. Gold ist eines der gefährlichsten Investments, die es überhaupt gibt. Sein Preis bezieht sich auf ein einzelnes Gut. Er schwankt extrem. In den letzten 15 Jahren war er mal bei 200 Dollar, mal fast bei 2000. Kennst Du einen anderen Preis, der so hoch- und runtergeht? Er wird zudem in Dollar notiert, Du kaufst ihn aber in Euro. Du hast also noch ein Wechselkursrisiko. Die Aussage, dass Gold ein Schutz gegen Krisen ist, lässt sich mit nichts belegen. Denn was kannst Du mit Gold machen, wenn das normale Geld zusammenbricht? Willst Du damit Brot kaufen? Dann suche Dir mal einen Bäcker, der das Gold als Bezahlung akzeptiert. Wenn Du zocken willst, dann bitte. Aber dazu solltest Du mich nicht fragen.
Beste Grüße, Dein Tom

Betreff: **Goldwährung**
Jetzt hast Du es mir aber gegeben!
Gruß, Alex

Betreff: **Goldwährung**
Entschuldige, aber das musste mal gesagt werden. Nun wieder sachlich, zur Volkswirtschaft. Zugegeben, eine Goldwährung hat Charme. Aber die Lösung unserer Geldprobleme ist sie noch lange nicht.
Die großen Vorteile von Gold sind: Es ist schön anzusehen. Es ist wertvoll. Es ist knapp (für eine Währung ganz wichtig). Jeder will es haben. Und das ist nicht nur eine kurzfristige Laune des Augenblicks, sondern war schon über Jahrtausende so.
Eine Währung wie den Euro an Gold zu binden oder gar Goldmünzen in Euro auszugeben, würde unser Empfinden von der Währungsunion von einem Tag auf den anderen um 180 Grad drehen. Alle würden sich um den Euro reißen, nicht nur die Euro-

paer, sondern auch die Ausländer. Das wäre ein Vertrauensbonus ohnegleichen.
Man muss das nicht unbedingt als Goldumlaufwährung machen, dass also jeder Eurogoldmünzen in der Tasche trägt. Das wäre unbequem. Denn Gold ist schwer. Man kann es leicht verlieren. Es ist auch in kleinster Stückelung zu teuer, um die normalen täglichen Einkäufe zu tätigen. Ein Gramm Gold kostet zurzeit etwa 32 Euro. Um ein Brot zu kaufen, brauchst Du also eine Münze von vielleicht einem Zehntelgramm Gold. Die ist so winzig, dass man sie leicht verliert. Weil das Einkaufen mit Gold so unbequem ist, hat man schon früher neben Gold auch Silbermünzen verwandt. Das war die Zeit des sogenannten Bimetallismus (zum Beispiel im 19. Jahrhundert in der Lateinischen Münzunion).
Man kann das natürlich auch einfacher haben, indem man Gold nicht direkt als Geld verwendet, sondern die vorhandene Währung an Gold bindet. Die Zentralbank beispielsweise verspricht jedem, der einen 100-Euro-Schein bei ihr einliefert, dass er dafür beispielsweise rund drei Gramm Gold bekommt. Man kann auch sagen: Die Zentralbank darf Geld nur in einem bestimmten Verhältnis zu ihrem Goldbestand ausgeben. Je weiter man sich freilich von der Goldumlaufwährung entfernt, umso mehr verblasst der Glanz des Goldes. Trotzdem ist es noch eine Goldwährung.
Also keine Frage, es geht. Man kann eine Goldwährung einführen. Die Welt würde jubeln.
Schöne Grüße, Dein Tom

Betreff: **Goldwährung**
Lieber Tom,
dann hätten wir doch unser Problem gelöst. Was hast Du dagegen?
Besten Gruß, Deine Alexandra

Betreff: **Goldwährung**

Liebe Alex,

weil ich mir nicht sicher bin, ob damit die von Dir gewünschten positiven Wirkungen erreicht würden. Die Einführung einer Goldwährung hat große Schwächen.

Die eine ist: Sie bedeutet den Verzicht auf den Einsatz der Geldpolitik zur Stabilisierung der wirtschaftlichen Entwicklung. Geldpolitik gibt es nicht mehr. Notenbanken im bisherigen Sinn werden nicht mehr gebraucht. Sie werden reduziert auf die Verwaltung des Goldbestandes in ihren Tresoren. Wir liefern stattdessen die Wirtschaft den Launen der Goldproduzenten der Welt aus. Wenn sie mehr Gold fördern, dann gibt es – unabhängig von der Entwicklung der realen Wirtschaftsleistung – mehr Geld. Dann können die Menschen mehr kaufen. Die Preise steigen. Es hat auch in der Goldwährung Inflation gegeben.

Umgekehrt: Wenn die Goldproduzenten weniger Gold fördern, etwa weil es einen Streik in den Minen gibt oder weil die Chinesen als Goldproduzenten beispielsweise die Welt unter Druck setzen wollen, dann gibt es weniger Geld. Die Menschen können nicht mehr so viel kaufen. Die Preise sinken. Es gibt Deflation.

Auch das ist in der Goldwährung vorgekommen. Als die Goldwährung in der zweiten Hälfte des 19. Jahrhunderts in einer Reihe von Ländern eingeführt wurde, fürchtete man zuerst eine Deflation, weil das Gold nicht für alle reichen würde. Dann wurden neue Goldreserven in Westaustralien und in Südafrika entdeckt, und es kam Inflationsfurcht auf.

Wenn Privatleute Gold besitzen dürfen, begibt man sich in einer Goldwährung zusätzlich noch in die Hand der Spekulanten. Wenn Hedgefonds Gold kaufen würden, hätten die Zentralbanken weniger, die Geldmenge müsste zurückgehen, die Preise müssten sinken, die Beschäftigung würde leiden. Stell Dir einmal vor, was da in den Volkswirtschaften Zeter und Mordio geschrien würde.

In den Zeiten der Goldwährung verlief die Geldwertentwicklung sehr viel erratischer als heute. In den USA, wo es eine Art Goldbindung bis 1972 gab, schwankten die Preise zeitweise zwischen plus 20 bis 25 % und minus 10 bis 15 % – und das manchmal von einem Jahr auf das andere. Es gab Jahrzehnte, in denen die Preise genauso oft nach oben gingen wie nach unten. Im Durchschnitt gab es zwar Stabilität. Aber die Menschen lebten in einem permanenten hektischen Auf und Ab.

Ob Du das willst, weiß ich nicht. Mir jedenfalls ist es lieber, wenn die Welt etwas weniger hektisch ist. Auch die Weltwirtschaftskrise 1929 bis 1933 wäre sicher nicht so schlimm verlaufen, wenn es die Goldbindung nicht gegeben hätte. Eine Reihe von Ländern hat die Goldbindung ihrer Währung damals aufgegeben, damit sie die Wirtschaft besser stabilisieren konnten.

Der bekannte amerikanische Ökonom Barry Eichengreen hat die Goldwährung aus diesem Grund einmal ein »barbarisches System« genannt.

Schöne Grüße, Tom

Betreff: **Goldwährung**

Ist das die einzige Schwäche der Goldwährung?

Alexandra

Betreff: **Goldwährung**

Nein. Es gibt noch eine zweite. Wenn jedes Land einen Goldpreis festlegt und sein Geld daran bindet, dann heißt das natürlich, dass es wieder feste Wechselkurse gibt. Also genau das, was viele am Euro kritisieren. Diesmal aber nicht nur für eine begrenzte Zahl von Ländern in Europa, sondern im Weltmaßstab. Es gibt keine Auf- und Abwertungen der Wechselkurse mehr, mit denen wirtschaftspolitische Fehlentwicklungen korrigiert werden können.

Wenn ein Land mehr importiert, als es exportiert, dann muss es Gold hergeben. Dadurch schrumpft die Geldmenge im Inland, und die Wirtschaft muss sich einschränken. Die Arbeitslosigkeit steigt. Genau wie das in den letzten Jahren den südeuropäischen Ländern gegangen ist, vielleicht sogar noch stärker. Nur kann

man es dann nicht Brüssel (oder Berlin) anlasten, sondern schuld ist das Gold.
Umgekehrt in einem Land mit Außenhandelsüberschüssen wie Deutschland. Es bekäme immer mehr Geld, müsste die Geldmenge ausweiten und hätte am Schluss Inflation. Ich möchte die Bundesbank nicht sehen, wie sie sich dagegen sträuben würde.
Das Bretton-Woods-System der internationalen Währungsbeziehungen, das es bis 1973 gab, beruhte auf einem Gold-Dollar-Standard. Es zerbrach an genau diesen Mechanismen.
Der französische Staatspräsident de Gaulle schickte damals angeblich Schiffe über den Atlantik mit dem Auftrag, in Amerika Dollar abzuliefern und dafür Gold zu verlangen. Da die USA nicht so viel Gold hatten, hoben sie kurzerhand die bis dahin bestehende Goldeinlösungspflicht auf und kündigten den Gold-Dollar-Standard auf. Die französischen Schiffe mussten abdrehen, bevor sie den amerikanischen Kontinent erreicht hatten. Du siehst also, dass die Welt damals keineswegs ruhiger und angenehmer war.
Nun kann ein Land natürlich den Goldpreis ändern, wenn es den Druck einer Anpassung durch Goldabflüsse nicht mehr aushält. Im Bretton-Woods-System war diese Möglichkeit ausdrücklich vorgesehen. Aber dann kommt man vom Regen in die Traufe. Denn dann gibt es wieder Anreize zu Spekulation zwischen den einzelnen Währungen. Wenn sich die Leistungsbilanzen der Länder auseinanderentwickeln, dann erwartet der Markt, dass es früher oder später Änderungen des Goldpreises gibt, und es baut sich eine Spekulation in diese Richtung auf. Was glaubst Du, was dann los ist, wenn in einem Land mit einer Änderung des Goldpreises gerechnet wird? Außerdem: Wenn der Goldpreis zu oft geändert wird, dann verliert das Gold seinen Wert als sicherer Hafen.
Manchmal habe ich den Verdacht, dass all die Lobpreisungen für das Gold und die Vorschläge für eine Wiedereinführung einer Goldwährung von einer ganz anderen Seite kommen – nämlich von der Goldlobby, die damit Geld verdienen will.
Dein Tom

Betreff: **Goldwährung**
Könnte es denn sein, dass der Goldpreis bei Einführung einer Goldwährung auf 2000 oder 3000 Dollar festgelegt würde? Da würden Goldbesitzer schon einen schönen Reibach machen.
Gruß, Alexandra

Betreff: **Goldwährung**
Denkbar ist es. Es könnte freilich auch umgekehrt kommen. Der Goldpreis könnte vielleicht auf nur 600 Dollar fixiert werden, um die Goldspekulation zu bestrafen (was in der breiten Mehrheit der Bevölkerung sicher nicht unpopulär ist). Welcher Politiker will sich in den Verdacht begeben, dass er der Goldlobby nachgegeben und den Goldpreis zu hoch fixiert hätte.
Und noch eins: Es könnte sein, dass der Privatbesitz an Gold verboten würde, wenn eine Goldwährung eingeführt würde. Das war beispielsweise in den USA zeitweise der Fall. Damit wollte man damals verhindern, dass die Währung zu einem Spekulationsobjekt wird.
Ich hoffe, dass ich Dir damit den Traum von der Goldwährung ausreden konnte. In Bayern würde man nicht so viele Worte machen, sondern ganz einfach sagen: Das ist ein »Schmarrn«.
Schöne Grüße, Dein Tom

Falle Nr. 3 Auch bei Stabilität wird die Pizza teurer

Warum Zentralbanken lieber mehr Preissteigerung haben wollen

Betreff: **Pizza**
Lieber Tom,
ich habe eine böse Vermutung. Könnte es sein, dass die Geldentwertung viel höher ist, als die Politiker uns weismachen wollen? Eine Pizza bei mir um die Ecke kostet heute acht Euro. Das ist so viel, wie ich früher in D-Mark dafür bezahlt habe. Also eine glatte Verdop-

pelung des Preises. Da kann mir doch niemand erzählen, dass wir einen stabilen Geldwert haben.
Herzliche Grüße, Deine Alex

Hallo Alexandra,
Einspruch Euer Ehren. So einfach kannst Du es Dir nicht machen. Du kannst nicht von dem Preis eines Gutes auf den ganzen Geldwert schließen. Du sagst ja auch nicht, dass alle Autos schlecht sind, nur weil bei Deinem Wagen gerade mal der Blinker nicht geht. Wenn Du mehr Kaffee trinken und weniger Pizza essen würdest, würdest Du sagen, der Wert des Geldes wird immer größer, denn die Kaffeepreise sind in den letzten Jahren gesunken. Veränderungen in den relativen Preisen gibt es immer. Die Pizza wird teurer, weil sie bei den Verbrauchern so beliebt ist und weil die Löhne steigen, ohne dass sich die Produktivität der Pizzabäcker nennenswert erhöht. Kaffee wurde dagegen billiger, weil es immer mehr Kaffeeplantagen gab. Die Röstereien haben effizienter gearbeitet. Die Nachfrage nach Kaffee ist nicht so schnell gestiegen, wie sich das die Anbieter vorgestellt hatten.
Man sagt: Die Preise »atmen«. Sie signalisieren Anbietern und Nachfragern damit die Veränderungen in den relativen Knappheiten. Das ist für das Funktionieren der Marktwirtschaft wichtig.
Mit dem Geldwert hat das nichts zu tun. Hier kommt es nicht auf den Preis eines Gutes an, sondern auf die Preise aller Güter und Dienste, zumindest sehr vieler. Stabilität ist daher ein abstrakter Begriff. Nahrungsmittel, Strom und Haarescheiden können teurer werden, vorausgesetzt Kühlschränke, Handys und Fotoapparate werden billiger. Die Stabilität liegt irgendwo dazwischen. Das entspricht dem bekannten Spruch, dass der Mensch wohltemperiert ist, wenn er mit einem Fuß im Kühlschrank steht und mit dem anderen auf der heißen Herdplatte.
Das mit Deiner Pizza ist keine Geldfalle. Es ist nur falsches Denken. Allerdings hast Du recht, dass es bei der Stabilität wirkliche Fallen gibt.
Beste Grüße, Dein Tom

Betreff: **Pizza**
Und die wären?
Gruß, Deine Alexandra

Betreff: **Pizza**
Liebe Schwester,
für Dich wie für uns alle heißt Stabilität, dass die Preise nicht steigen. Zentralbanker denken da ganz anders. Sie wollen nicht, dass die Preissteigerung null ist. Sie streben vielmehr einen Anstieg an, wenn's nur nicht zu viel ist. Das geht so weit, dass sie zeitweise besorgt waren, weil die Preise »nur« um 1 oder 1½% gestiegen sind.
Warum? Sie gehen dabei von der Erfahrung aus, dass viele Güter im Laufe der Zeit durch technischen Fortschritt immer besser werden. Wenn sie aber besser sind, müssten sie eigentlich auch mehr kosten. Die Preise müssten höher sein. Wenn sie das nicht sind, entspricht dies effektiv einer Preissenkung. Schau Dir Autos an. Sie werden von Modellwechsel zu Modellwechsel immer besser. Wenn sie trotzdem nicht mehr kosten, dann sind sie eigentlich billiger geworden. Du bekommst mehr Auto für Dein Geld.
Die Statistiker versuchen, diesen Effekt durch komplizierte Rechnungen auszuschalten. Sie sprechen – nur dass Du den Namen einmal gehört hast – von hedonischen Preisen. Der Name ist etwas merkwürdig, denn mit Freude und Lust (die eigentlich hinter dem Hedonismus stehen) hat das Ganze wenig zu tun. Die hedonischen Preise gab es anfangs vor allem bei Computern, TV-Apparaten und anderen Geräten mit hohem technischem Fortschritt. Inzwischen spielen sie aber auch bei Mieten und Grundstückspreisen, sogar auch bei Bekleidung eine Rolle. Die Bereinigung der Preissteigerung gelingt freilich nie ganz vollständig.
Wer in einer solchen Welt Stabilität haben will, muss also in der Statistik eine leichte Preissteigerung anstreben. Das gilt zwar nicht für Deine Pizza, wohl aber zum Beispiel für Dein Handy, Deinen Fernseher oder Dein Auto.

In den Zentralbanken hat man lange diskutiert, wie hoch man eine solche Preissteigerung ansetzen sollte, die man als Stabilität definiert und sich als Ziel vorgibt. Inzwischen peilen die meisten die Marke von rund 2 % pro Jahr an. In der Europäischen Zentralbank hat man sich auf die etwas umständliche Formulierung »nahe, aber unter 2 %« geeinigt. Hier zeigt sich nebenbei gesagt, wie schwer sich Europa mit einfachen Kompromissen tut.
Schöne Grüße, Dein Tom

Betreff: **Pizza**
Gut finde ich das nicht, dass man Preissteigerungen von 2 % noch als Stabilität bezeichnet. Das geht einem schwer in den Kopf. Aber sei's drum, da muss man nicht drüber streiten. Was mir Sorgen macht, dass manche auch höhere Preissteigerungen von 20 oder 30 % noch als Stabilität bezeichnen.
Gruß, Alexandra

Betreff: **Pizza**
Liebe Alexandra,
auch das hängt damit zusammen, dass Stabilität nicht 0 % Preissteigerung heißt, sondern 2 %.
Denn die 2 % gibt es ja nicht nur in einem Jahr, sondern über viele Jahre. Wenn ein Produkt jedes Jahr um 2 % teurer wird, dann liegt sein Preis nach zehn Jahren um 20 % über dem Ausgangsniveau, nach 15 Jahren (so lange gibt es den Euro schon) sogar um 32 %. In den Augen der Zentralbank waren die 15 Jahre mit dem Euro Stabilität, weil die Preise nur um jährlich 2 % gestiegen sind. Für den Bürger ist das aber eine ins Gewicht fallende Preissteigerung. Der Euro von 1999 ist heute nur noch 68 Cent wert. So haben wir uns das mit der neuen Währung nicht vorgestellt.
Die *Bild*-Zeitung hat im vorigen Jahr nicht nur den Preisindex von heute mit dem vom 1999 verglichen, sondern ganz konkrete Preise. Das war ganz eingängig. Fischstäbchen sind seit der Einführung des Euro um 4,8 % billiger geworden, Hähnchenschen-

kel dagegen um 93,3 % teurer. Der Preis der Avocado hat sich um 192 % erhöht, der von Frühlingsquark aber um 12,7 % ermäßigt. Insgesamt sind die Preise in Deutschland gemessen am Index um 26 % gestiegen (etwas weniger als die oben genannten Zahlen für den gesamten Euroraum).

Was liegt näher, als diese Geldwertverschlechterung dem Euro in die Schuhe zu schieben (das war sicher auch die Motivation der *Bild*-Zeitung hinter ihrem Artikel)? Er ist eine schlechte Währung, so sagen viele, weil er solche Preissteigerungen zulässt. Umgekehrt fühlt sich die Europäische Zentralbank ungerecht behandelt, weil sie doch tatsächlich ihre Ziele erreicht hat. Das macht es so schwer, sich über die Stabilität des Euro zu verständigen, und heizt die ohnehin schon heftige öffentliche Debatte noch weiter an.

Der eigentliche Schuldige ist aber gar nicht der Euro. Es sind der Zins und der Zinseszins. Also die Tatsache, dass sich die jährlichen Zuwachsraten (hier also die Preissteigerung) auf das jeweilige Preisniveau des Vorjahres berechnet, die Vorjahrespreise aber immer größer werden. Wir alle kennen das und freuen uns darüber bei der Vermögensanlage. Der Zins berechnet sich auf die Spareinlage des Vorjahres. Wenn die Zinsgutschrift nicht abgehoben wird, dann addiert sie sich zu dem Kapital. Im Jahr darauf gibt es dann einen entsprechend höheren Zins. Das ist der sogenannte Zinseszins, also der Zins auf den im Vorjahr erhaltenen Zinsertrag. Bei den Preisen beachten wir es nicht so. Es spielt hier aber genauso eine Rolle.

Zinseszins hat nichts mit Bosheit zu tun oder mit schlechter Politik. Es ist Finanzmathematik, ganz wertneutral. Es ist manchmal ganz hilfreich, sich auch damit zu beschäftigen (Du kennst Dich ja mit Mathematik besser aus als ich).

Und weil er wertneutral ist, gibt es den Zinseszinseffekt nicht nur beim Euro. Bei der D-Mark war das nicht anders. Auch damals stiegen die Preise, obwohl die Bundesbank eine stabilitätsorientierte Geldpolitik betrieb. Wenn die Preise in den 50 Jahren D-Mark nur um 2 % im Durchschnitt gestiegen wären, wäre eine

D-Mark am Schluss nur noch 37 Pfennig wert gewesen. Tatsächlich war die Geldwertverschlechterung in der Nachkriegszeit größer, sodass die D-Mark am Ende nur noch 21 Pfennige wert war. Bei der D-Mark nimmt man so etwas heute hin, weil sie allseits so beliebt war und man nicht so kritisch hinschaut (früher waren wir auch bei der D-Mark kritischer). Beim Euro ist das aber nicht der Fall.
Sieh Dich also vor mit den verschiedenen Stabilitätsbegriffen. Schau Dir genau an, was gemeint ist. Sonst kommst Du ins Uferlose.
Ich grüße Dich herzlich, Dein Tom

Falle Nr. 4 Inflation kann auch etwas Gutes sein

Und wie aus der guten Inflation eine schlechte wird

Betreff: **Börse**
Guten Morgen Tom,
die Börsenkurse sind in den letzten Jahren gestiegen, obwohl die Wirtschaft lahm war. 2012 und 2013 ist das reale Sozialprodukt in Deutschland kaum noch gewachsen. Kann es da mit rechten Dingen zugehen, dass sich die Aktienkurse in diesen Jahren um über 60 % erhöhten?
Schöne Grüße, Deine Alex

Betreff: **Börse**
Liebe Alexandra,
natürlich geht das. Aber es ist keine gesunde Entwicklung. Es ist, um es geradeheraus zu sagen, Inflation.
Freilich ist die Inflation an der Börse eine andere als die, von der wir gewöhnlich sprechen. Wenn die Preise für Brot und Butter steigen, dann ist das ärgerlich. Das Geld wird weniger wert. Das ist die schlechte Inflation.

Wenn dagegen die Aktienkurse nach oben gehen und ich als Sparer Aktien habe, dann freue ich mich. Mein Vermögen wird größer. Ich kann mir, wenn ich die Aktien an der Börse versilbere, mehr leisten. Das ist eine gute Inflation. Im Englischen spricht man etwas neutraler von »asset price inflation« (Vermögensgüterinflation) im Gegensatz zur »consumer price inflation« (Verbrauchsgüterinflation).
Beste Grüße, Dein T.

Betreff: **Börse**
Tom, ich höre da einen negativen Ton in Deinen Worten. Was hast Du dagegen? Das ist doch wunderbar. Wir leben in der besten aller Welten. Die schlechte Inflation (die bei den Konsumgütern) ist niedrig. Die gute Inflation (die bei den Vermögensgütern) ist hoch. Nichts besser als das.
Gruß, Alexandra

Betreff: **Börse**
So gut, wie es auf den ersten Blick ausschaut, ist das leider nicht. Denn das Ganze beruht allein auf der hohen Liquidität, die wir im Augenblick an den Märkten haben. Das ist aber gefährlich: Erstens ist Liquidität kein sanftes Ruhekissen für den Anleger. Er kann sich nicht darauf verlassen, dass sie so bleibt. Zweitens ist eine liquiditätsgetriebene Hausse an den Kapitalmärkten eine Blase. Sie kann platzen. Drittens wird aus einer guten Inflation leicht eine schlechte.
Beste Grüße, Dein Tom

Betreff: **Börse**
Kannst Du das etwas näher erläutern?
Gruß, Deine Alex

Betreff: **Börse**
Natürlich. Warum die hohe Liquidität nichts ist, auf das sich der Anleger verlassen kann: Ganz einfach, weil die Zentralbanken das

Geld wieder einsammeln müssen und es auch einsammeln werden, wenn es zur Stützung der Konjunktur und der Finanzstabilität nicht mehr gebraucht wird. Die hohe Liquidität ist eine Ausnahme. Sie ist schon wegen der Inflationsgefahren nichts, was so bleiben kann.

Das Einsammeln der Liquidität betrifft zwar in erster Linie nicht die Anleger, sondern die Banken. Die Kreditwirtschaft hat dann weniger Notenbankgeld. Das ist für sich genommen noch kein Beinbruch. Aber wenn die Kreditinstitute gezwungen sein sollten, im Zuge der Liquiditätsverknappung Wertpapiere zu verkaufen, dann sinken die Kurse auf den Kapitalmärkten. Das trifft dann auch alle anderen Investoren. Zudem geht davon ein negativer psychologischer Effekt auf die Märkte aus. Und schließlich befürchten alle – ob die Notenbank das offiziell sagt oder nicht –, dass die Zinsen nach oben gehen werden. Höhere Zinsen sind aber Gift für die Aktienmärkte.

Warum Blasen an den Kapitalmärkten so gefährlich sind: Weil die Aktienkurse dann nicht aus dem Grund steigen, dass die Wirtschaft wächst, die Unternehmen mehr verdienen und sie damit immer mehr wert werden. Sie gehen nach oben, weil die Anleger mehr Geld haben und das anlegen wollen. Es ist das Gleiche wie bei Inflation auf den Gütermärkten: Die Preise erhöhen sich, nicht weil die Güter und Dienstleistungen besser oder wertvoller werden, sondern weil mehr Geld in der Volkswirtschaft ist und mehr gekauft wird.

Natürlich muss eine Blase nicht sofort und nicht zwangsläufig platzen. Sie kann sich gut eine Weile halten. Aber irgendwann merken die Anleger, dass sie potemkinsche Dörfer in ihrem Depot haben. Dann versuchen sie, die Papiere loszuwerden. Die Blase platzt. Das kann ganz schnell gehen und kommt oft auch ohne große Vorwarnung. Es kann aber auch langsam und schleichend kommen.

Dann fällt das Gebäude der »guten« Inflation in sich zusammen. Der Anleger, der sich bisher gefreut hat, ist der Dumme. Das Geld, das in den Kapitalmarkt geflossen ist, wird verbrannt. Wir haben so etwas schon bei vielen Vermögensgütern gesehen, zum Beispiel bei Immobilien oder bei Aktien oder bei Gold. Im 17. Jahrhundert gab es in den Niederlanden sogar einmal eine »Tulpenblase«.

Das hat nicht nur negative Auswirkungen auf die Besitzer der Vermögensgüter. Dann wäre es noch zu verschmerzen, wenn diese vorher gut verdient haben. Es kann, wie wir in der letzten Finanzkrise gesehen haben, auch verheerend für die Gesamtwirtschaft sein. Der Zusammenbruch der Immobilienmärkte in den USA oder auch in Teilen Europas (besonders krass in Spanien) in den letzten Jahren führte zu einer schweren Rezession und hoher Arbeitslosigkeit.

Beste Grüße, Dein Tom

Betreff: **Börse**

Kann man solche Blasen nicht verhindern? In der Medizin versuchen wir, die Immunkräfte des Körpers so zu stärken, dass es gar nicht zu der Krankheit kommt.

Schöne Grüße, Deine Alexandra

Betreff: **Börse**

Bis vor noch gar nicht so langer Zeit (vielleicht vor 20 Jahren) glaubten die Zentralbanken, dass das nicht geht. Blasen kämen wie Unwetter, sagten sie, die man nicht vorhersehen kann und gegen die man sich nicht schützen kann. Man schaute sich daher die Kapitalmärkte auch nicht so genau an, ob es dort Blasen gibt oder nicht. Das hat sich inzwischen geändert. Heute beobachten die Notenbanken auch den Kapitalmarkt genau und versuchen, Blasen schon im Ansatz zu erkennen und zu verhindern. Das bedeutet: Sie wollen auch die »gute« Inflation nicht und tun alles, um sie zu bekämpfen.

Der amerikanische Notenbankpräsident Alan Greenspan warnte 1996 vor der »irrational exuberance« an den Kapitalmärkten (der irrationalen Übertreibung). Sein Nachfolger sprach 2013 weniger geschwollen von einer zu hohen Risikoneigung an den

Märkten, die den Zentralbankern Sorgen mache. Beide wollten damals die Anleger sensibilisieren, dass sie vorsichtig sein sollten. Wenn Du so etwas liest oder hörst, solltest Du aufpassen. Dann kann's gefährlich werden.

Ob die Notenbanken das Platzen von Blasen am Ende wirklich verhindern können, ist noch nicht erwiesen. In der großen Finanzkrise 2008 in den USA ist es jedenfalls nicht gelungen. Hoffentlich schaffen sie es, die Blasen, die wir jetzt sehen, rechtzeitig und ohne größere Kollateralschäden zurückzuführen. Sicher kann man da nicht sein. Deshalb ist es vielleicht ganz vernünftig, wenn die Notenbanken nicht so zwischen guter und schlechter Inflation unterscheiden. Sie sollten jede Art von Inflation verhindern. Das heißt im Klartext, sie sollten die Geldmenge so schnell wie möglich wieder auf das Normalmaß zurückführen. Sie ist schon viel zu lange zu hoch.

Ich mache jetzt Schluss, weil ich morgen ganz früh zum Flughafen muss. Deshalb erst mal herzliche Grüße, Dein Tom

Betreff: **Börse**

Lieber Tom,

ich hoffe, Du bist wieder gut zurückgekommen. Was war denn der dritte Grund, weshalb die »gute« Inflation doch nicht so gut ist?

Gruß, A.

Betreff: **Börse**

Weil sie, wenn sie zu lange anhält, leicht zu einer schlechten Inflation werden kann. Denn wenn die Preise der Vermögensgüter steigen, dann werden die Besitzer dieser Anlagen insgesamt reicher. Sie können sich mehr leisten. Es gibt, wie der Volkswirt sagt, positive Vermögenseffekte.

Das nimmt man oft nicht so zur Kenntnis. Wenn jemand statt 20 000 Euro pro Monat 25 000 Euro zur Verfügung hat, dann hat er zwar mehr Geld, kann aber auch nicht mehr essen. Sein Konsum wird kaum zunehmen. Das betrifft freilich nur wenige Menschen.

Als die Immobilienpreise vor ein paar Jahren in den USA so stark anstiegen, da gab es viele Banken, die ihre Kunden anriefen und sagten: Schaut her, euer Haus, das wir finanziert haben, ist jetzt viel mehr wert. Ihr seid reicher geworden. Wir stocken daher das Limit bei euren Kreditkarten auf. Ihr könnt dann mehr kaufen (und die Bank kann mehr verdienen, das sagten sie aber nicht).
Das waren keineswegs nur ganz reiche Leute, sondern der breite Mittelstand, zum Teil sogar auch ärmere Schichten (die dann in der Tat auch mehr und besser essen und anderes konsumieren konnten). Die steigenden Immobilienpreise führten auf diese Weise zu mehr privatem Verbrauch. Das kurbelte die Konjunktur an und ließ anschließend auch die Preise der Verbrauchsgüter steigen, nicht so stark, aber immerhin. Aus der »guten« Inflation wurde eine »schlechte« Inflation.
In der Wissenschaft sind diese Vermögenseffekte heute unbestritten.
Ich freue mich zwar auch über Kurssteigerungen an den Börsen. Ich bin aber zurückhaltend, wenn sie nur auf Liquidität beruhen. Inflation ist Inflation, auch wenn sie für den einen oder anderen vorübergehend mal gar nicht so schlecht ist.
Schau in solchen Zeiten einfach ein bisschen häufiger in die Zeitung. Börsen, die nur auf hoher Liquidität beruhen, haben kurze Beine, wie die Profis sagen.
LG, Dein Tom

Falle Nr. 5 Trau keiner Inflationsstatistik

Gefühle sind manchmal verlässlicher als Zahlen

Betreff: **Größer, als wir denken**
Hallo Tom,
ich glaube normalerweise nicht an Verschwörungstheorien. Aber wenn ich in der Zeitung manchmal die amtliche Inflationsrate lese,

dann komme ich schon ins Grübeln. Die Preise können doch nicht nur um sagen wir 2 % steigen, wenn ich überall 5 % und mehr bezahlen muss. Könnte es sein, dass die veröffentlichten Zahlen getürkt sind?
Schöne Grüße, Deine Alexandra

Betreff: **Größer, als wir denken**
Liebe Alexandra,
direkt gefälscht sind sie in unseren Breitengraden nicht. Da bin ich mir sicher. Aber dass sie deshalb auch richtig sind, will ich nicht behaupten. Sicher sind nur zwei Dinge.
Erstens haben wir keine Hyperinflation, wie manche aus der starken Geldmengenvermehrung schließen. Das ist Unsinn. Da würde das Brot abends mehr kosten als morgens. Da würden die Menschen, wenn sie ihr Gehalt bekommen, schnell in die Geschäfte laufen, damit die Inflation nicht zu viel von ihrem Geld auffrisst. So war das 1923 in Deutschland. So war es in den 90er-Jahren beispielsweise in Brasilien und anderen Staaten. So war das vor gar nicht so langer Zeit in Simbabwe in Afrika. Über solche Verhältnisse reden zwar viele. Das gibt es bei uns heute aber glücklicherweise nicht.
Zweitens ist Deutschland nicht Argentinien. Dort traue auch ich den veröffentlichten Zahlen über die Preisentwicklung nicht über den Weg. In Argentinien behauptet die Regierung, dass sich der Geldwert nur um 10,9 % pro Jahr verschlechtert (Anfang 2014). Das ist objektiv falsch. Experten schätzen, dass es 25 bis 30 % sind.
Der frühere Präsident des Landes, Néstor Kirchner, drohte einmal mit Strafen von 500 000 Peso (umgerechnet knapp 75 000 Euro), wenn jemand andere Zahlen zur Preissteigerung verbreitete als die amtlich festgestellten. Wenn eine Regierung solche Drohungen ausspricht, dann sagt das alles über die Qualität der Zahlen.
Argentinien ist nur ein Beispiel. Es gibt eine ganze Menge von Staaten vor allem unter den Schwellen- und Entwicklungsländern, in denen das nicht viel anders ist.

Das ist weit weg von den hiesigen Verhältnissen. Hier schauen zu viele Experten auf die Zahlen, als dass man eine Fälschung geheim halten könnte. Zudem publizieren die statistischen Ämter die Zahlen so detailliert, dass auch Leute wie Du und ich sie auf Plausibilität prüfen können. Da gibt es Parlamente, die die Statistikämter kontrollieren. Da gibt es die vielen Wissenschaftler an den Universitäten, die sich mit Verve auf falsche Zahlen stürzen und sie kritisieren würden, wenn sie falsch wären. Und da gibt es auch noch die Journalisten, die nach Skandalen und Unredlichkeiten suchen.

Natürlich sollte man immer kritisch sein. Man darf es aber auch nicht übertreiben.

Beste Grüße, Dein Tom

Betreff: **Größer, als wir denken**

Lieber Tom,

Du willst doch damit nicht sagen, dass alles in Ordnung ist? Du hast beim letzten Mal so deutlich darauf hingewiesen, dass Du nicht an eine direkte Fälschung glaubst? Also hältst Du eine indirekte Fälschung für möglich?

Ich wünsche Dir ein schönes Wochenende. Deine Alexandra

Betreff: **Größer, als wir denken**

Ich melde mich erst jetzt, weil wir das Wochenende mit den Kindern in den Bergen waren.

Da hast Du recht. Vielleicht ist Fälschung das falsche Wort. Aber das Gefühl, dass die amtlichen Inflationszahlen häufig nicht dem entsprechen, was wir im täglichen Leben sehen, kann man nicht wegdiskutieren. Das hat zwar nichts mit Verschwörung zu tun. Es liegt ganz einfach darin, dass die ganze Idee, dass es einen objektiv richtigen Geldwert gibt, ein Fake ist. Es gibt ihn nicht, und es kann ihn nicht geben. Das ist vielen nicht klar.

Die Preissteigerung ist keine objektive Größe. Sie ist eine gesellschaftliche Konvention. Es ist so wie mit Meter, Gramm, Grad Celsius oder Stunde. Auch das ist nichts objektiv Gegebenes. Es gibt zum Beispiel auch Meilen oder Fahrenheit. In Spanien hat die Regierung vor Kurzem überlegt, ob die Uhren in dem Land nicht eine Stunde zurückgestellt werden sollten, damit die Menschen früher aufstehen und eher zur Arbeit gehen. Im Grunde ist hier alles willkürlich. Man hat sich nur auf bestimmte zentrale Maßgrößen geeinigt, um das menschliche Zusammenleben zu erleichtern.

So ist das auch bei der Inflation. Hier hat man sich auf Folgendes verständigt. Es gibt einen »Warenkorb« aus Gütern und Diensten. Er soll in etwa den Verbrauchsgewohnheiten eines durchschnittlichen Haushalts entsprechen. Er enthält sämtliche von privaten Haushalten gekauften Güter und Dienstleistungen. Er ist in jedem Land anders, und er wird über die Zeit auch regelmäßig an die sich ändernden Verbrauchsgewohnheiten angepasst.

Für den Warenkorb werden die Preise der in ihm enthaltenen Güter und Dienste erhoben. In Deutschland sind das jeden Monat insgesamt 300 000 einzelne Preise. Da die Preise in den unterschiedlichen Regionen (und häufig auch bei den einzelnen Geschäften) verschieden sind, bildet man Durchschnitte. Diese Durchschnittspreise werden dann mit dem Gewicht der Güter und Dienste im Warenkorb versehen. Daraus wird das Durchschnittspreisniveau errechnet. Das ist nicht richtig oder falsch, es ist einfach so definiert. Man könnte es auch ganz anders machen.

Ich hoffe, das hilft Dir.

Viele Grüße, Dein Tom

Betreff: **Größer, als wir denken**

Aber was ist, wenn ich ein ganz anderes Gefühl habe? Wenn »meine« Preise stärker steigen als zum Beispiel Deine?

Gruß, Alexandra

Betreff: **Größer, als wir denken**

Das ist wie bei der Temperatur. 20 Grad Celsius kommen Dir vielleicht warm vor, mir vielleicht aber relativ kalt. Solche unterschiedlichen Gefühle kommen, wie wir wissen, relativ häufig vor.

Bei den Preisen liegt dies zum Teil daran, dass die einzelnen Konsumenten unterschiedliche Verbrauchsgewohnheiten haben oder bei der Beurteilung der Inflation auf unterschiedliche Dinge achten. Du schaust mehr aufs Benzin, ich mehr auf Butter und Milch.

Zum Teil spielt auch eine Rolle, wo die Menschen wohnen und ob sich dort die Preise anders entwickeln als woanders. Auf dem Land ist das Preisniveau normalerweise niedriger als in der Stadt. In den neuen Bundesländern ist es niedriger als in manchen alten. Zum Teil kann es aber auch vorkommen, dass jemand Preissteigerungen stärker gewichtet als Preissenkungen (weil er sich darüber mehr ärgert).

Zudem fallen den Menschen Preissteigerungen bei einigen Gütern und Diensten mehr ins Auge als bei anderen. Den Benzinpreis siehst Du täglich an den Tankstellen, an denen Du vorbeifährst, und Du musst ihn alle paar Tage bezahlen. Die Miete dagegen (auch sie gehört als Preis für die Wohnungsnutzung in den Warenkorb) wird monatlich von meinem Konto abgebucht. Sie ändert sich auch nicht so oft. Das fällt mir nur alle zwei, drei Jahre ins Auge, wenn der Vermieter die Miete erhöht.

Eben weil es in Fragen der Preisentwicklung so viele Gefühle gibt, berechnen viele Institutionen heute eine »gefühlte Inflation«. Selbst das Statistische Bundesamt hat neben dem Verbraucherpreisindex einmal einen »Index der wahrgenommenen Inflation (IWI)« ermittelt. Die Statistiker nehmen dazu meist wenige, besonders repräsentative Güter und Dienste. Sie gewichten sie mit der Bedeutung, die sie für die Wahrnehmung des Durchschnittsbürgers haben (zum Beispiel: Benzin ist wichtiger als Blumen). Sie geben Preissteigerungen ein größeres Gewicht als Preissenkungen, weil sie sich im Bewusstsein des Verbrauchers stärker niederschlagen. Und sie gewichten die Preise der Güter höher, die der Verbraucher häufiger kauft, die ihm also stärker im Gedächtnis sind. Manchmal nehmen sie noch weitere Anpassungen vor.

Das Ergebnis ist die »gefühlte Inflation«. Sie weicht in den meisten Fällen deutlich ab von der amtlich gemessenen Inflation. Bei der Einführung des Euro als Bargeld (als die Menschen besonders sensibel auf Preissteigerungen reagierten) lag der Index der wahrgenommenen Inflation beispielsweise bei über 10 %, während der amtliche Verbraucherpreisindex nur weniger als 2 % betrug. Das erklärt die ganze Diskussion über den »Teuro« in dieser Zeit. Es ist aber auch umgekehrt vorgekommen, dass die amtliche Geldentwertung bei 2 % lag, die gefühlte dagegen negativ war.

In den letzten Monaten hat sich die gefühlte Inflation in Deutschland etwas verringert, weil Benzin billiger geworden ist und weil sich die Menschen von den sinkenden Inflationsraten der amtlichen Statistik doch etwas beeinflussen lassen. Wenn überall in der Zeitung steht, dass die Preise nicht mehr steigen, dann gibt es eben auch einige, die das glauben.

Du könntest dies als erneute Bestätigung dafür nehmen, dass man mit der Statistik alles beweisen kann und dass man keiner Statistik trauen sollte, die man nicht selbst gefälscht hat, wie es Winston Churchill einmal gesagt haben soll. Ich nehme es eher als Zeichen, dass die Welt eben etwas komplizierter ist. Man sollte sich vorher schlaumachen, bevor man mit Verschwörungstheorien kommt.

Beste Grüße, Dein Tom

Betreff: **Größer, als wir denken**

Lieber Tom,

Nachfrage: Warum verzichten wir dann nicht ganz auf die amtlichen Zahlen und nehmen nur noch die »gefühlte Inflation«?

Gruß, Deine Alexandra

Betreff: **Größer, als wir denken**

Einfache Antwort: Du hast es vorhin selbst gesagt: Weil die Gefühle der Menschen eben unterschiedlich sind. Es wäre sehr schwer, sich auf einen einheitlichen Maßstab zu einigen.

Schöne Grüße, Tom

Falle Nr. 6 Warum Deflation keine Katastrophe ist

Sinkende Preise machen die Sparer reicher

Betreff: **Deflation**
Lieber Tom,
was habt Ihr Ökonomen eigentlich gegen Deflation? Der EZB-Präsident sprach vor einiger Zeit davon, dass Deflation noch schlimmer als Inflation ist. Das verstehe ich nicht. Da sinken die Preise – das ist doch etwas Gutes. Mein Geld wird mehr wert. Ich kann mehr kaufen.
Schöne Grüße, Deine Alexandra

Betreff: **Deflation**
Hallo Alexandra,
vieles von dem, was über Deflation geredet wird, ist nicht oder schwer verständlich. Einerseits soll es ein Schreckgespenst sein. Andererseits interessieren sich die Menschen vielfach gar nicht dafür. Sie haben mehr Angst vor Inflation als vor Deflation. Nach einer Umfrage der Gesellschaft für Konsumforschung Anfang 2014 halten es 92 % der Menschen für wahrscheinlich, dass die Preise steigen. Sinkende Preise, also Deflation, fürchtet nur 1 %. Und dies, obwohl die Preissteigerung unter 1 % gefallen war und überall in der Zeitung von Deflation zu lesen war.
Ein Grund für die Asymmetrie der Erwartungen mag darin liegen, dass wir mit Deflation weniger Erfahrung haben als mit Inflation. Inflation kennen wir alle. Es ist entweder die schleichende Inflation, in der das Geld jedes Jahr um 3 bis 4 % weniger wert wird. Oder es ist die Hyperinflation mit Preissteigerungsraten von 1 000 % und mehr, wie es sie in Deutschland 1923 oder in Brasilien und anderen Entwicklungsländern in den 90er-Jahren gegeben hat. Bei Deflation hat man allenfalls Japan im Kopf. Aber auch Japan hatte in den letzten 20 Jahren keine richtige Deflation. Die Preise sind nicht wirklich gefallen, vor allem nicht stärker. Sie sind per saldo nur nicht mehr gestiegen.

Manche denken bei Deflation auch an die Weltwirtschaftskrise von 1929 bis 1933. Damals sind die Preise tatsächlich erheblich zurückgegangen. Bei den meisten ist das aber nicht wirklich hängen geblieben. Ich hatte vor Kurzem die Gelegenheit, mit einem Hundertjährigen über seine Erinnerung an die Weltwirtschaftskrise zu sprechen. Er erwähnte immer nur die hohe Arbeitslosigkeit, nicht die sinkenden Preise. Die hatte er offenbar vergessen.
Schöne Grüße, Dein Tom

Betreff: **Deflation**
Nun mal raus mit der Sprache: Was spricht gegen die Deflation?
A.

Betreff: **Deflation**
Einmal natürlich, dass sie ein Zeichen wirtschaftlicher Schwäche ist. Wenn die Preise nicht steigen, dann ist die Nachfrage gering. Die Unternehmen leiden unter schwachen Margen, sie investieren nicht. Vielleicht geht auch noch die Bevölkerung zurück. Die Arbeitslosigkeit ist eher hoch. Also all das, was wir mit der »verlorenen Generation« in Japan assoziieren und weshalb viele auf Japan lange Zeit etwas mitleidig herabgeblickt haben.
Historisch ist das aber keineswegs zwangsläufig. Die Zeiten höchsten Wachstums in den USA (die Industrialisierung von 1820 bis 1850 und von 1865 bis 1900) waren mit sinkenden Preisen verbunden. Das Preisniveau hat sich in dieser Zeit halbiert. Offenbar waren die Unternehmen so dynamisch, dass sie die Märkte in einem Maße mit neuen Produkten überschwemmten, dass die privaten Haushalte trotz steigender Einkommen mit dem Kaufen gar nicht nachkamen. Was muss das für eine schöne Zeit gewesen sein!
Finanzanalysten sagen noch heute: Eine kurze Deflation ist gut für den Aktienmarkt. Sie treibt die Kurse nach oben. Das war in den letzten 60 Jahren in den USA ein paarmal der Fall, zuletzt nach der Finanzkrise im Jahr 2009. Das haben viele der Deflationskritiker vergessen.
Schöne Grüße, Dein Tom

Betreff: **Deflation**
Lieber Tom,
es wird immer wieder gesagt, dass Deflation einen kumulativen Prozess nach unten auslöst. Sie ist also Vorbote einer Rezession oder gar Depression. Ist das richtig?
Gruß, Alexandra

Betreff: **Deflation**
Das ist auch so ein Argument, was einer Prüfung schwerlich standhält.
Natürlich ist es logisch, dass sich die Konsumenten beim Verbrauch zurückhalten, wenn sie erwarten, dass die Preise sinken. Sie hoffen, die Güter später billiger zu bekommen. Dadurch wird die Nachfrage noch schwächer, die Preise sinken noch mehr, und es wird noch rentabler, mit Käufen zu warten. Das Gleiche gilt für die Einkäufe der Unternehmen.
Ansätze eines solchen Verhaltens gab es in der großen Weltwirtschaftskrise in den 30er-Jahren des vorigen Jahrhunderts. Aber eben nur Ansätze. In Japan haben wir das in den letzten zwei Jahrzehnten nicht beobachtet. Die Wirtschaft ist dort zwar nur noch schwach gewachsen. Sie ist aber durch die Deflation nicht in eine immer größere Rezession hineingeschlittert.
Das hat einen guten Grund. Verbraucher sind nämlich gar nicht so rational, dass sie immer auf den niedrigsten Preis warten. Jeder weiß, dass ein neues iPhone oder iPad, wenn es auf den Markt kommt, besonders teuer ist. Ein halbes Jahr später ist es wesentlich günstiger zu haben. Trotzdem haben viele Käufer nicht so lange warten wollen. Sie standen vielmehr Schlange, als es in den Geschäften die ersten Geräte gab. Auch in Japan.
Viele Grüße, T.

Betreff: **Deflation**
Ja ist das denn alles so vage bei der Deflation?
Beste Grüße, Deine Alexandra

Betreff: **Deflation**
Das einzige Argument, liebe Alexandra, das mich in der ganzen Diskussion über Deflation wirklich überzeugt, sind die Verteilungswirkungen. Geldanleger gewinnen, Schuldner verlieren. Das ist nicht zu bestreiten. Geldanleger bekommen zwar in der Regel weniger Zinsen. Ihre Forderungen werden jedoch mehr wert, weil sie mit dem Geld wegen der niedrigeren Preise in Zukunft mehr kaufen können. Für die Altersvorsorge müssen sie unter sonst gleichen Bedingungen relativ weniger zurücklegen.
Schuldner geraten dagegen in eine Zwickmühle. Auf der einen Seite werden die Sachwerte, die sie mit Kredit gekauft hatten, immer weniger wert, weil ihre Preise sinken. Auf der anderen Seite behält der Kredit seinen ursprünglichen nominellen Wert. Das haben viele Hausbesitzer mit Schmerzen erfahren. Es dauert bei der Deflation nicht lange, bis viele von ihnen überschuldet sind. Ähnlich bei Unternehmen. Sie sitzen auf ihren Verbindlichkeiten, müssen die Vermögenswerte jedoch abschreiben. Damit rutscht das Kapital schnell auf die falsche Seite der Bilanz. Sie stehen am Ende möglicherweise vor einer Insolvenz.
Nur der Staat ist offenbar wieder einmal resistent. Japan ist einer der am höchsten verschuldeten Staaten der Welt. Mit dem Bestrafen des Schuldenmachens ist es hier also nicht so weit her. Bei Deflation bleiben die Steuereinnahmen zurück und die öffentlichen Defizite steigen an.
Beste Grüße, Dein Tom

Betreff: **Deflation**
Was ist denn mit den Zinsen in der Deflation?
Gruß, Deine Alex

Beuell: **Deflation**

Die sind verzerrt, denn sie können nicht unter null sinken.

Schau Dir noch einmal das Beispiel Japan an. Laut Lehrbuch hätte Japan angesichts des schlechten Wachstums in den letzten Jahren niedrigere Zinsen haben müssen. Tatsächlich waren die Kapitalmarktrenditen nominell über lange Zeit deutlich niedriger als beispielsweise in Deutschland. Da stimmte die Theorie also.

Wenn man jedoch den Geldschleier abzieht und die Verhältnisse real, das heißt abzüglich der Preisänderung betrachtet, war das nicht mehr so. Da waren die Kapitalkosten der Unternehmen in Japan zum Teil höher als in Deutschland. In Japan betrug der reale Kapitalmarktzins rund 2 % (nominaler Zins von knapp 1 % zuzüglich einer Preissenkung von 1 %), in Deutschland lag er dagegen unter null (nominaler Zins von knapp 2 % abzüglich einer Preissteigerung von 2 %). Die Finanzierungskosten waren in Japan also höher als in Deutschland.

Das war kontraproduktiv. Es hat die wirtschaftliche Situation in dem Land noch verschlechtert. Die Japaner hätten es nur verhindern können, wenn sie dauerhaft Minuszinsen eingeführt hätten. So etwas geht aber nur kurzfristig und nur in sehr begrenztem Ausmaß. Andernfalls schaffen die Anleger ihr Geld ins Ausland (wo sie einen positiven Zins bekommen) oder sie legen das Geld daheim unter das Kopfkissen.

Was die Zentralbanken in ihrer Abneigung gegen Deflation bestärkt, ist die Vermutung, dass man Deflation durch geldpolitische Maßnahmen schlechter bekämpfen kann als Inflation. Das hängt nicht nur damit zusammen, dass man die Zinsen nur bis null senken kann. Der Zentralbank sind also die Hände gebunden.

Es gibt darüber hinaus noch einen anderen Grund. Du kennst vielleicht noch den Spruch eines früheren deutschen Wirtschaftsministers: Man kann den Pferden zwar Wasser hinstellen, man kann sie aber nicht zum Saufen zwingen. Die Zentralbanken können die Zinsen senken und die Liquidität erhöhen. Sie können aber niemanden zwingen, zu diesen günstigen Konditionen auch Kredit aufzunehmen und die Wirtschaft damit in Fahrt zu bringen. Im Englischen sagt man: »You can't push on a string.« Mit einem Seil kann man einen fahrenden Wagen zwar von hinten abbremsen (das ist der Fall der Inflation). Man kann ihn aber, wenn er steht, von hinten nicht zur Vorwärtsfahrt bewegen. Das haben wir gerade in den letzten Jahren der Krise wieder erlebt.

Es gibt also ein paar gute Gründe gegen die Deflation. Die Ablehnung ist gerechtfertigt. Ich persönlich wünsche mir auch keine Deflation. Aber ich würde nicht gleich schrecklich nervös werden, wenn die Preise einmal für begrenzte Zeit zurückgingen. Es darf nur keine Dauererscheinung werden.

Schöne Grüße, Dein Tom

Falle Nr. 7 Zentralbanken und der Drogenentzug

Die Geldmenge kann schneller reduziert werden als viele denken

Betreff: **Geldeinsammeln**

Hallo Tom,

ich kann mir nicht vorstellen, dass unsere Volkswirtschaften je wieder clean werden. Die Zentralbanken haben Tausende von Milliarden an Liquidität in das Kreditsystem gepumpt. Wie will man das je wieder abziehen? Wir müssen also wohl mit der Inflationsgefahr leben. Oder?

Liebe Grüße, Deine Alex

Betreff: **Geldeinsammeln**

Liebe Alexandra,

das ist wie beim Drogenentzug. Rein technisch gesehen ist es kein Problem. Der Patient bekommt einfach keine Drogen mehr. Die Liquidität wird auf den Märkten eingesammelt. Für den Patienten ist es aber schwierig und schmerzhaft. Auch in der Wirtschaft

und auf den Kapitalmärkten können dann Dinge passieren, die vielleicht doch nicht so sind, wie Du Dir das wünschst.
Dass die Verringerung der Geldmenge technisch so einfach ist, hängt mit der Funktionsweise der modernen Geldpolitik zusammen. Liquidität ist heute – jedenfalls im Euroraum – zum großen Teil »geborgtes Geld«. Die Banken erhalten es immer nur für eine begrenzte Zeit. Als Sicherheiten müssen sie dafür Wertpapiere bei der Notenbank deponieren. Am Ende der Laufzeit müssen sie das Geld zurückzahlen und bekommen dann natürlich auch die Sicherheiten zurück. Das sind die sogenannten Wertpapierpensions- oder kurz Repogeschäfte (Repurchase Agreements).
Wenn die Notenbanken die Geldversorgung zurückführen wollen, müssen sie daher keine komplizierten Transaktionen durchführen. Sie müssen ganz einfach nur: nichts tun. Dann laufen die Kreditvereinbarungen, die sie mit den Banken geschlossen haben, automatisch aus. Dann müssen die Banken das Geld bei Ablauf der Kreditlaufzeit zurückzahlen. Es ist damit von einem Tag auf den anderen weg.
Die einzige Begrenzung, die es dabei für die Zentralbank gibt, ist, dass die Banken durch diese Politik nicht pleitegehen dürfen. Das Finanzsystem darf nicht zusammenbrechen. Denn Notenbanken sind laut Gesetz nicht nur für die Preisstabilität verantwortlich, sondern auch für die Funktionsfähigkeit des Finanzsystems. Sie dürfen also den Liquiditätshahn nicht abrupt und voll abdrehen. Sie müssen behutsam vorgehen. Das geht aber, denn die Notenbanken haben in der Regel verschiedene Töpfe mit unterschiedlichen Laufzeiten, mit denen sie die Liquidität zur Verfügung stellen.
Ich muss jetzt schnell mal ans Telefon. Ich melde mich dann wieder.
Dein Tom

Betreff: **Geldeinsammeln**
Lieber Tom,
kannst Du mir einen Gefallen tun? Ich habe das so in etwa verstanden. Aber Robert hat in der Schule das Wahlfach »Wirtschaft und Recht«. Der braucht das etwas genauer.
Schöne Grüße, Deine Alex

Betreff: **Geldeinsammeln**
Natürlich gern. Du musst das ja nicht lesen, wenn Du nicht magst.
Hallo Robert. Hier drei Minuten Nachhilfe zum Thema Geldpolitik, auch wenn ich nicht glaube, dass Ihr das alles wissen müsst. Der größte Batzen an Liquidität sind derzeit die sogenannten LTRO-Geschäfte der Jahre 2011/12 (Longer-term Refinancing Operations, längerfristige Refinanzierungsoperationen). Es handelte sich dabei ursprünglich um einen Betrag von rund 1000 Milliarden Euro, den die Banken von der EZB für einen Zeitraum von drei Jahren bekamen. Ein Teil davon ist schon zurückgezahlt. Der Rest läuft im Winter 2014/15 automatisch aus. Dann müssen die Banken das Geld wieder abliefern. Sie bekommen dafür ihre Wertpapiere zurück. Nur wenn die Zentralbank dann einen neuen »Tender« ausschreiben sollte, das heißt, wenn sie den Banken erneut Finanzmittel gegen Sicherheiten anbietet, haben sie wieder Geld. Der Begriff »Tender« in diesem Zusammenhang ist nicht jedem geläufig. Tender ist hier nicht der Kohlenkasten, den es früher bei Dampflokomotiven gab. Es ist vielmehr das Angebot der Zentralbank, den Finanzmärkten Geld gegen Sicherheiten zur Verfügung zu stellen.
Neben diesem Drei-Jahres-Geld gibt es noch eine Reihe weiterer Liquiditätsmaßnahmen, die kürzere Laufzeiten haben. Die Europäische Zentralbank schreibt jede Woche einen Tender mit einer Laufzeit von einer Woche aus. Wenn sie das Kreditsystem auf Diät setzen will, dann stellt sie bei diesen Geschäften nur sehr wenig Geld zur Verfügung. Jeden Monat gibt es darüber hinaus einen Tender, bei dem sich die Banken für drei Monate Geld lei-

hen können. Auch das kann die Zentralbank aussetzen oder klein halten, wenn sie die gesamtwirtschaftliche Liquidität verringern will.
Wenn das alles nicht reicht, dann kann sie auch noch die Zinsen für die Einlagenfazilität senken (genauer: negativ machen, denn sie sind schon null). Dann müssen die Banken dafür zahlen, dass sie Geld bei der Zentralbank halten. Das wäre ein Anreiz, der Zentralbank weiteres Geld zurückzugeben.
Die EZB hat darüber hinaus auch noch Wertpapiere im Depot, die ihr selbst gehören und die nicht aus zeitlich begrenzten Pensionsgeschäften stammen. Sie kommen einmal aus einem Programm, mit dem sie sogenannte Covered Bonds (durch Sicherheiten gedeckte Wertpapiere, unter anderem Pfandbriefe) ankaufte. Zum anderen resultieren sie aus Käufen von Staatsanleihen südeuropäischer Schuldnerländer im Rahmen des damals so umstrittenen Securities Markets Program (SMP). Damit sollten damals die Märkte für diese Anleihen stabilisiert und die Refinanzierungsbedingungen der Staaten verbessert werden. Das Programm wurde im Herbst 2011 eingestellt. Wenn die EZB jetzt Liquidität abschöpfen will, kann sie diese Papiere am Markt wieder verkaufen.
Begleitend zu alldem kann die Notenbank dann auch noch ihre Leitzinsen erhöhen. Damit macht sie die Liquidität zwar nicht knapper, aber teurer. Wirtschaft und Banken gehen dann damit sparsamer um. Manch ein Kredit rechnet sich dann nicht mehr und wird nicht mehr in Anspruch genommen. Eine weitere Möglichkeit ist es, die Mindestreserven anzuheben, die die Banken bei der EZB halten. Das war früher ein sehr wirkungsvolles und für die Banken schmerzhaftes Mittel zur Reduktion der Liquidität. Heute ist es nicht mehr so schlimm, weil die Mindestreserven verzinst werden.
Ich hoffe, es hilft, lieber Robert.
Schöne Grüße, Tom

Betreff: **Geldeinsammeln**
Danke, lieber Tom, auch im Namen von Robert. Ich habe kapiert, dass es nicht an Instrumenten fehlt, um die Liquidität aus den Märkten zu nehmen. Ich kann mir auch vorstellen, dass das nicht so schnell geht (je nachdem, wie rigoros die Notenbank vorgehen will). Aber was hast Du mit den negativen Nebenwirkungen wie beim Drogenentzug?
Liebe Grüße, Deine Alexandra

Betreff: **Geldeinsammeln**
Liebe Alex,
die Schwierigkeiten bei einer Beendigung des ultralockeren Kurses der Geldpolitik liegen vor allem in der Wirkung auf den Patienten. Banken, Wirtschaft und Finanzmärkte sind durch die niedrigen Zinsen und die hohe Liquidität gewissermaßen euphorisiert worden. Jetzt wird die Droge abgesetzt. Da müssen sie wieder auf Normalmodus schalten. Das ist natürlich nicht leicht.
Hier kann man zwei Fälle unterscheiden. Der eine ist, wenn es schnell gehen muss. Die Liquidität kommt bereits bei den Preisen an, die Inflation und – noch schlimmer – die Inflationsangst gehen nach oben. Dann muss man eine Dr.-Eisenbarth-Therapie verfolgen mit schmerzhaften Nebenwirkungen. So etwas ist in der Vergangenheit schon manchmal vorgekommen.
1973 beispielsweise hat die Deutsche Bundesbank die Zinsen massiv erhöht, als die Geldentwertung in Deutschland im Zuge der weltweiten Ölkrise bis auf knapp 8 % stieg. Das führte dazu, dass die Sätze am Geldmarkt bis auf 14 % hochschnellten. Die Aktienkurse brachen in wenigen Monaten um 30 % ein. Die Anleiherenditen wurden zweistellig. Die Wirtschaft schlitterte in die erste große Rezession der Nachkriegszeit.
Ähnliches passierte knapp zehn Jahre später in den Vereinigten Staaten. Da drohte sich die höhere Inflation durch die beiden Ölpreiskrisen zu verfestigen. Der damalige amerikanische Zentralbankpräsident Paul Volcker entschloss sich, massiv gegenzusteuern. Er verknappte die Liquidität und hob die Zinsen drastisch

an. Die Geldmarktsätze gingen bis auf fast 17 % hoch. Auch dies mit verheerenden Folgen für die Wirtschaft. Volcker selbst ging als einer der mutigsten Zentralbankpräsidenten in die Geschichte ein. Er ist nach wie vor Legende und spielt mit seinen heute 87 Jahren noch eine Rolle in der Politik. Unter anderem fungiert er als Berater des Präsidenten.

Sowohl die Bundesbank als auch die Federal Reserve konnten durch diese Politik einen dauerhaft größeren Preisanstieg vermeiden. Aber die Märkte zahlten einen hohen Preis. Hoffentlich bleibt uns das diesmal erspart.

Herzlich, Dein Tom

Betreff: **Geldeinsammeln**

Und was ist, wenn es zeitlich nicht so brennt, die Notenbanken also sanft vorgehen können? Ist das auch so schwierig?

Viele Grüße, Deine A.

Betreff: **Geldeinsammeln**

Das ist nicht so dramatisch, dafür aber eher schwieriger für die Notenbanken. Hier geht es darum, die Wirtschaft frühzeitig auf Diät zu setzen, aber mit möglichst wenig negativen Wirkungen auf die Kapitalmärkte und die Wirtschaft insgesamt. Das ist ein langwieriger Prozess. Auch das hat es in der Vergangenheit schon gegeben, freilich mit unterschiedlichen Ergebnissen.

1994 beispielsweise erhöhte die amerikanische Notenbank die Zinsen aus Angst vor einer Überhitzung der Wirtschaft von 3 auf 6 % (gemessen an den Federal Funds). Sie wollte das innerhalb von gut einem Jahr ohne negative Nebenwirkungen erreichen. Das ging gründlich daneben. Es gab ein Blutbad auf den Kapitalmärkten. Die Renditen für langfristige Papiere erhöhten sich auf 8 %, die Aktien gingen in den Keller, die Wirtschaft erlebte einen Einbruch.

2004 befand sich die Federal Reserve erneut vor einer solchen Situation. Damals ging es aber gut. Die Federal Reserve hob die Zinsen innerhalb von zwei Jahren von 1 auf 5,25 % an. Die Kapi-

talmärkte reagierten gelassen. Die langfristigen Zinsen gingen kaum nach oben. Die Aktienkurse haben sich nach einigen Unsicherheiten am Anfang im Verlauf der Zeit sogar erhöht. Die Konjunktur wurde erst viel später beeinträchtigt.
Worauf beruhte das unterschiedliche Ergebnis? Antwort: Auf der Kommunikation. Im ersten Fall zog die Notenbank ihre Politik konsequent und ohne größere Rücksicht auf die Märkte durch. Im zweiten Fall hatte sie aus den Fehlern gelernt und ging außerordentlich vorsichtig vor. Sie erklärte den Märkten mit beredten Worten, warum es auch für sie besser war, dass die Notenbank die Geldpolitik restriktiver fuhr. In jeder Sitzung des amerikanischen Notenbankgremiums wurde eine Erhöhung nur um einen viertel Prozentpunkt beschlossen. Jedes Mal überlegte man, ob man die Politik ohne Schaden für die Wirtschaft und die Märkte fortsetzen könnte oder ob man eine Pause einlegen müsste. Die Diskussion wurde auch intensiv in der Öffentlichkeit geführt. Das war ein äußerst schwieriger Prozess. Am Ende verstanden die Märkte aber die Botschaft.
Viele Grüße, Tom

Betreff: **Geldeinsammeln**
Jetzt wird das in den USA doch wieder gemacht, das Geldeinsammeln. Wie beurteilst Du das?
A.

Betreff: **Geldeinsammeln**
Als die amerikanische Notenbank 2013 einen ersten Versuch machte, die Versorgung des Marktes mit Liquidität zu verringern, ging es erneut schief. Die Kapitalmarktzinsen stiegen stark an. Die Federal Reserve sagte das Vorhaben erst einmal ab. Als sie die Pläne Anfang 2014 dann wieder aufnahm und ihre Käufe von Wertpapieren sukzessive verringerte, kam es erneut zu Schwierigkeiten. Sie resultierten vor allem aus internationalen Verflechtungen. Globale Investoren holten Geld, das sie kurzfristig in Schwellen- und Entwicklungsländern angelegt hatten, wieder in

die USA zurück, um von den dort steigenden Zinsen zu profitieren. Das brachte die Welt an den Rand einer neuen Währungskrise.

Das zeigt, wie schwierig das Einsammeln der Liquidität für die Notenbanken und die Märkte ist. Es ist viel Feingefühl und Kommunikationskompetenz nötig. Das ist normalerweise nicht gerade die Stärke der Notenbanken. Sie sind von Beruf Geldpolitiker, aber nicht Kommunikationsexperten.

In Europa wird das Einsammeln der Liquidität besonders schwierig werden. Denn es ist anzunehmen, dass die ultralockere Geldpolitik beendet werden muss, bevor die Eurokrise endgültig vorbei ist. Die EZB muss also auch auf die prekäre Lage der Schuldner in den Peripherieländern Rücksicht nehmen. Von dort ist möglicherweise heftiger Widerstand zu erwarten.

Du siehst, Du musst nicht so pessimistisch sein. Die Liquidität kann eingesammelt, das Inflationspotenzial kann beseitigt werden. Das ist aber nicht umsonst. Es kann zu Kursverlusten bei festverzinslichen Wertpapieren und bei Aktien kommen, auch zu Immobilienkrisen und einer Beeinträchtigung von Konjunktur und Arbeitsmarkt. Das ist der Preis dafür, dass die Kurse vorher dank der Liquidität angestiegen sind. Es kann freilich auch gut gehen, wenn die Märkte verstehen, dass die Liquidität reduziert werden muss. In Gelddingen kann es also vorkommen, dass der Bär seinen Pelz wäscht, ohne dass er nass wird.

In jedem Fall ist es aber wichtig, damit früh zu beginnen, damit man später nicht in Zeitnot gerät.

Ich grüße Dich herzlich, Dein Tom

3 Der Preis des reichlichen Geldes

Falle Nr. 8 Zehn Gründe, warum niedrige Zinsen schlecht sind

Wenn einem manchmal die Argumente ausgehen

Betreff: **Niedrige Zinsen**
Lieber Tom,
ich habe immer gedacht, niedrige Zinsen sind etwas Gutes. Sie stimulieren Wachstum und Konjunktur, schaffen Arbeitsplätze und verbilligen Kredite. Jetzt plötzlich hat sich die öffentliche Meinung gedreht. Die meisten beklagen sich über die niedrigen Zinsen. Was soll ich denn da glauben?
Schöne Grüße, Deine Alexandra

Betreff: **Niedrige Zinsen**
Liebe Alexandra,
das ist wie mit dem Wetter. Wenn es im Sommer sehr heiß ist, dann freust Du Dich, wenn's ein bisschen abkühlt. Wenn es im Winter aber sowieso schon kalt ist, dann wäre Dir ein bisschen mehr Wärme nicht unrecht. Eine angenehme Temperatur liegt für die meisten Menschen so zwischen 15 und 20 Grad. Alles, was darüber oder darunter liegt, ist nicht so schön.

So ist es auch bei den Zinsen. Wenn sie zu hoch sind, dann wünschen wir uns niedrigere Zinsen. Wenn sie – wie derzeit – zu niedrig sind, dann hätten wir gerne höhere Sätze.
Die Grenzscheide zwischen zu hohen und zu niedrigen Zinsen kann man hier allerdings nicht wie beim Wetter so einfach gefühlsmäßig bestimmen. Dazu gibt es aber volkswirtschaftliche Modellrechnungen. Danach liegt der »Gleichgewichtszins«, bei dem alle mehr oder weniger zufrieden sind, in Industrieländern wie unseren derzeit ungefähr bei 3 bis 4 %. Alles, was darüber ist, ist für die Wirtschaft und Gesellschaft von Übel. Ebenso alles, was darunter ist. Derzeit liegen wir deutlich im zu tiefen Bereich.
Viele Grüße, Tom

Betreff: **Niedrige Zinsen**
Lieber Tom,
aber warum sind niedrige Zinsen denn so schlimm? Ist das auch nur Gefühl?
Gruß, Alex

Betreff: **Niedrige Zinsen**
Nein. Das hat ganz handfeste Gründe. Sie bringen das marktwirtschaftliche Gefüge durcheinander. So kann eine Wirtschaft auf Dauer nicht funktionieren. Hier sind zehn wichtige Gründe:
Erstens: Im Zins spiegelt sich der Preis der Zukunft verglichen mit dem der Gegenwart. Je niedriger der Zins, umso billiger die Gegenwart und umso teurer die Zukunft. Umso mehr lohnt es sich, den Konsum von heute zulasten des Konsums von morgen zu erhöhen. Die Menschen verschulden sich stärker, sie nehmen mehr Kredit auf, sie sparen weniger. Wenn die Zinsen zu niedrig sind, dann investiert die Gesellschaft mehr in das Heute und weniger in das Morgen. Wir sorgen uns mehr um uns selbst als um unsere Kinder. Die Sparquote der privaten Haushalte ist seit Beginn der Finanzkrise von 11 auf 10 % zurückgegangen. Das kann für eine gewisse Zeit gut gehen. Aber irgendwann kriegen wir die

Rechnung präsentiert. Dann wird die Zukunft zur Gegenwart und wir merken, dass wir falsche Prioritäten gesetzt haben.

Zweitens: Je niedriger der Zins, umso mehr werden Branchen gefördert, die besonders kreditabhängig sind. Musterbeispiel ist der Bau. Alle Länder, die über längere Zeit niedrige Zinsen hatten, sind am Ende zuerst in einen Immobilienboom und dann in eine Immobilienkrise geschlittert. Das war in den USA der Fall, wo es am Ende zu der großen Wirtschafts- und Finanzkrise 2008 kam. Das ereignete sich in Spanien, als dort die Zinsen durch den Beitritt zur Währungsunion zu niedrig waren und einen Run auf schöne Häuser und Grundstücke an den Küsten des Mittelmeers auslösten. Ähnlich in Irland und Portugal. Auch in Deutschland gab es so etwas. Das ist allerdings schon etwas her (Anfang der 70er-Jahre).

Jetzt stehen wir in der Bundesrepublik wieder vor einem Immobilienboom, der die Preise in einigen Regionen schon erheblich nach oben getrieben hat. Wehe, wenn die Zinsen wieder steigen und mancher Bauherr dann nicht mehr in der Lage ist, seine Zinsen und Tilgungen zu leisten.

Drittens steigen bei zu niedrigen Zinsen die Staatsschulden. Der Finanzminister glaubt, sich mehr leisten zu können, als er tatsächlich kann. Der deutsche Finanzminister musste bei Kreditaufnahmen in den letzten Jahren zeitweise gar keinen Zins mehr zahlen. Im Gegenteil: Investoren rannten ihm das Haus ein und gaben ihm eine Prämie dafür, dass sie ihr Geld in Bundesanleihen anlegen durften. Es ist verständlich, dass er sich das Geschäft nicht entgehen lassen wollte. In Deutschland ist die Verschuldung von Bund, Ländern und Gemeinden in den letzten zehn Jahren von 60 auf zeitweise über 80 % der Wirtschaftsleistung gestiegen. Die Zinsausgaben sind aber um 10 % gesunken. Das ist nicht gesund. Wenn die Zinsen nur um zwei Prozentpunkte steigen, dann würden die Ausgaben der öffentlichen Hand auf Dauer um über 40 Milliarden Euro zunehmen. Deutschland hätte ganz schnell wieder ein kräftiges Defizit. Der Überschuss der letzten Jahre war eine Schimäre wegen der niedrigen Zinsen.

Viertens: Niedrige Zinsen schwächen das Finanzsystem. Banken haben durch die lockere Geldpolitik zwar viel Liquidität. Sie können sie aber nicht rentabel anlegen. Die Zinsmarge steht unter Druck. Die Fristentransformation, das heißt die Aufnahme kurzfristiger Gelder und ihre Verwendung für langfristige Ausleihungen, die die Banken eigentlich leisten sollten, funktioniert nicht mehr. Besonders betroffen in Deutschland sind die Sparkassen und Volksbanken. Soweit sie können, halten Kreditinstitute nach anderen, meist riskanteren Ertragsquellen Ausschau (was immer gefährlich ist). Sie sind nicht in der Lage, ausreichende Reserven für schwierigere Zeiten zu bilden. Die Unternehmensberatung McKinsey hat nachgewiesen, dass europäische Banken stärker unter den niedrigen Zinsen leiden als amerikanische.
Ganz ähnlich die Versicherungen. Sie können durch die Anlage von Geldern nicht mehr genug verdienen. Vor allem Lebensversicherungen, die für die Altersvorsorge einer Gesellschaft so wichtig sind, haben Schwierigkeiten, genügend Erträge zu erwirtschaften, um den Garantiezins, den sie ihren Kunden versprochen haben, zu erwirtschaften.
Jetzt mach ich erst mal Pause. Vielleicht reichen Dir die Argumente ja schon.
Schöne Grüße, Dein Tom

Betreff: **Niedrige Zinsen**
So schnell kannst Du mich nicht ruhigstellen, lieber Tom. Wenn Du zehn Gründe ankündigst, will ich auch zehn haben.
Schöne Grüße, Deine A.

Betreff: **Niedrige Zinsen**
Liebe Alexandra,
also gut. Hier die anderen Gründe:
Fünftens: Niedrige Zinsen fördern Inflation. Private Haushalte und Unternehmen nehmen mehr Kredit auf. Es gibt mehr Nachfrage. Bei unverändertem Angebot steigen die Preise. Im Augenblick sehen wir davon noch nichts, weil die Benzinpreise nicht

höhergehen und die gesamtwirtschaftliche Nachfrage durch die Krise gedämpft ist. Aber das kann sich schnell ändern.

Sechstens: Anleger wissen bei niedrigen Zinsen nicht, wo sie ihre Ersparnisse investieren sollen. Das führt entweder dazu, dass sie nichts mehr anlegen und das Geld lieber auf den Putz hauen. Oder sie gehen zunehmend Risiken ein, die sie nicht überschauen können. Beides ist nicht in Ordnung. Im Augenblick entscheiden sich manche Anleger für Aktien, weil sie nicht genügend Zinsen bekommen. Ich freue mich über die vermehrte Nachfrage nach Dividendenpapieren. Aber wenn sie nur auf den niedrigen Zinsen beruht, dann ist das keine solide Basis. Denn dann fällt das Kartenhaus steigender Aktienkurse irgendwann in sich zusammen.

Siebtens: Die Selektionsfunktion des Zinses ist gestört. Eigentlich sollten Zinsen helfen, gute von schlechten Risiken zu unterscheiden. Bei schlechten Risiken sollte ein höherer Zins ein Entgelt für einen möglichen Ausfall von Zins- und Tilgungsleistungen sein. Wenn die Zinsen so niedrig sind, dann sind auch die Risikoaufschläge gering. Dann nimmt die volkswirtschaftliche Risikoposition zu.

Achtens: Niedrige Zinsen begünstigen Schuldner und benachteiligen Gläubiger. Private Haushalte sind – als Sparer – normalerweise Gläubiger; sie bekommen zu wenig für ihr Erspartes. Umgekehrt können sich Unternehmen billig verschulden. Das kann auf Dauer zu Fehlinvestitionen führen.

Neuntens: Niedrige Zinsen verschärfen den Konflikt zwischen den Generationen. Junge Leute profitieren zwar, wenn sie sich einen Hausstand aufbauen und sich dazu verschulden. Andererseits müssen sie mehr für die Altersvorsorge aufwenden, als das ihre Eltern tun mussten. Ältere Leute freuen sich, dass sie ihre Rente noch relativ günstig ansparen konnten. Andererseits haben sie nichts mehr von den günstigen Finanzierungsbedingungen am Markt.

Zehntens: … Jetzt hast Du mich erwischt. Den zehnten Grund habe ich vergessen. Ich liefere ihn nach, wenn er mir wieder einfällt. In jedem Fall siehst Du: Gesellschaften mit zu niedrigen

Zinsen leben auf dünnem Eis. Da darf man sich nicht zu sicher fühlen. Da kann jederzeit etwas passieren. Du solltest Dich darauf vorbereiten. Hoffen wir, dass die Zentralbanken dem Spuk niedriger Zinsen bald ein Ende bereiten.
Schöne Grüße, Dein Tom

Falle Nr. 9 Den niedrigen Zinsen ein Schnäppchen schlagen

Wie man auch unter widrigen Umständen für's Alter vorsorgen kann

Betreff: **Frage**
Hallo Tom,
jeder sagt, dass die staatliche Altersrente in Zukunft nicht mehr ausreichen wird. Private Altersvorsorge ist notwendig. Das sehe ich ein. Aber wie kann man bei Langfristzinsen von 2 % das nötige Vermögen aufbauen? Das geht doch gar nicht, oder?
Schöne Grüße, Deine Schwester Alexandra

Betreff: **Frage**
Liebe Alex,
es geht. Aber es ist schwieriger. Manche ehrgeizigen Ziele lassen sich nicht mehr erreichen. Man muss den Grips mehr einschalten. Zunächst: Auch bei den jetzigen Zinsen bekommst Du noch einen Ertrag, auch wenn er nicht so hoch ist. Du musst dabei ja immer auch den Zinseszinseffekt mit einrechnen.
Ein einfaches Beispiel: Wenn Du jeden Monat 200 Euro sparst und das Ganze zu 2 % anlegst, dann hast Du nach 40 Jahren insgesamt rund 145 000 Euro. Davon stammen 96 000 Euro aus der reinen Ersparnis (jedes Jahr 2400 Euro) und immerhin 49 000 Euro aus dem Anlageerfolg. Das ist doch schon etwas. Selbst bei so niedrigen Kapitalmarktzinsen stammt ein Drittel Deiner Altersvorsorge bei Deiner Pensionierung aus der Geldanlage.

Natürlich könnten es mehr sein. Wenn der Kapitalmarkt 4 % hergäbe (wie das vor zehn Jahren der Fall war), dann hättest Du nach 40 Jahren nicht 145 000 Euro, sondern 228 000. Die niedrigen Zinsen »kosten« Dich also in dem Beispiel 83 000 Euro.

Freilich habe ich bei der Rechnung von der Geldentwertung abgesehen. Sie könnte einen Strich durch die Rechnung machen. Bei einer Inflation von beispielsweise ebenfalls 2 % ist der Anlageerfolg komplett dahin. Ich habe auch die Steuern nicht berücksichtigt. Wir wollen also nicht übertreiben, was Du mit den 2 % Rendite am Kapitalmarkt alles machen kannst.

Was kannst Du tun, um den Malus der niedrigen Zinsen zu kompensieren? Viele bieten Dir »heiße Tipps« an. Kaufe die Aktie »X« oder investiere in diesen oder jenen Fonds, und Du wirst Dein Vermögen verdoppeln. Lass die Finger von so etwas. Das ist Scharlatanerie. Ökonomische Gesetze kann man nicht durch Tricksereien überlisten, vor allem nicht über einen so langen Zeitraum, in dem wir bei der Altersvorsorge denken.

Das Nächstliegende, was Du machen kannst, ist, dass Du mehr sparst. Bleiben wir bei unserem Beispiel. Wenn Du mit einem Kapitalmarktzins von 2 % dasselbe Ergebnis erreichen willst wie mit 4 %, musst Du pro Monat 100 Euro mehr auf die Seite legen. Also statt 200 Euro 300.

Das tut weh (es ist immerhin ein Anstieg von 50 %). Manch einer wird sich das nicht leisten können. Andere tun es deshalb nicht, weil sie noch nicht gemerkt haben, was für eine Zeitbombe hier tickt. In jedem Fall ist nicht erkennbar, dass in der Volkswirtschaft mehr gespart wird.

Eine zweite Möglichkeit, wie Du auf die niedrigeren Zinsen reagieren kannst, ist, dass Du länger sparst. Du fängst also früher an mit der Altersvorsorge und hörst später damit auf. Auch hier ist der Einschnitt erheblich. In unserem Modell musst Du statt 40 nunmehr 55 Jahre (!) monatlich 200 Euro zur Seite legen, um den angestrebten Betrag von 228 000 Euro beim Eintritt in den Ruhestand zu bekommen. Also 15 Jahre mehr. Vergleiche das einmal mit der großen Aufregung in der Öffentlichkeit über die Erhö-

hung des Rentenzugangsalters von 65 auf 67 (von der neuen Rente mit 63 will ich gar nicht reden).
Du musst Deinen Kindern klarmachen, dass sie nicht nur für die allgemeine Rentenversicherung länger arbeiten müssen, sondern bei den niedrigen Zinsen auch für die private Altersvorsorge.
Die Anpassung an die niedrigeren Zinsen ist also erheblich größer, als die meisten denken. Vermutlich kann man sie überhaupt nicht durch eine Maßnahme allein schaffen. Man muss sowohl mehr arbeiten als auch mehr sparen.
Ich hoffe, das hilft Dir. Dein Tom

Betreff: **Frage**
Du warnst mich vor möglicherweise dubiosen Produkten von Banken, Tom. Aber kann ich bei der Anlage meiner Ersparnisse doch etwas tun, um aus der Zwickmühle zu kommen?
Schöne Grüße, Deine Alexandra

Betreff: **Frage**
Liebe Alex,
natürlich gibt es auch da Möglichkeiten. Wenn Du etwa noch Spareinlagen besitzt, dann würde ich diese umschichten. Sie bringen heute wenn überhaupt nur noch eine Rendite von vielleicht einem halben bis 1 %. Gleichzeitig haben sie den Nachteil, dass im Falle einer Insolvenz in Zukunft nur 100 000 Euro durch die staatliche Einlagensicherung garantiert sind. 100 000 Euro sind zwar viel Geld; bei der Altersvorsorge muss man jedoch immer auch mit höheren Größenordnungen rechnen.
Es gibt heute immer noch fast 600 Milliarden Euro Spareinlagen in Deutschland. Dazu kommen Sicht- und Termineinlagen mit keiner oder nur geringer Verzinsung. Sie sind mehr als doppelt so hoch. Das ist Verschwendung.
Wenn Du Spareinlagen in Bundesanleihen mit sagen wir zehnjähriger Laufzeit umschichtest, dann bekommst Du mindestens einen Prozentpunkt mehr Verzinsung, vielleicht 1½ %. Bei 30-jähriger Laufzeit bekommst Du fast noch einen Prozentpunkt mehr. Du

hast dann zwar während der Laufzeit ein Kursrisiko. Aber am Ende bekommst Du in jedem Fall Dein volles Geld zurück. Natürlich hast Du das Risiko, dass der Schuldner der Anleihe, die Bundesrepublik Deutschland, pleitegehen kann. Ich halte die Wahrscheinlichkeit dafür aber für gering, in jedem Fall für geringer, als dass es die Bank »erwischt«, bei der Du Deine Spareinlagen hältst.

Du kannst aber noch nach anderen Optimierungsmöglichkeiten bei Deinen Anlagen suchen. Unter den festverzinslichen Wertpapieren bringen Pfandbriefe und Anleihen großer und sicherer Unternehmen ein paar Pünktchen mehr Rendite. Das ist vielleicht nicht viel. Aber wer den Cent nicht ehrt ...

Viele Grüße, Dein Tom

Betreff: **Frage**

Danke, lieber Tom. Du hast überhaupt nicht die Aktien erwähnt. Schließt Du sie voll aus der Altersvorsorge aus?

In Eile, Deine Alexandra

Betreff: **Frage**

Nein, überhaupt nicht, Alexandra. Da haben viele zwar Vorbehalte. Vom Prinzip her sind Aktien aber geradezu das ideale Medium für die Altersvorsorge. Im Ausland wird es viel stärker genutzt als bei uns. Nur muss man die Anlage richtig konzipieren. Sonst läuft man in der Tat ins Messer.

Hier ein paar Tipps: Erstens muss die Investition sehr langfristig angelegt werden. Langfristig heißt nicht nur ein paar Jahre, sondern ein paar Jahrzehnte. Ich denke da an einen 30-Jährigen, der mit einem Aktiendepot beginnt und dies dann bis zu seiner Pensionierung nach sagen wir 40 Jahren hält. In den letzten 40 Jahren ist der Deutsche Aktienindex um durchschnittlich etwas mehr als 8 % pro Jahr gestiegen. Da sind alle Kurseinbrüche in dieser Zeit mit enthalten.

Wenn Du aber in kürzeren Fristen denkst, dann klappt das nicht mehr. Wer beispielsweise im Jahr 2000 auf dem deutschen Aktienmarkt investiert hatte, hat bis heute eine Rendite von knapp 20 % erzielt – nicht pro Jahr, sondern über den ganzen Zeitraum. Das ist eine Rendite von nur 1 % p. a. Da wärst Du also vom Regen in die Traufe gekommen.

Zweitens: Man darf sich von dieser Langfristperspektive auch nicht durch Kursschwankungen abbringen lassen und beispielsweise verkaufen, wenn die Kurse zu sehr nach unten gehen. Kursschwankungen an der Börse haben auf ein Depot zur Altersvorsorge immer zwei Effekte. Negativ: Sie verändern den Wert des Depots. Das kann manchmal ganz schmerzlich aussehen, wenn die Kurse um 30 oder 40 % oder mehr in den Keller gehen. Da muss man darauf vertrauen, dass sie sich später auch mal wieder erholen.

Positiv: Es vermindert sich der Einstandspreis der neuen Aktien, die man kauft. Man bekommt mehr Altersvorsorge für seine Ersparnis. Der Fachmann nennt das »Cost Averaging«. Durch diesen Effekt kann sich die Rendite über die erwähnten 8 % hinaus erhöhen.

Man könnte natürlich überlegen: Wenn die Kurse hoch sind und ein Abschwung droht, dann löse ich das Depot auf und warte, bis das Gewitter vorbei ist. Dann investiere ich wieder. Wer das kann, dem wünsche ich gute Reise. Er oder sie muss aber wissen, dass das Spekulation ist, die auch schiefgehen kann: Man verkauft zu früh oder man steigt zu früh oder zu spät wieder ein.

Drittens sollte man nicht alle Ersparnis in ein einzelnes Unternehmen investieren. Wer weiß, was da über 30 oder 40 Jahre alles passiert. Schon gar sollte man die Altersvorsorge nicht an Belegschaftsaktien koppeln. Denn dann verknüpft man das Risiko der Geldanlage mit dem Risiko der eigenen Beschäftigung. Selbst wer volles Vertrauen in seinen Arbeitgeber hat und dieser noch so solide aufgestellt ist – es gibt in einer Marktwirtschaft keine Garantie, dass das immer so sein wird. Stattdessen würde ich einen Index aus verschiedenen Unternehmen nehmen. Das kann der amtliche Index sein, zum Beispiel der DAX. Es kann aber auch ein Teilindex sein mit besonders stabilen Unternehmen. Es kön-

nen aber auch mehrere Indizes sein, wenn man glaubt, damit auf der sichereren Seite zu sein.
Viertens muss man schon Jahre, bevor man in Rente geht, mit Anpassungen am Sparplan beginnen. Eben weil die Aktienkurse so stark schwanken, darf es nicht passieren, dass man gleich zu Rentenbeginn in einer Baisse landet. Man sollte daher fünf oder zehn Jahre vor diesem Zeitpunkt einen Teil aus dem Sparplan abziehen und ihn zur Sicherung des Wertes in festverzinsliche Papiere umschichten. Wenn die Kurse gemessen am langfristigen Durchschnitt hoch sind, würde ich früher mit der Umschichtung beginnen, wenn sie niedrig sind, würde ich lieber noch etwas warten. Zudem würde ich nicht alles auf einmal umschichten, sondern sukzessive alle Jahre einen Teil. Bei Rentenbeginn kann man vielleicht sogar noch einen Teil in Aktien lassen (den man vielleicht erst in zehn Jahren braucht) und nur das umschichten, was unmittelbar benötigt wird.
Fünftens schließlich: Man sollte nicht alles in Aktien anlegen. Da wären die Schwankungen und die Risiken doch zu groß. Vielmehr sollte man eine gute Mischung aus Aktien und Renten anstreben. Aktien, um die Verzinsung zu erhöhen, Renten, um die Schwankungsanfälligkeit zu verringern. In welchem Verhältnis man die beiden Instrumente verknüpft, hängt von der Risikobereitschaft des Einzelnen ab. Ich würde den Aktienanteil zu Beginn der Ersparnisbildung zunächst höher halten (vielleicht 60 bis 70 %), ihn im Laufe der Zeit und mit zunehmendem Alter jedoch verringern. Im Übrigen sollte man bei der Auswahl der Aktien nicht zu risikofreudig sein.
Wenn man diese Regeln beherzigt, müsste man bei der Altersvorsorge mit Aktien eigentlich auf der sicheren Seite sein. Dies insbesondere in Zeiten, in denen die Zinsen so niedrig sind.
Schöne Grüße, Dein Tom

4 Anlegen unter neuen Bedingungen

Falle Nr. 10 Als Geldanlegen noch schwieriger war

Der »magische« Zins, an dem sich Sparer orientieren können

Betreff: **Verzweifelt**
Lieber Tom,
so schwierig war Anlegen noch nie. Die Zinsen sind niedrig, die Aktienkurse hoch. Der Goldpreis ist eingebrochen. Immobilienpreise gehen in die Höhe. Das wirtschafts- und währungspolitische Umfeld ist mit riesiger Liquidität und ausufernder Staatsverschuldung in Unordnung. Und dann sind auch noch die Risiken erheblich, dass es in der Welt irgendwann oder irgendwo knallt. Was kann man da tun? Hast Du einen Rat?
Herzliche Grüße, Deine Alexandra

Betreff: **Verzweifelt**
Liebe Alex,
vielleicht hilft Dir ein kleines Gedankenexperiment. Versetz Dich mal in die Lage unseres Großvaters oder Urgroßvaters. Was wäre aus Deinem Geld geworden, wenn Du es vor 100 Jahren, also vor dem Ersten Weltkrieg, angelegt hättest?

Die letzten 100 Jahre waren mit Kriegen, Inflation, Zerstörung und Wirtschaftskrisen bestimmt nicht leichter als das, was vor uns liegt.
Wenn Du damals eine Immobilie gekauft hättest, dann wäre das Gebäude möglicherweise in den Kriegen zerstört worden. Wenn nicht, wäre es heute alt und – wenn es nicht besonders renoviert worden wäre – nicht mehr viel wert. Das Grundstück wäre dagegen noch da. Wenn Du Glück gehabt hättest, dann wäre es auch nicht enteignet worden. Dann stellt die Immobilie heute noch einen beachtlichen Wert dar, ganz sicher erheblich mehr als damals.
Immobilien waren ein Schutz gegen die großen Inflationen und Währungsreformen. Ihre Preise stiegen mit dem allgemeinen Preisniveau. In der anschließenden Währungsreform gingen natürlich auch diese Preise zurück (weil sich niemand mehr teure Immobilien leisten konnte), die Belastung war jedoch bei Weitem nicht so groß wie die, die den Bürgern bei anderen Vermögensanlagen zugemutet wurde. Was die Immobilienbesitzer belastete, war, dass sie zeitweise eine Lastenausgleichsabgabe bezahlen mussten. Das war aber nur der Preis dafür, dass sie relativ besser dastanden als andere.
Die erste Antwort auf Deine Frage: Immobilien sind als Geldanlage oder zur Eigennutzung in turbulenten Zeiten gar nicht so schlecht.
In Parenthese: Der Hattrick wäre gewesen, wenn Du die Immobilie vor 100 Jahren mit Kredit gekauft hättest. Denn die Hypothek wäre in der Währungsreform sofort abgewertet worden, Dein Grundstück jedoch nicht. Du hättest also nach wie vor Dein Eigentum, aber nicht mehr Deine Schulden.
Wenn Du Dein Geld vor 100 Jahren in Bargeld gehalten hättest, wäre das eine Katastrophe gewesen. Alles wäre weg. Das sollte Dir eine Lehre sein. Bargeld ist als Geldanlage ungeeignet.
Wenn Du Dir vor 100 Jahren festverzinsliche Wertpapiere gekauft hättest, zum Beispiel Anleihen des Deutschen Reiches, dann wäre jetzt auch alles futsch. Schon nach zehn Jahren – in der

großen Inflation von 1923 – wäre nichts mehr da gewesen. Dabei galten Festverzinsliche damals als besonders geeignet für die Vorsorge für das Alter. Nicht umsonst hießen sie »Renten«, weil man von ihnen leben wollte, wenn man nicht mehr arbeiten konnte. Der Zinssatz dieser Anleihen war gemessen an heutigen Standards gar nicht so schlecht. Er betrug für Anleihen des Deutschen Reiches 1913 insgesamt 4 %.

Nach dem Zweiten Weltkrieg gab es noch einmal eine Währungsreform. Da wurde erneut alles gestrichen (beziehungsweise radikal gekürzt).

Liebe Alexandra, das Telefon klingelt gerade. Ich schreibe morgen weiter.

Gruß, Tom

Betreff: **Verzweifelt**

Lieber Tom,

tut mir leid, dass ich Dich andauernd behellige. Aber das interessiert mich. Heißt das, dass man auch Festverzinsliche als Langfristanlage vergessen kann?

Liebe Grüße, A.

Betreff: **Verzweifelt**

Nein, Alexandra. Festverzinsliche Wertpapiere sind nicht generell so schlecht. In allen Staaten, in denen es keine große Inflation und keine Währungsreform gab (zum Beispiel in Amerika) sind Besitzer von Renten insgesamt ganz gut gefahren. Von 1925 bis heute lag die durchschnittliche Verzinsung langfristiger Staatsanleihen in den Vereinigten Staaten bei etwa 5 %. Das war deutlich mehr als die durchschnittliche Inflation in diesen Jahren (gut 3 %).

Es gab auch in Deutschland Zeiten, in denen festverzinsliche Wertpapiere eine gute Anlage waren. Seit 1980 sind die Zinsen – unter Schwankungen – über mehr als 30 Jahre gesunken. Von damals 10 % pro Jahr auf heute knapp 2 % (deutsche Bundesanleihen, zehn Jahre Laufzeit). Entsprechend sind die Kurse der

Festverzinslichen gestiegen. Der Deutsche Rentenmarktindex REX (der sowohl die jährlichen Zinszahlungen als auch die Kurssteigerungen der Papiere erfasst) ist in dieser Zeit von 50 auf 450 nach oben gegangen. Das entspricht mit Zins und Zinseszins einer Steigerung von knapp 7 % p. a. Da kann man nicht meckern. Festverzinsliche sind also etwas für Zeiten, die nicht ganz so turbulent sind. Allerdings muss man bei diesen Anlagen stets auf die Bonität der Schuldner achten, denen man sein Geld gibt. Es gibt keine risikolosen Bonds. Auch Staatsanleihen sind dies nicht. Man muss da nicht nur an Griechenland denken. Die deutsche Geschichte hat dies lange vor der Eurokrise der letzten Jahre gezeigt.

Wenn Du Dein Geld 1914 in Aktien investiert hättest, so konnte das gut oder schlecht ausgehen. Einige der damaligen Aktiengesellschaften überstanden die 100 Jahre nicht und gingen pleite. Da hättest Du Geld verloren. Andere Unternehmen von damals gibt es noch heute. Es sind so klingende Namen wie Daimler oder die Deutsche Bank. Die Firmen, die überlebten, waren insgesamt ein lohnendes Investment.

Leider gibt es für Deutschland über einen so langen Zeitraum keinen Aktienindex, mit dem man sich die Entwicklung genauer ansehen könnte. Es gibt einen solchen Index aber für die USA. Der Dow Jones ist von 1925 bis heute von 122 auf über 16 000 gestiegen. Das ist eine Zunahme auf mehr als das 100-Fache. Freilich muss man hier auch den langen Zeitraum berücksichtigen. Wenn man das auf jahresdurchschnittliches Wachstum umrechnet, kommt man auf einen Zuwachs von 5,7 % p. a. Dazu kommen dann noch die Dividenden. Dazu habe ich leider keine Zahlen. Ich vermute jedoch, dass sich im Gesamtergebnis kaum weniger als 7 % p. a. ergeben. Die Rendite ist in jedem Fall höher als die der Festverzinslichen über den gesamten Zeitraum.

Es gibt freilich auch andere Beispiele. Vor Kurzem las ich eine Studie von drei amerikanischen Wissenschaftlern, die gezeigt haben, dass italienische Aktien von 1905 bis 1977 per saldo überhaupt keine Rendite brachten. Sie sind heute niedriger als 1986 (was

natürlich zum Teil mit der Eurokrise zusammenhängt). Also auch hier keine Regel ohne Ausnahme.
Schöne Grüße, Dein Tom

Betreff: **Verzweifelt**
Was war denn eigentlich mit Gold in dieser Zeit?
Gruß, Alexandra

Betreff: **Verzweifelt**
Das wird Dich nicht überraschen. Gold war in den letzten 100 Jahren ein gutes Investment. Wer sich damals einen Barren oder Münzen kaufte, war fein raus. Vor dem Ersten Weltkrieg kostete eine Feinunze in den USA 20 Dollar. Damals galt in den Vereinigten Staaten noch der Goldstandard. 1944 wurde der Goldpreis bei der Etablierung des Bretton-Woods-Systems auf 35 Dollar angehoben. 1973, als das Bretton-Woods-System scheiterte, wurde der Goldpreis freigegeben. Er bildet sich seitdem direkt am Markt. Dabei ist er – freilich unter erheblichen Schwankungen – steil in die Höhe geschossen. Zeitweise erreichte er knapp 2000 Dollar je Feinunze. Das ist ein gigantischer Zuwachs.
Aber Vorsicht: Der Zuwachs gilt wiederum nur für den sehr langen Zeitraum. Wenn man mit Zins und Zinseszins rechnet, dann entspricht dies über die 100 Jahre »nur« einem jährlichen Gewinn von etwas weniger als 5 %. Dabei sind die Kosten der Aufbewahrung von Gold nicht eingerechnet.
Im Übrigen muss man berücksichtigen, dass es Privaten eine Zeit lang nicht erlaubt war, Gold zu besitzen. In der Weimarer Republik beispielsweise wurde der private Goldbesitz 1923 vorübergehend untersagt. In den USA wurde den Privaten 1933 (im Zusammenhang mit der Weltwirtschaftskrise) verboten, Gold zu besitzen. Bei Wikipedia habe ich gelesen, dass der private Goldbesitz noch vor 40 Jahren in 120 Ländern mit Restriktionen belegt war. Insofern kam Gold in den letzten 100 Jahren nur beschränkt als Anlagevehikel infrage.
Viele Grüße, Dein Tom

Betreff: **Verzweifelt**
Lieber Tom,
wenn ich die Renditen der einzelnen Anlagen miteinander vergleiche, dann liegen sie alle so zwischen 5 und 7 %. Ist das Zufall?
Schöne Grüße, Deine Alexandra

Betreff: **Verzweifelt**
Das ist in der Tat bemerkenswert. Vielleicht ist es so eine »magische Größenordnung« für den Sparer, vielleicht eine Art »natürlicher Zinskorridor«. Bei Aktien mit mehr Risiken liegen wir mehr an der oberen Grenze, bei Renten mit weniger Risiken eher an der unteren. So ganz zufällig ist das nicht. Auch das nominale Sozialprodukt, aus dem die Renditen bezahlt werden müssen, ist in dieser Zeit um durchschnittlich 6 bis 7 % gewachsen.
Du kannst das als einen Maßstab für langfristig angemessene Renditen nehmen. Immer wenn Du Dich mit Deinen Kapitalerträgen in dieser Größenordnung bewegst, ist das in Ordnung. Wenn Du höhere Renditen haben willst, müssen andere sich schlechterstellen. Das führt auf Dauer zu Schwierigkeiten. Wenn Du weniger erzielst, dann ist Dein Anlageerfolg unterdurchschnittlich.
Das gilt freilich nicht für jedes Jahr, sondern nur über einen ganz langen Zeitraum.
Ich finde einen solchen Rückblick ganz tröstlich. Er zeigt, dass wir nicht die Einzigen sind, die Probleme haben. Auch unseren Eltern und Großeltern ging es beim Geldanlegen nicht immer »gold«. Vielleicht noch wichtiger aber ist, dass man als Geldanleger selbst in so turbulenten Zeiten mit zwei Weltkriegen und zwei Hyperinflationen nicht verzweifeln muss.
Wer sich richtig positioniert hat, konnte wenigstens einen Teil seiner Ersparnisse über die Zeit retten. Zudem konnte er nach jeder Katastrophe davon profitieren, dass sich die Dinge dann erholt haben. Es gab da auch gute Zeiten. Man muss also nicht defätistisch sein und sagen, dass bei Krieg und Hyperinflation sowieso Hopfen und Malz verloren sind.
Ich grüße Dich herzlich, Dein Tom

Falle Nr. 11 Kommen die Superzyklen?

Aufschwünge dauern am Aktienmarkt oft länger

Betreff: **Zyklen am Kapitalmarkt**
Lieber Tom,
was mich am Kapitalmarkt stört, ist, dass es dort immer hoch und runter geht. Kaum ist man mal froh, dass man Geld verdient hat, da ist es durch einen Kursrutsch auch schon wieder weg. Und wenn man mal Gewinne realisiert, muss man sie irgendwo anlegen, und sie sind schon wieder gefährdet. Niemand kann diese Zyklen richtig einschätzen. Gibt es denn da keinen Ausweg?
Viele Grüße, Deine Alexandra

Betreff: **Zyklen am Kapitalmarkt**
Meine liebe Schwester,
ich komme auf mein Steckenpferd zurück, dass man die Dinge etwas längerfristiger betrachten sollte. Die Unsicherheit, über die wir uns am Kapitalmarkt beschweren, kommt vielfach daher, dass wir zu kurzfristig denken. Nur wenige machen sich die Mühe, die Langfristbrille aufzusetzen und über den Tellerrand der letzten zehn, 20 Jahre hinauszublicken. Deshalb sehen alle nur die Bäume und nicht den Wald.
Wirtschaft und Kapitalmärkte sind zwar volatil und schwankungsanfällig, aber nicht so sehr, wie wir oft denken. Manchmal geht es da gar nicht so unübersichtlich zu.
In Deutschland ist es nicht ganz leicht, langfristiger zu argumentieren, weil es hier durch die zwei Weltkriege an entsprechenden langen statistischen Zeitreihen fehlt. Man kann aber auf die Zahlen in Amerika zurückgreifen, wo die Verhältnisse nicht so ganz anders sind.
Da kann man Erstaunliches sehen.
Beste Grüße, Tom

Betreff: **Zyklen am Kapitalmarkt**
Na dann aber mal raus mit der Sprache. Ich bin gespannt, ob Du mich hier überzeugst.
Gruß, Deine Alexandra

Betreff: **Zyklen am Kapitalmarkt**
Besonders deutlich sind die langen Zyklen am Markt für festverzinsliche Papiere. Sie ziehen sich über 60 Jahre hin. 30 Jahre geht es hoch, 30 Jahre runter. Das sind echte Superzyklen.
Der erste solche Superzyklus begann vor 100 Jahren. Damals rentierten langfristige Staatsanleihen in den USA mit 4 %. Über 30 Jahre hinweg haben sich die Zinsen dann bis auf etwas über 2 % am Ende des Zweiten Weltkriegs halbiert. Es gab dabei allerdings einige unangenehme Schwankungen in der Weltwirtschaftskrise. Da sind die Zinsen beispielsweise innerhalb weniger Monate mal um 100 Basispunkte (= einen Prozentpunkt) von über 3 auf über 4 % hochgeschossen und dann wieder ganz schnell heruntergefallen. Das wäre schon für heutige Verhältnisse extrem, wo wir an einige Volatilität gewohnt sind. Damals war das für manchen eine Katastrophe. Den langen Zyklus hat das aber nicht tangiert.
In den nächsten 30 Jahren nach dem Ende des Zweiten Weltkriegs gingen die Zinsen dann wieder nach oben. Sie erreichten 1980 in der Spitze 14 % (!). So etwas hatte ich noch nie gesehen. Das war die Zeit, als die amerikanische Notenbank einen außerordentlich restriktiven Kurs fuhr, um die immer weiter ausufernden Inflationserwartungen nach den zwei Ölkrisen in den Griff zu bekommen.
Dann begann der zweite Zyklus. Von 1980 bis jetzt, also wieder über rund 30 Jahre, ging es mit den Zinsen kräftig nach unten. Das haben wir alle auch in Deutschland miterlebt (und viele haben dabei kräftige Kursgewinne eingefahren). Die Renditen am Kapitalmarkt sind bis auf ein Niveau von unter 2 % gefallen. Ich kann mir nicht vorstellen, dass sie noch viel weiter nach unten gehen.

Manche schließen aus dieser Erfahrung, dass es jetzt mit den Zinsen wieder 30 Jahre nach oben gehen müsste. Das ist denkbar. Es wird freilich nur eintreten, wenn wir gesamtwirtschaftlich wieder höheres Wirtschaftswachstum und zunehmende Inflation haben. Die Renditen müssen nicht gleich wieder auf zweistellige Raten gehen. Aus der Ratio der Zyklen wäre es ausreichend, wenn sie sich wieder auf 5 oder 6 % erhöhen.
In jedem Fall würde ich als Anleger im Hinblick auf diese Bewegungen jetzt die Finger von langfristigen Anlagen in festverzinslichen Wertpapieren lassen. Denn solche Zinssteigerungen sind natürlich mit entsprechenden Kursverlusten verbunden.
Festzuhalten ist aber, dass die Superzyklen keine Willkür und keine Erfindung findiger Analysten sind. Sie basieren vielmehr auf der gesamtwirtschaftlichen Entwicklung und laufen parallel dazu.
Schöne Grüße, Tom

Betreff: **Zyklen am Kapitalmarkt**
Gilt das auch für Aktien?
Schöne Grüße, Deine Alexandra

Betreff: **Zyklen am Kapitalmarkt**
Ja, das gilt auch für Aktien. Hier sieht die Situation freilich etwas anders aus. Bei Aktien schauen wir normalerweise nicht wie bei den Bonds auf die jährlichen Renditen, sondern auf das Auf und Ab des Index. Wenn der Index steigt, dann gibt es Erträge. Wenn er sich seitwärts bewegt, dann verdient der Aktionär nichts, wenn er fällt, dann verliert er.
Der erste Superzyklus bei den Aktien begann in den USA Ende des 19. Jahrhunderts. Er dauerte bis zum Jahr 1929, als die große Weltwirtschaftskrise einsetzte. Das war die Phase der großen Industrialisierung in den Vereinigten Staaten. Der Dow Jones hat sich in dieser Zeit rund verzehnfacht (von einem Indexstand von 32 auf 360). Das entsprach einer jahresdurchschnittlichen Steigerung der Aktienkurse von knapp 8 %. Ein ordentlicher Aufschwung also.

Dann kam der Abschwung. Er zeigte sich zuerst an dem kräftigen Absturz am Schwarzen Freitag 1929, der die große Weltwirtschaftskrise einläutete. Er dauerte aber sehr viel länger, nämlich bis zum Zweiten Weltkrieg. Interessanterweise ist der Dow Jones in dieser Zeit insgesamt gesehen nicht nach unten gegangen. Er hat sich vielmehr unter großen Schwankungen mehr oder weniger seitwärts entwickelt. Abschwung heißt hier also, dass die Rendite des Aktionärs null war, nicht dass die Aktionäre per saldo verloren haben.

Der zweite langfristige Aufschwung setzte nach dem Zweiten Weltkrieg ein. Er dauerte bis zum Jahr 1971. Das waren etwas mehr als 20 Jahre. Es war die Zeit der Dollarhegemonie in der Welt, allerdings auch des quälenden Vietnam-Kriegs. Der Dow erhöhte sich von 160 auf 900. Das entsprach – wie beim ersten Zyklus – erneut einer jahresdurchschnittlichen Zunahme von rund 8 %.

Es folgte der Abschwung in den 70er-Jahren mit den zwei großen Ölpreisschüben, der steigenden Inflation und den zahlreichen Währungskrisen. Auch diesmal hieß Abschwung per saldo Seitwärtsbewegung. Bis 1980 blieb der Dow Jones erneut unter großen Aufs und Abs auf dem erreichten Niveau.

Der dritte Superzyklus begann Anfang der 80er-Jahre. Er dauerte bis zum Jahr 2000. Wiederum also rund 20 Jahre. Da erhöhte sich der Index auf das Zehnfache.

Seitdem haben wir unter erheblichen Schwankungen eine Seitwärtsbewegung. So wie es das in den 30er- und den 70er-Jahren des vorigen Jahrhunderts gegeben hatte.

Schöne Grüße, Dein Tom

Betreff: **Zyklen am Kapitalmarkt**

Du redest immer nur über die USA, lieber Tom. In Deutschland gab es solche Zyklen dann also nicht, oder?

Beste Grüße, Alexandra

Betreff: **Zyklen am Kapitalmarkt**
Doch, auch in Deutschland gab es lange Zyklen. Hier können wir beim DAX mangels entsprechender Statistiken bisher allerdings nur einen Superzyklus identifizieren. Er begann 1982 mit der Neuorientierung der Wirtschaftspolitik unter Kanzler Helmut Kohl. Er setzte sich fort mit der Wiedervereinigung. Und er endete mit dem Hype in der New Economy. In dieser Zeit ging der DAX von 500 bis auf 8000 nach oben. Das war gemessen an den Erfahrungen in den USA ganz außerordentlich. Es entsprach einer jahresdurchschnittlichen Steigerung von 17 % (!).
In den 2000er-Jahren befanden wir uns in dieser langfristigen Perspektive auch in Deutschland in einer Seitwärtsbewegung, mit freilich erheblichen Aufs und Abs.
Du siehst also, dass man am Aktienmarkt durchaus langfristig denken kann. Man muss sich nicht von jedem »Zykluschen« ins Bockshorn jagen lassen. Vor allem muss man nicht in Panik geraten – wie das heute manchmal der Fall ist –, wenn ein Aufschwung der Aktienkurse wie jetzt schon fünf Jahre dauert. Die Superzyklen gehen wenigstens 20 Jahre »auf«, zehn Jahre »seitwärts«, dann wieder 20 Jahre »auf«. Es muss jetzt mit dem Aufschwung also noch nicht zu Ende sein.
Interessant an dieser Entwicklung sind drei Dinge. Erstens dauerten die langfristigen Aufschwungzeiten immer länger als die Abschwungzeiten. In der Regel waren sie mit 20 Jahren wenigstens doppelt so lang. Zweitens waren die langfristigen Abschwungzeiten nie mit einem dauerhaften Rückgang des Index verbunden. Es gab jeweils nur zeitweise Kursverluste. Insgesamt waren es Seitwärtsbewegungen. Beides ist für den Aktionär tröstlich. Drittens laufen die Zyklen am Aktien- und am Rentenmarkt nicht parallel.
Um diese Superzyklen ranken sich die kürzerfristigen Bewegungen, über die Du Dich beschwerst. Sie sind natürlich ärgerlich und erfordern von einem Anleger, der sich an den Superzyklen orientiert, gute Nerven. In so einer kürzerfristigen Bewegung kann der Aktienindex durchaus um 50 % und mehr zurückgehen. Das sind also nicht mehr »Peanuts«. Beste Grüße, Tom

Betreff: **Zyklen am Kapitalmarkt**
Lieber Tom,
wagst Du auch bei den Aktien mal einen Blick in die Zukunft? Wird es da auch Superzyklen geben? Gruß, A.

Betreff: **Zyklen am Kapitalmarkt**
Nach der Logik der Superzyklen müssten wir jetzt wieder in einer Zeit des »Auf« sein. Die Hausse der letzten fünf Jahre könnte also noch weitergehen.
Ob das tatsächlich der Fall ist, weiß ich natürlich auch nicht. Wenn man aber eines aus den bisherigen Erfahrungen lernen kann, dann ist es das: Einen Superzyklus bei den Aktien gibt es nur, wenn es auch einen Superzyklus in der Wirtschaft gibt. Wenn sich die anämische gesamtwirtschaftliche Entwicklung der letzten Jahre mit vielen Krisen und Unsicherheiten so fortsetzt, dann können wir alle Hoffnung auf einen neuen langen Aufschwung der Aktien begraben.
Wenn es aber so sein sollte, dass die Krise von 2008 – wie die Weltwirtschaftskrise 80 Jahre früher – ein Katalysator war, der zu einer Bereinigung der Strukturen führte, dann kann sich das auch bei den Aktien auswirken. Konkret: Wenn wir vor einer Zeit stehen sollten, in der die Verschuldung sowohl der Staaten als auch der Unternehmen und der privaten Haushalte niedriger ist, in der die Volkswirtschaften ihre Güter-, Dienstleistungs- und Arbeitsmärkte flexibilisiert haben, in der sie wieder mehr auf Konkurrenz und Wettbewerbsfähigkeit setzen – wenn alle diese »Wenns« erfüllt sind, ja dann kann das Wachstum wieder dynamischer werden. Dann können auch die Aktien Luft schöpfen für einen längerfristigen Aufschwung.
Wer daran glaubt, der kann auf einen Superzyklus setzen. Wer, wie vermutlich die Mehrheit der Menschen heute, skeptischer ist, sollte vorsichtig sein. Man muss aber auch sehen, dass Superzyklen noch nie so vorhergesehen wurden, wie sie dann kamen. Die Wirklichkeit war insgesamt weniger skeptisch als die Menschen. Aber das nur am Rande.

Noch ein Wermutstropfen: Aus der Sicht des Statistikers sind solche Betrachtungen unbefriedigend. Um Superzyklen wissenschaftlich sauber zu identifizieren und zu analysieren, müsste man mindestens zehn oder 20 solcher Bewegungen haben. Wir bräuchten also Zeiträume von mehreren Hundert Jahren. Aber so alt ist die Industrialisierung leider nicht und so weit reichen auch die Statistiken nicht zurück. Insofern ist Vorsicht geboten.
Trotzdem: Lass Dich nicht nur von dem Blick auf die kurzfristigen Zyklen beeinflussen.
Schöne Grüße, Dein Tom

Falle Nr. 12 Verdienen mit »langweiligen« Aktien

Die alten Anlageregeln gelten nicht mehr

Betreff: **Anlageregeln**
Lieber Tom,
mein Betreuer in der Bank hat mir zwei »goldene« Anlageregeln an die Hand gegeben. Eine ist, dass ich nicht alle Eier in einen Korb legen, sondern mein Geld auf verschiedene Anlagen verteilen soll. Das verringert die Risiken. Eine zweite ist, dass ich mehr Ertrag nur bekommen kann, wenn ich auch mehr Risiken eingehe. Beides leuchtet ein. Siehst Du das genauso?
Schöne Grüße, Deine Alexandra

Betreff: **Anlageregeln**
Liebe Alexandra,
hier bewegst Du Dich wieder auf Glatteis. Die Regeln sind alle plausibel. Sie sind wissenschaftlich begründet und sie sind bei den Beratern fest etabliert. Manchmal funktionieren sie auch. Leider aber nur manchmal. Sie sind daher kein sanftes Ruhekissen, auf das Du Dich verlassen kannst. Vor allem entheben sie Dich nicht von der Aufgabe, selbst zu denken.

Die erste Regel: Risiken bei der Geldanlage lassen sich verringern, wenn man sein Geld auf verschiedene Anlageformen verteilt. Wer wollte da widersprechen? Wenn ich alles in Aktien der Firma A investiere und sie geht pleite, dann habe ich viel Geld verloren. Wenn ich es stattdessen auf die Aktien A, B und C verteile und dazu vielleicht auch noch ein paar Renten kaufe, dann ist bei Problemen in der Firma A nur ein Teil meines Kapitals betroffen. Ich stehe also besser da.

Man kann die Diversifikation nach einzelnen Unternehmen vornehmen, aber auch nach Branchen oder verschiedenen Ländern oder auch nach Aktien, Renten, Immobilien, Gold und was Dir auch immer einfällt. Man muss seine Anlagen auch nicht unendlich splitten. Aber 30, 40 verschiedene Anlagen können es bei großen Vermögen schon sein, damit man von Einzelrisiken unabhängiger wird.

Es gibt dabei freilich eine wichtige Voraussetzung. Sie wird heute leider oft vergessen. Das ist: Die einzelnen Risiken müssen unabhängig voneinander sein. Wenn Anlage A in den Keller geht, darf Anlage B davon nicht betroffen sein.

Diese Bedingung war zu den Zeiten, als diese Regel erstmalig aufgestellt wurde (das war vor 50 Jahren), häufig gegeben. Heute kann man das aber nicht mehr ohne Weiteres annehmen. Durch die Überschwemmung der Welt mit Liquidität, durch die Globalisierung, durch das gewaltige Wachstum der Finanzmärkte und durch den immer mehr ausgeprägten Herdentrieb der Anleger hat die Korrelation zwischen den Anlageformen immer mehr zugenommen.

Wenn es in China schlechte Wachstumszahlen gibt, dann leiden darunter auch die Aktien in den USA und in Deutschland. Sie sind also keine voneinander unabhängigen Risiken mehr. Wenn sich die Kapitalmarktzinsen erhöhen (und die Kurse entsprechend fallen), dann steigen nicht etwa automatisch die Aktienkurse, weil Anleger aus Renten in Aktien tauschen. Vielmehr gehen häufig auch die Aktienkurse in den Keller. Als das Bankhaus Lehman in der Krise 2008 pleiteging, riss es nicht nur alle

anderen Banken, sondern auch alle Märkte weltweit mit nach unten.
Also: Diversifizierung ist nur dann gut, wenn Du wirklich voneinander unabhängige Anlagen findest. Und das ist nicht leicht. Verlass Dich also nicht zu sehr auf die Regel.
Gruß auch an Deine Familie, Dein Tom

Betreff: **Anlageregeln**
Lieber Tom,
dann liege ich wohl auch mit der zweiten Regel falsch?
Schöne Grüße, Deine Alex

Betreff: **Anlageregeln**
Ich fürchte, ja. Natürlich ist es so, dass hohe Erträge nur mit hohen Risiken zu erzielen sind. Das höchste Risiko gehst Du ein, wenn Du Dein Geld in Lottoeinsätze anlegst und hoffst, dadurch Millionenausschüttungen zu bekommen. Nun würde selbstverständlich niemand Lotto als Altersvorsorge benutzen. Aber man geht doch davon aus, dass man mit Rentenanlagen zwar geringere Erträge bekommt als mit Aktien, dass man damit aber auf der sichereren Seite ist.
Deshalb legen so viele Pensionsfonds, Versicherungen oder Stiftungen, die wenig Risiken eingehen wollen, ihre Gelder überwiegend in festverzinslichen Wertpapieren an. Wer trotz geringer Risikobereitschaft in Aktien investiert, tut das dann nicht in dem Gesamtindex oder in einzelnen Bluechips. Er sucht sich eher »langweilige« Titel mit gesundem Geschäftsmodell und hohen Dividenden wie beispielsweise den Schweizer Nahrungsmittelkonzern Nestlé. Sie verdienen dann weniger, fühlen sich aber auf der sicheren Seite.
Das ist aber nicht unbedingt richtig. Seit Beginn der Finanzkrise Ende 2007 konnte man mit dem Deutschen Aktienindex DAX gerade mal etwas mehr als 20 % verdienen. Damals lag der Index bei 8000 verglichen mit 9500 heute. Bei einer Anlage des Geldes in deutschen Renten hatte man dagegen doppelt so viel Ertrag

(36% gemessen am Deutschen Rentenmarktindex REX) – und das auch noch mit weniger Schwankungen. Das lag daran, dass die Zinsen in dieser Zeit so stark gesunken und damit die Kurse der Festverzinslichen gestiegen sind.
Gruß, Dein Tom

Betreff: **Anlageregeln**
Lieber Bruder,
das ist ein toller Tipp. Das hatte ich noch nicht gehört. Renten sind also sicher, ertragreicher und nicht so schwankungsanfällig. Sie sind also eigentlich die besseren Aktien? Da kann ich ja alle Sorgen mit den Dividendenwerten vergessen.
Danke. Das erleichtert mich.
Schöne Grüße, Deine Alexandra

Betreff: **Anlageregeln**
Liebe Alexandra,
nicht so schnell. Das war die Beschreibung der Vergangenheit. Ich vermute, dass die Bilanz in den nächsten fünf Jahren ganz anders aussieht. Dann werden nämlich die Zinsen vermutlich steigen (und dadurch die Kurse der Rentenpapiere sinken). Gleichzeitig sind beispielsweise Staatsanleihen heute keineswegs mehr so sicher, wie sie das einmal waren. Ich rede gar nicht von den Anleihen der südeuropäischen Schuldnerstaaten. Auch die Staatsanleihen der USA wurden in den letzten Jahren von den Ratingagenturen »angezählt«. Es ist auch kein Naturgesetz, dass deutsche Staatsanleihen immer das beste Rating erhalten. Es könnte der Tag kommen, an dem ausgewählte Unternehmen von der Bonität her besser als Staaten sind.
Ein anderes Beispiel: die Aktie des Nahrungsmittelherstellers Nestlé, die ich vorhin erwähnt habe. Sie stieg seit dem Höhepunkt der Finanzkrise um insgesamt über 60% verglichen mit den gut 10% bei dem viel risikoreicheren Deutschen Aktienindex. Bei Nestlé waren die Schwankungen des Kurses sehr viel geringer als beim Deutschen Aktienindex.

Ich würde mich nicht wundern, wenn sich die »langweiligen« Aktien in Zukunft besser entwickeln als die risikoreicheren »interessanteren« Aktien. Es gibt also höhere Rendite für niedrigere Risiken. Das liegt daran, dass sich in Zukunft vielleicht mehr risikoaversere Anleger auf dem Aktienmarkt tummeln werden, die solche Titel bevorzugen.
Also nicht nur auf die allgemeinen Regeln schauen, sondern auf die jeweils konkreten Verhältnisse!
Schöne Grüße, Dein Tom

Falle Nr. 13 Sparen in alternden Gesellschaften

Die Age Wave ist der Turbo, der alles auf den Kopf stellt

Betreff: **Age Wave**
Hallo Tom,
mein Berater bei der Bank hat mich vor der »Age Wave« am Aktienmarkt gewarnt. Er hat mir das lang erläutert. Ich habe es aber nicht verstanden. Kannst Du mir sagen, was das ist?
Beste Grüße, Deine Alexandra

Betreff: **Age Wave**
Liebe Alexandra,
Du kennst die demografischen Veränderungen, die sich daraus ergeben, dass die Bevölkerungszahl zurückgeht und die Menschen älter werden. Das ist schon für sich genommen eine Riesenherausforderung. Die Age Wave = Alterswelle ist nun die Steigerung dieser Effekte. Es ist gewissermaßen ein Altersturbo. Da musst Du alles »hoch zwei« nehmen.
Das Interessante dabei: Normalerweise kommt beim Potenzieren immer etwas Positives heraus. Bei der Age Wave ist das Ergebnis aber negativ. Lass mich das erläutern.
Über die Auswirkungen der normalen demografischen Verände-

rungen wird viel gestritten. Die meisten halten sie für etwas Schreckliches. Zu Unrecht, meine ich. Natürlich gibt es Probleme. Die gesamtwirtschaftliche Nachfrage nimmt nicht mehr so schnell zu. Es gibt weniger Arbeitskräfte. Sie sind älter und damit oft nicht so dynamisch und kreativ. Sie wehren sich bisweilen gegen notwendige Veränderungen. Gleichzeitig verlangen sie höhere Löhne. Die Pensionäre liegen den Rentenkassen länger zur Last. Sie brauchen zum Teil Pflege. Die Sozialausgaben laufen aus dem Ruder. Und, und, und. Du kennst die Klagen.
Lange Zeit wurde Japan aus diesem Grund von vielen Beobachtern mit Mitleid betrachtet. Inzwischen sind aber auch Teile Europas mit diesen Problemen konfrontiert. Deutschland steht hier ganz vorne. Interessanterweise ist Frankreich nicht so stark betroffen. Dort wächst die Bevölkerung auch in den kommenden Jahren weiter. Es wird nicht lange dauern, bis Frankreich gemessen an der Zahl der Einwohner größer ist als Deutschland. Auch China und andere asiatische Länder haben demografische Probleme.
Es ist klar, dass sich das auf die Kapitalmärkte auswirkt. In Ländern mit schrumpfender Bevölkerung kann es sein, dass die Unternehmensgewinne und damit auch die Aktienkurse weniger steigen als in Ländern mit wachsender Bevölkerung, vielleicht sogar fallen. Anleger neigen dazu, diese Märkte zu meiden.
Beste Grüße, Dein Tom

Betreff: **Age Wave**
Da widerspreche ich. Als Ärztin finde ich es toll, dass die Menschen länger gesund bleiben und länger leben. Das muss sich doch auch auf die Wirtschaft auswirken, oder?
Liebe Grüße, Deine Alexandra

Betreff: **Age Wave**
Das ist auch meine Meinung. Die Alterung bringt auch für die Wirtschaft erhebliche Chancen. Demografie ist für einige Branchen ein Wachstumsprogramm par excellence. Leistungen des

Gesundheitswesens zum Beispiel werden mehr nachgefragt. Davon profitieren Ärzte und Krankenhäuser bis hin zu Rehakliniken und dem gesamten Bereich der Wellness. Das Gesundheitswesen gehört inzwischen in Deutschland zu den dynamischsten Sektoren überhaupt. Es ist größer als die Automobilindustrie, freilich nicht so sexy. Reisen und Touristik expandieren stark, weil ältere Menschen mehr Zeit haben. Versicherungen werden mehr gebraucht. Häuser, Wohnungen und zum Teil auch die öffentliche Infrastruktur müssen altersgerecht umgebaut werden.

Auch Bildung gehört in alternden Gesellschaften zu den wachsenden Bereichen. Denn wenn Arbeitskräfte knapp sind, müssen sie besser ausgebildet werden, damit sie eine höhere Produktivität erreichen können. Vor allem muss für eine bessere Qualifizierung älterer Arbeitnehmer gesorgt werden, um ihren Nachteil bei der körperlichen Fitness auszugleichen. Zudem haben ältere Menschen, die in Rente gehen, das Bedürfnis nach Weiterbildung.

All das hilft den Aktien der Unternehmen, die sich auf die neue Nachfrage einstellen. Das trifft nicht nur Sektoren wie die Pharmaindustrie, die Produkte für die Alten produzieren, sondern gilt auch etwa für den Telekom- oder den PC-Bereich, wo man spezielle Angebote für ältere Menschen entwickeln kann.

Hinzu kommt, dass in alternden Gesellschaften die Ersparnis steigt. Die junge Generation muss mehr auf die hohe Kante legen, weil sie länger leben wird und daher im Alter mehr Geld braucht. Eine höhere gesamtwirtschaftliche Sparquote bedeutet mehr Mittel für Investitionen zur Stärkung des Wachstums.

Schließlich gehen die Zinsen zurück. Nicht nur wegen der höheren Sparquote. Ältere Menschen kaufen traditionell mehr Bonds als Aktien. Auch Lebensversicherer oder Pensionsfonds legen einen Großteil ihrer Portefeuilles in langfristigen Rentenpapieren an. Der Mannheimer Demografieexperte Axel Börsch-Supan rechnet damit, dass die langfristigen Zinsen in den nächsten 20 Jahren bedingt durch die Demografie im Schnitt um eineinhalb Prozentpunkte sinken. Davon werden dann auch Aktien

profitieren. Denn je niedriger die Zinsen, umso mehr schauen sich die Anleger nach Alternativen um.
Freilich ergeben sich viele dieser positiven Effekte nicht automatisch. Viel hängt davon ab, mit welcher Grundhaltung die Gesellschaft an die Herausforderungen herangeht. Wer an den Pessimismus glaubt und den Untergang für unvermeidlich hält, wird dieses Schicksal auch erleiden. Das war bisher das japanische Problem. Wer die neuen Aufgaben mit Elan in Angriff nimmt, kann davon profitieren. Auch für den Kapitalmarkt kann dann die Alterung etwas Gutes sein. Du kennst den Spruch: Pessimisten haben zwar häufig recht. Optimisten machen aber die besseren Geschäfte.
Beste Grüße, Tom

Betreff: **Age Wave**
Und wo bleibt nun die Age Wave?
Schöne Grüße, Deine Alexandra

Liebe Alexandra,
gemach. Ich komme schon darauf. Denn das Ganze hat einen Haken. Die Entwicklung vollzieht sich im Zeitverlauf nämlich nicht kontinuierlich, sondern in Schüben. Das liegt daran, dass die jeweiligen Altersgruppen unterschiedlich stark besetzt sind. Derzeit gehen in Deutschland noch relativ wenig Menschen in Rente. Daher sind die demografischen Probleme noch nicht so drängend. Das wird sich jedoch ändern.
Hier kommt nun der Turbo der Age Wave ins Spiel. Demnächst wird nämlich die Generation der Babyboomer in Rente gehen. Sie ist in Deutschland die bevölkerungsreichste Generation. Im Augenblick sind ihre Angehörigen 50 bis 60 Jahre alt. Die Älteren von ihnen werden in den nächsten fünf bis sieben Jahren aufhören, zu arbeiten. Der größte Jahrgang der Babyboomer ist jetzt gerade 50 Jahre alt, wird also in rund 15 Jahren das Rentenalter erreichen.
Das wird, wenn wir nicht aufpassen, ein Schock. Die Anpassung

an die Demografie muss schneller gehen. Da wirken die negativen Effekte schneller, als sich die positiven entwickeln können. Vor allem an den Kapitalmärkten kann es eng werden. Zum einen sparen die Neurentner unter den Babyboomern nicht mehr, jedenfalls nicht mehr so viel wie vorher. Zudem werden einige von ihnen ihre Wertpapierdepots anzapfen, um ihre Altersversorgung zu finanzieren. Beides zusammen führt zu sinkenden Aktienkursen und steigenden Zinsen. Dazu werden auch die Sozialkassen belastet, was am Ende die Staatsverschuldung nach oben treibt. Etwaige positive Effekte durch zusätzliche Investitionen in die Infrastruktur werden erst später wirksam.
Die ersten Wellen der Age Wave werden bereits in den nächsten Jahren einsetzen. Sie werden im Laufe der Zeit immer stärker und erreichen den Höhepunkt 2030.
Für die Sparer und Anleger ist das zunächst einmal keine günstige Perspektive. Die positiven Effekte der Alterung (= mehr Investitionen) kommen später, die negativen (= weniger Ersparnis) früher.
Schöne Grüße, Dein Tom

Betreff: **Age Wave**
Kann man sich gegen die Age Wave schützen?
Gruß, Alex

Betreff: **Age Wave**
Natürlich. Hier kann man – noch ein Fremdwort – die »demografische Arbitrage« nutzen. Anleger aus Ländern mit größeren demografischen Problemen investieren in Ländern, die von der Alterung noch relativ weniger betroffen sind. Das sind zum Beispiel so große Märkte wie die USA (wo die Bevölkerung nach wie vor wächst) und auch die Schwellen- und Entwicklungsländer. In Indien, so las ich vor Kurzem, kommt jeden Monat eine Million junger Inder auf den Arbeitsmarkt. Das Land hat damit ganz andere Probleme. In den Schwellen- und Entwicklungsländern kommt noch hinzu, dass sie wegen ihrer höheren Wachstumsraten ohnehin interessant für die Anleger sind.

Insgesamt ist der demografische Wandel keine Katastrophe. Du musst Dich nur rechtzeitig darauf einstellen.
Herzliche Grüße, Dein Tom

Falle Nr. 14 Auch Kapitalisten müssen arbeiten

Soll man nach dem Kauf von Aktien Schlaftabletten nehmen?

Betreff: **Anruf meiner Bank**
Lieber Tom,
heute hat mich meine Bank angerufen und mir geraten, ich solle Aktien verkaufen. Die Zinsen würden steigen. Da wachse die Gefahr, dass die Börsenkurse sinken und ich die bisher erzielten Gewinne verlieren würde. Ich werde das vermutlich tun.
Aber dieses ewige Hin und Her am Kapitalmarkt nervt. Gibt es denn keine Anlagen, die stabil sind und um die ich mich nicht permanent kümmern muss? Sie müssen ja nicht unbedingt den höchsten Ertrag abwerfen.
Liebe Grüße, Deine Alexandra

Betreff: **Anruf meiner Bank**
Hallo Alexandra,
es gibt keine Bank, die da nicht tausend Vorschläge für Dich hätte. Aber sei vorsichtig. So schön sie auch immer verpackt sein mögen – sie führen nicht an der grundlegenden Wahrheit vorbei: Kapitalerträge gibt es nicht umsonst. Auch Geldanlegen ist Arbeit. Du kannst diese Arbeit entweder selbst machen, dann musst Du Dich eben mit den Dingen herumschlagen. Oder Du kannst sie jemand anderes machen lassen, dann musst Du dafür bezahlen. Ohne Arbeit geht es jedoch nicht.
Früher hat man unterschieden zwischen dem Arbeitseinkommen, also den Löhnen und Gehältern, und dem arbeitslosen Einkommen, das heißt den Erträgen aus Zinsen und Gewinnen, für das

man nur sein Kapital arbeiten lässt. Auf alten Friedhöfen findest Du noch die Berufsbezeichnung »Privatier«. Das waren die Leute, die genug Geld hatten, um nicht arbeiten zu müssen. Im Steuerrecht gibt es diese Unterscheidung auch heute noch. Löhne und Gehälter werden anders besteuert als Zinsen, Dividenden und Kursgewinne. Auch in Lehrbüchern steht die Unterscheidung noch. Ökonomisch macht die Differenzierung aber keinen Sinn. Einkommen ist Einkommen, und wenn man Einkommen haben will, muss man etwas dafür tun.
Viele Grüße, Dein Tom

Betreff: **Anruf meiner Bank**
Lieber Tom,
das gilt aber doch nur für die, die den ganzen Tag vor dem Computer hocken und vom großen Geld träumen?
Gruß, Deine A.

Betreff: **Anruf meiner Bank**
Nein, das gilt nicht nur für die »Day-Trader«, die Wertpapiere auf eigene Rechnung kaufen und verkaufen und Kommentare von Investmentbanken studieren. Das sind Leute, von denen man annimmt (und die das bisweilen selbst glauben), dass sie durch die Börse reich werden. Ich zweifle daran. Sie können, wenn sie eine gute Strähne haben und geschickt sind, manchmal gut verdienen. Es gibt aber auch Tage, an denen sie kein Glück haben. Ich habe noch keinen getroffen, der mit »Day-Trading« wirklich reich und glücklich geworden ist.
Ich meine auch nicht die Flicks oder Quandts dieser Welt, die ein Milliardenvermögen haben. Die müssen natürlich arbeiten, um das Geld zusammenzuhalten. Sie müssen vermutlich sogar mehr arbeiten (und haben mehr schlaflose Nächte) als die normalen Sterblichen.
Nein, ich meine den einfachen Anleger, der etwas spart und dies auf längere Frist anlegen will, ohne größere Risiken einzugehen. Er muss dafür natürlich nicht 40 Stunden die Woche arbeiten. Er

muss vielleicht auch nicht jede Woche etwas tun. Wenn er sein Vermögen erst einmal richtig und langfristig disponiert hat, dann reicht es sicher, sich das Depot alle drei, vier Monate anzuschauen, wenn es keine ganz außergewöhnlichen Ereignisse gibt. Aber ganz ohne Beschäftigung mit den Dingen geht es nicht.
Schöne Grüße, Dein Tom

Betreff: **Anruf meiner Bank**
Das verstehe ich nicht. Es ist doch gerade der Charme der Kapitalerträge, dass man dafür nicht arbeiten muss.
Herzliche Grüße, Alexandra

Betreff: **Anruf meiner Bank**
Das war einmal. Bei unseren Eltern und Großeltern war die Ersparnis das Geld, was am Monatsende vom Einkommen übrig blieb. Darüber haben sie sich gefreut. Sie haben sich aber nicht wirklich darum gekümmert. Die meisten konnten sich das leisten, weil sie durch Sozialversicherung, Betriebsrenten oder Pensionen lebenslang abgesichert waren. Größere Anschaffungen machten sie nur, wenn sie genug Geld hatten. Die Ersparnisse waren also so etwas wie die Kaffeekasse der Skatrunde. Dafür mussten sie in der Tat nicht arbeiten.
Heute ist das bei den meisten Menschen anders. Sparen ist Teil der Lebensplanung. Es ist dafür da, den Teil des Lebens abzusichern, in dem man keinen Lohn und kein Gehalt mehr bekommt. Das muss genauso klug und sinnvoll gemacht werden wie das sonstige Geldausgeben, vielleicht sogar noch mit mehr Sorgfalt. Denn hier handelt es sich jeweils um große Beträge und wichtige Zeiten des Lebens. Niemand will im Alter ohne Geld dastehen oder auf die staatliche Rente allein angewiesen sein. Dafür aber muss man etwas tun.
Die Arbeit fängt an bei der Festlegung des Sparziels. Das kann neben oder zusätzlich zur Altersvorsorge ein Haus sein oder die Ausbildung der Kinder. Überall stellen sich die gleichen Probleme.

Nehmen wir als Beispiel die Altersvorsorge. Die erste Arbeit ist, dass man sich überlegt, was man im Alter aus eigener Vorsorge, also neben der gesetzlichen und der Betriebsrente, zur Verfügung haben will (das heißt, was man sich dann leisten können will). Das ist eine schwierige Rechnung mit mehreren Unbekannten. Zum einen weiß man nicht, was man am Ende als Rente von der Sozialversicherung und anderen Quellen (zum Beispiel Betriebsrenten) bekommt. Zum anderen muss man auch die Preissteigerung bis dahin einkalkulieren.

Wer zum Beispiel mit 30 Jahren anfängt, zu sparen, muss die Preissteigerung für die nächsten 35 oder 40 Jahre in seine Rechnung einbeziehen. Wer nach 40 Jahren kaufkraftmäßig 100 000 Euro zur Verfügung haben will, muss bei 2 % Preissteigerung pro Jahr ein Sparziel von 220 000 Euro anpeilen. Bei 3 % sind es schon 320 000 Euro.

Mit der Festlegung des Sparziels ist es jedoch nicht getan. Man muss dann auch eine Strategie formulieren, wie man das Ziel erreichen will. Will man monatlich etwas zur Seite legen oder einmal im Jahr? Will man zum Beispiel den jährlichen Leistungsbonus aus seiner beruflichen Tätigkeit dazu verwenden (mit der Gefahr, dass dieser mal größer und mal weniger groß ausfällt) oder nimmt man einen Fixbetrag?

Dann kommt die Frage, wie man das Geld anlegt. Überweist man es auf ein Bankkonto (vielleicht ein Sparkonto), wählt man eine Lebensversicherung oder kauft man dafür festverzinsliche Wertpapiere oder Aktien oder Fonds? Hier stellt sich dann das Problem der Kursschwankungen. Eventuell zieht man auch Immobilien in das Kalkül ein, entweder als selbst genutzte Immobilie oder zur Vermietung.

Alle Erfahrung zeigt, dass die Festlegung auf solche Anlageklassen rund 80 % des Ertrags der Ersparnis ausmacht. Man sollte sich dafür also besonders viel Zeit nehmen. Die konkrete Titelauswahl, die Du natürlich auch vornehmen musst, ist dann nur noch für 20 % des Ertrags verantwortlich.

Schöne Grüße, Dein Tom

Betreff: **Anruf meiner Bank**
Das sind doch alles einmalige Entscheidungen. Wenn ich die getroffen habe, bin ich fertig. Dann muss ich doch nicht mehr arbeiten.
Herzlichst, Deine Alexandra

Betreff: **Anruf meiner Bank**
Doch. Denn Du musst Deine Strategie regelmäßig überprüfen. Das heißt nicht, dass Du täglich neu disponierst und neue Aktien kaufst oder Wertpapiere tauschst. Das wäre falsch. Denn da fallen ja immer auch Gebühren und Spesen an. An der Börse gibt es den Spruch »Hin und her macht Kassen leer«. Du musst aber schauen, ob die Annahmen, die Du bei Deiner Planung gemacht hast, noch stimmen.
Wenn sich zum Beispiel zeigen sollte, dass die Inflation höher wird, dann musst Du mehr sparen. Wenn die Zinsen am Kapitalmarkt dauerhaft sinken, musst Du ebenfalls mehr zur Seite legen. Wenn sich ein Fonds besonders schlecht entwickelt verglichen mit dem Markt, dann musst Du ihn vielleicht tauschen. Wenn Du auf einzelne Aktien gesetzt hast, musst besonders aufpassen, dass Du hier keine Überraschungen erlebst. Und ganz wichtig: Du musst natürlich auch immer darauf achten, ob sich nicht im Steuerrecht etwas ändert, was Deine Planungen über den Haufen werfen könnte.
Es gab einmal einen berühmten Börsenguru (André Kostolany), der empfahl, sich beim Aktienkauf gleichzeitig Schlaftabletten zu besorgen und diese zu nehmen. Wenn man dann später wieder aufwache, könne man sich über die Kursgewinne für die Aktien freuen.
Wenn das je richtig war (und nicht nur ein Bonmot, was ich glaube) – heute gilt es mit Sicherheit nicht mehr. Wer vor zehn Jahren deutsche Aktien kaufte (damals befand sich der Index gerade in einem Tief), dessen Portfolio hätte sich in den ersten vier Jahren verdoppelt – bis zu der großen Finanzkrise. Dann wäre das Vermögen in wenigen Monaten auf weniger als die Hälfte gefallen (bis März 2009). Seitdem hätte es sich wieder verdoppelt. Insge-

samt liegt der Zuwachs bei 10 % pro Jahr. Das ist sehr ordentlich. Man muss aber berücksichtigen, dass diese Jahre zu den besten Aktienjahren überhaupt gehörten. Es gibt Zeiten, in denen die Performance sehr, sehr viel schlechter war.
Die Schwankungen gelten im Übrigen nicht nur für Aktien. Dort sind sie nur besonders ausgeprägt. Wer festverzinsliche Wertpapiere besitzt, erlebt ebenfalls ein Auf und Ab der Kurse, weil sich die Zinsen verändern. Bei Gold oder Rohstoffen sind die Schwankungen zum Teil sogar noch größer.
All the best, Dein Tom

Betreff: **Anruf meiner Bank**
Und wenn ich sage: Was kümmert mich das ganzen Auf und Ab? Ich schaue einfach nicht auf den Kurszettel in der Zeitung. Entscheidend ist doch nur, dass ich am Ende ein Plus habe.
Alles Gute, Deine Alexandra

Betreff: **Anruf meiner Bank**
Leider kannst Du Dir nie sicher sein, ob Du am Ende wirklich im Plus bist oder ob Deine Ersparnis vielleicht teilweise oder ganz weg ist. In Japan beispielsweise ist das Kursniveau von 1990 nie wieder erreicht worden. Damals lag der Nikkei-Index bei 38 000, heute steht er bei weniger als der Hälfte. Zudem gibt es Unternehmen, die pleitegehen. Da empfiehlt es sich schon, die Aktien rechtzeitig vor der Insolvenz zu verkaufen. Oder es gibt eine Hyperinflation mit anschließender Währungsreform. So etwas sollte man schon zur Kenntnis nehmen.
Du siehst, es führt kein Weg vorbei: Du musst nicht nur für Deinen Beruf arbeiten, sondern auch für Deine Ersparnis.
Schöne Grüße, Dein Tom

Falle Nr. 13 Die geringen Renditen der Fondsmanager

Geldanlegen ist eine Dienstleistung, die Geld kostet

Betreff: **Fonds**
Lieber Tom,
zuerst habe ich es gar nicht glauben können. In der Zeitung stand kürzlich, dass Fondsmanager bei ihren Anlagen in aller Regel eine geringere Rendite erzielen als die jeweiligen Marktindizes. Die Quelle scheint seriös zu sein. Das bestätigte mir sogar mein Bankberater.
Das hat mich überrascht. Wenn **ich** *nicht so gut beim Anlegen bin, dann liegt das an meiner mangelnden Kenntnis. Das weiß ich. Aber Fondsmanager sind doch Profis. Denen dürfte das doch nicht passieren.*
Macht es unter diesen Umständen überhaupt Sinn, sein Geld in Fonds anzulegen? Ich überlege mir, ob ich meine Fonds nicht verkaufen soll.
Gruß, Alex

Betreff: **Fonds**
Liebe Alex,
da siehst Du, wie schwer das Geldanlegen ist. Wenn selbst Profis es nicht schaffen, besser als der Markt zu sein, dann solltest Du mit Deinen eigenen Anlagekünsten nicht hadern. Es ist eben extrem schwierig, die Kursentwicklung an den Märkten vorherzusagen und sich dann richtig zu positionieren.
Was mich am meisten irritiert, ist übrigens nicht, dass die Fondsmanager so schlechte Ergebnisse bei ihrer Arbeit vorweisen. Viel erstaunlicher ist, dass die Anleger das häufig nicht merken beziehungsweise dass sie den Fonds trotzdem so viel Geld anvertrauen. Das müsste doch die Stiftung Warentest auf die Barrikaden bringen. Nach den Statistiken der Bundesbank besitzen deutsche Sparer fast doppelt so viele Investmentfonds (420 Mil-

liarden Euro) wie Einzelaktien (259 Milliarden Euro). Festverzinsliche Wertpapiere haben sie sogar nur in Höhe von 238 Milliarden Euro.

Warum tun sie das? Ein Grund ist sicher, dass viele Menschen sich von der Geldanlage überfordert fühlen. Sie verstehen nichts von der Börse. Sie interessieren sich auch nicht dafür. Sie wollen sich nicht die Arbeit machen, regelmäßig in den Kursteil der Zeitung zu schauen und zu prüfen, ob sie mit ihren Anlagen richtig oder falsch lagen. Sie sagen sich einfach: Überlass das den Spezialisten. Ich repariere meine Schuhe ja auch nicht selbst, sondern bringe sie zum Schuhmacher.

Ich vermute, viele dieser Kunden würden sich auch gar nicht so sehr empören, wenn sie erführen, dass sich die Investmentfonds schlechter als der Markt entwickeln. Sie wollen nur, dass die Fonds es besser machen, als sie selbst es könnten. Zudem wollen sie unter den vorhandenen Angeboten an Investmentfonds ein gutes Produkt haben, insbesondere eines, das keine schlechtere Rendite hat als andere Fonds. Der Markt interessiert sie gar nicht so sehr.

Es gibt aber noch einen anderen Grund, sich trotz der schlechteren Performance für Fonds zu entscheiden. Viele professionelle Anleger wollen gar nicht besser als der Markt sein. Sie messen sich auch nicht an Vergleichsindizes (»Benchmarks«) wie dem DAX oder etwa dem amerikanischen Dow Jones. Denn es ist ein Kinderspiel, so gut wie diese Indizes zu sein. Sie müssten nur die Werte dieses Index kaufen und sie in ihre eigenen Fonds tun. Dann hätten sie automatisch dasselbe Ergebnis wie der Index. So etwas erfordert nicht viel Gehirnschmalz. Solche Fonds gibt es: Es sind die Exchange Traded Funds (ETFs). Sie haben noch den Vorteil, dass sie besonders billig für den Anleger sind.

Beste Grüße, Dein Tom

Betreff: **Fonds**
Was tun die Fondsmanager denn dann den ganzen lieben Tag, wenn sie für ihre Kunden nicht die beste Rendite herausholen wollen?
Gruß, A.

Betreff: **Fonds**
Die meisten haben ganz andere Ziele. Viele ihrer Kunden wollen zum Beispiel vor größeren Kursschwankungen an den Märkten bewahrt werden. Sie wollen einfach nur eine gute Rendite, im Übrigen aber auch in einer Baisse am Aktienmarkt gut schlafen und nicht um den Erhalt ihres Vermögens bangen müssen. Dafür sind sie bereit, auf den maximal möglichen Ertrag zu verzichten. Man nennt Fonds, die sich nicht an einem Index messen, »Total Return Funds«. Hier geht es nur um Kapitalerhalt plus eine angemessene Rendite. Diese Art von Fonds erfreut sich in den letzten Jahren zunehmender Beliebtheit.
Eine solche Haltung ist in Zeiten, in denen die Börsen boomen, schwer zu verstehen. Warum soll ich in einen Fonds investieren, der mir »nur« eine Rendite von sagen wir 6 % bringt, wenn am Markt 25 % zu erzielen sind? In schlechten Zeiten, die es ja auch gibt und die wieder kommen werden, sieht das jedoch ganz anders aus. Dann kann es für den Fondsmanager eine große Leistung sein, wenn es ihm gelingt, einen Verlust zu vermeiden. Für den Kunden ist es eine Beruhigung, sein Geld in den Händen eines Profis zu wissen und nicht befürchten zu müssen, dass es verloren geht.
Soll man also doch alles Geld in einen Fonds stecken, was man nicht selbst anlegen will? Das kann man, muss es aber nicht. Denn es gibt neben Fonds noch andere Möglichkeiten, sein Geld von Profis verwalten zu lassen. Jede hat ihre Vor- und Nachteile. Eine Kombination von verschiedenen Formen ist vielleicht gar nicht falsch.
Liebe Grüße, Dein Tom

Betreff: **Fonds**
Was hältst Du denn von Lebensversicherungen? Ich habe schon vor einiger Zeit eine abgeschlossen? In der Öffentlichkeit werden sie manchmal sehr kritisiert wegen der niedrigen Rendite.
Alles Liebe, Deine Alexandra

Betreff: **Fonds**
Die sind nach wie vor ein gutes Instrument für die Altersversorgung. Sie haben eine lange Laufzeit. Sie sind sicher. Sie sind schwer vorzeitig aufzulösen (und nur mit erheblichen Verlusten), wodurch die Versuchung, das Geld für andere Dinge zu nutzen, nicht so groß ist. Zudem haben sie eine Versicherungskomponente für den Fall, dass etwas Unvorhergesehenes passiert. Dafür ist die Rendite geringer. Es gibt hier aber erhebliche Unterschiede zwischen den Versicherungen. Es lohnt sich also, zu vergleichen.
Man darf auch nicht nur auf den Garantiezins schauen, der derzeit mit 1,75 % in der Tat sehr niedrig ist. Man muss sich die Gesamtperformance ansehen. Die ist besser. Zu einer guten Altersvorsorge gehört aus meiner Sicht immer auch eine Lebensversicherung.
Spareinlagen sind als Altersvorsorge dagegen weniger geeignet. Sie sind eher eine Reserve, die man bei ungeplantem Geldbedarf anzapfen kann. Das kann ein Urlaub sein oder der Kauf eines Autos oder Hauses oder auch größere Ausbildungsausgaben. Der Nachteil sind die niedrigen Zinsen.
Fonds sind ein Mittelding. Eigentlich sind sie Alleskönner. Man kann sie für die Altersvorsorge genauso verwenden wie für das Ansparen eines Hauses oder die Ausbildung für die Kinder. Viele von ihnen werfen eine wesentlich bessere Rendite ab als Lebensversicherungen und Spareinlagen. Sie haben aber ein Kursrisiko. Wenn man Geld braucht, wenn es am Markt gerade schlecht geht, dann kann es auch Verluste geben. Die Kursrisiken sind bei reinen Aktienfonds am größten, bei gemischten Fonds (die sowohl in Aktien wie auch in Renten anlegen) und bei Total Return Funds

dagegen geringer (dafür sind dort in der Regel auch die Renditen niedriger).
Daneben gibt es auch noch individuelle Vermögensverwaltungen, entweder von unabhängigen Vermögensverwaltern oder auch von Banken. Sie sind normalerweise gedacht für größere Vermögen. Inzwischen werden sie aber auch standardisiert für kleinere Anlagebeträge angeboten. Dann sind sie häufig nicht viel anders als Fonds.
In allen Fällen musst Du Dir darüber im Klaren sein, dass Geldanlegen eine Dienstleistung ist, die Geld kostet. Niemand macht Dir die Arbeit, ohne dafür entlohnt werden zu wollen. Die Kosten sind bei den einzelnen Anbietern und den Produkten unterschiedlich.
Ich schicke Dir schöne Grüße, Dein Tom

Falle Nr. 16 Die schöne Welt der Renten ist vorbei

Es leben die »neuen Renten«

Betreff: »**Neue Renten**«
Hallo Tom,
ich habe mich bei meinen Anlagen bisher nicht so recht in Aktien getraut. Jeder sagt mir zwar, dass ich damit eine höhere Rendite erzielen kann. Aber jeder erzählt auch, dass die Schwankungen sehr groß sind. Davor habe ich Angst. Ich habe mein Geld daher mehr in Festverzinsliche und in gemischte Fonds investiert. Ist das vernünftig?
Schöne Grüße, Deine Alexandra

Liebe Alexandra,
die Meinungen dazu haben in der Vergangenheit sehr geschwankt. Das war schon nervig. Ursprünglich ging man davon aus, dass Aktien für den Anleger ertragreicher sind, dass sie dafür aber auch mit mehr Schwankungen verbunden sind. Sie sind also, wie

Du sagst, nur etwas für risikobereitere Investoren. Für sie sollten sie aber eine wahre Goldgrube sein. Festverzinsliche sind demgegenüber »langweiliger«. Sie bringen eine geringere Rendite, weisen dafür aber auch eine nicht so hohe Volatilität auf. Sie sind also etwas für die »Vorsichtigen«, um nicht zu sagen für die »Dummen«, die sich nicht an die großen »Fleischtöpfe« trauen.

Diese »Arbeitsteilung« zwischen Aktien und Renten ist logisch und für die ganz lange Frist von 100 und mehr Jahren richtig. Nur leider sind wir über die lange Frist tot. In den letzten 50 Jahren jedoch, insbesondere in den letzten 30 Jahren, die für uns viel wichtiger waren, galt die Regel nicht. Es ist erstaunlich, wie wenig sich das bei den Anlegern herumgesprochen hat. Dabei kann man es leicht an den Zahlen ablesen.

Seit 1960 gibt es in Deutschland den Aktienindex DAX, seit 1967 den Rentenindex REX. Vergleicht man sie miteinander, so zeigt sich, dass der DAX bis in die jüngste Vergangenheit hinein keineswegs besser als der REX war. Lange Zeit hinkte er sogar hinter dem REX her. Erst in den letzten zehn, 15 Jahren hat er aufgeholt und ist gleichgezogen.

Von Goldgrube bei den Erträgen kann also keine Rede sein. Gleichzeitig gab es Kurseinbrüche beim DAX von zeitweilig 50 bis 70 %. Beim REX schwankten die Kurse zwar auch. Das bewegte sich aber immer in sehr, sehr engen Grenzen und ging nie über 2, 3 oder 5 % hinaus. Per saldo bist Du mit festverzinslichen Wertpapieren besser gefahren als mit Aktien. Sie brachten die gleiche Rendite mit weniger Volatilität.

Der Grund dafür ist einfach. Die Zinsen sind in dieser Zeit stark zurückgegangen. Von 1980 bis 2013 haben sich die Renditen für zehnjährige deutsche Bundesanleihen von zeitweise über 10 % bis auf unter 2 % verringert. Entsprechend sind die Kurse von Rentenpapieren fast »explodiert«. Das war ganz ungewöhnlich. Es brachte den Anlegern außerordentliche Gewinne. Hinzu kam, dass die Coupons angesichts der im Schnitt vergleichsweise hohen Zinsen nicht unerheblich waren. Beides zusammen ergab

eine Rendite von knapp 7% p.a. über den gesamten Zeitraum. Damit hatte niemand gerechnet. Die Aktien hatten einen solchen Rückenwind von der gesamtwirtschaftlichen Seite nicht. Deshalb hatten sie es so schwer, mit den Renten mitzuhalten.
Herzlich, Dein Tom

Betreff: »**Neue Renten**«
Dann lag ich mit meinen Investments in Renten doch gar nicht so schlecht und war gar nicht das »Dummerchen«, das Du geschildert hast?
Deine Alexandra

Betreff: »**Neue Renten**«
Richtig. Aber seit 2013 ist das Dorado der Renten vorbei. Die Welt hat sich erneut gedreht. Die Zinsen verharren mit kleinen Schwankungen auf einem niedrigen Niveau. Es gibt also keine Kursgewinne mehr. Gleichzeitig sind die Coupons gering. Per saldo hat der REX im Verlauf des letzten Jahres stagniert. Das ist eine ganz neue Erfahrung. Bei Aktien ergab sich demgegenüber ein erklecklicher Zuwachs von 26%.
Was wichtig ist: Das letzte Jahr war kein »Ausreißer«. Ich vermute, dass das so bleiben, vielleicht sogar noch schlimmer wird. Der Zinssenkungszyklus ist nämlich zu Ende. Die Zinsen sind so niedrig, dass sie kaum weiter zurückgehen können. Sie werden in Zukunft entweder auf dem niedrigen Niveau verharren (dem Anleger also nur einen geringen Ertrag geben). Oder – wahrscheinlicher – sie werden leicht ansteigen. Denn die Zentralbanken werden in den nächsten Jahren Abschied nehmen von der ultralockeren Geldpolitik. Zudem werden die Inflationsraten von dem erreichten sehr niedrigen Niveau wieder ansteigen. Beides ist Gift für die Kurse der Renten.
Damit wird das, was vorher 50 Jahre falsch war – dass die Aktien attraktiver sind als die Renten – jetzt mit einem Mal wieder richtig. Vielleicht sogar mehr, als es je war, und mehr, als es Dir lieb sein wird.

Auf der einen Seite wird mehr Geld in die Aktien fließen, weil die Konkurrenz der Renten fehlt. Da das Angebot an Dividendentiteln nicht steigt, stehen die Chancen gut, dass die Kurse steigen und es für Dividendenpapiere größere Erträge gibt. Das ist das Positive. Du solltest Dir Deine Skepsis gegenüber Dividendentiteln also noch einmal überlegen. Freilich werden die Schwankungen nicht geringer werden.
Umgekehrt werden die Festverzinslichen von der Rendite her immer weniger interessant. Sie weisen vielleicht auch mehr Schwankungen auf. Das heißt, Renten als Anlageklasse fallen weg oder werden zumindest weniger Bedeutung haben. Das ist für Dich bedauerlich, wo Du sie doch so »liebst«. Auch für institutionelle Anleger wie Pensionskassen, Versicherungen, Stiftungen und Ähnliches wird das Leben schwerer. Auch sie hatten einen Schwerpunkt bei Renten, weil sie keine Risiken eingehen wollten und zudem auf regelmäßige Ausschüttungen angewiesen sind. Das hat dann auch negative Auswirkungen auf die Altersvorsorge, die von diesen Institutionen häufig gemanagt wird. Insofern kann es auch für die gesamte Gesellschaft von Bedeutung werden.
Beste Grüße, Dein Tom

Betreff: »**Neue Renten**«
Lieber Tom,
muss ich jetzt also doch in den sauren Apfel der Aktien beißen?
Ich grüße Dich, Deine Alexandra

Betreff: »**Neue Renten**«
So sauer ist dieser Apfel doch gar nicht. Aber abgesehen davon: Ich vermute, dass es eine neue Anlageklasse geben wird, die an Stelle der bisherigen Renten tritt. Nennen wir sie die »neuen Renten«. Sie müssen drei Eigenschaften haben. Erstens müssen sie eine angemessene Rendite aufweisen. Sie wird nicht mehr so hoch sein wie die Bondsrendite der letzten 50 Jahre in Deutschland. Das waren wegen der Zinssenkung außergewöhnliche Zeiten. 4 bis 5 % müssten aber schon »drin« sein. Für die meisten

Bondsanleger dürfte das auch ausreichen. Zweitens müssen sie immun sein gegen die negativen Effekte der Zinssteigerung, die es geben wird. Drittens müssen die Schwankungen niedriger sein als bei Aktien und in etwa der Volatilität der bisherigen Bonds entsprechen.

Gibt es solche »neuen Renten«? Natürlich. Deine Bank wird sicher mit unterschiedlichen Angeboten auf Dich zukommen, wenn Du Deinen Berater fragst. (Nenne Sie aber nicht »neue Renten«, denn der Begriff stammt von mir und wird ihm vermutlich nichts sagen.)

Eine ganz einfache Lösung – mit der ich in der Tat rechne – ist eine Renaissance der gemischten Fonds, die Du ja auch in Deinem Portefeuille hast. Diese Fonds bestehen auf der einen Seite aus einem Aktienteil. Er soll die Rendite bringen. Dazu kommt ein Teil, der Stabilität garantiert. Das können kurz laufende Renten sein, bei denen die Kursrisiken nicht so groß sind. Denkbar sind aber auch Geldmarktanlagen, wenn sich die Geldpolitik normalisiert. Denn dann werden sich auch die kurzfristigen Zinsen wieder erhöhen. Das Management dieser Fonds sorgt dabei nicht nur für die Auswahl der Aktientitel, sondern versucht bei der Steuerung des Fonds auch, zu große Schwankungen zu vermeiden. Ich würde mir diese Produkte an Deiner Stelle einmal ansehen.

Schöne Grüße, Dein Tom

5 Nachhaltigkeit und Kapitalmarkt

Falle Nr. 17 Die Banken haben einen Trend verschlafen

Die »Grünen« sind dabei, die Kapitalmärkte zu revolutionieren

Betreff: **Grüne Investments**
Hallo Tom,
was hältst Du eigentlich von nachhaltigen Investments? Ist das nur etwas für radikale Grüne oder vielleicht sogar nur ein neuer Marketing-Gag der Banken? Ab und zu gibt's mal einen Skandal oder ein Skandälchen. Aber sonst hört man nicht viel davon, jedenfalls bisher.
Beste Grüße, Deine Alexandra

Betreff: **Grüne Investments**
Liebes Schwesterlein,
man sagt häufig, die Finanzindustrie sei besonders innovativ und veränderungsfreudig. Wenn es etwas Neues gibt, dann springe sie darauf und versuche, das schnelle Geld zu machen. Bei der Nachhaltigkeit ist das aber offenbar anders. Die Finanzindustrie hinkt hier weit hinter der gesellschaftlichen Entwicklung her. In allen Bereichen des Lebens reden wir von Nachhaltigkeit, Energiesparen und Umweltschutz. Gerade wir Deutschen tun uns hier

hervor. Nur auf den Finanzmärkten ist Nachhaltigkeit noch ein Fremdwort. Fast könnte man meinen, sie hätten da etwas verschlafen.
Aber ziehe daraus keine falschen Schlüsse. Das wird sich ändern. Das ist ein Bereich des Kapitalmarkts, bei dem wir vielleicht noch unser »grünes Wunder« erleben. Und zwar gleich in vielerlei Hinsicht.
Beste Grüße, Tom

Betreff: **Grüne Investments**
Na, da bin ich aber gespannt.
A.

Betreff: **Grüne Investments**
Bevor ich Dir das verrate, ein Wort der Vorsicht. Es gibt eigentlich zwei Märkte für nachhaltige Investments. Der eine ist der graue »grüne Kapitalmarkt«. Da tut sich – leider – ganz viel. Das ist eine Goldgräber-Spielwiese. Unterschiedliche Investoren mit unterschiedlicher Bonität sammeln Geld ein für Projekte zur Förderung oder Produktion neuer Energien. Das war und ist aber nicht immer sehr erfolgreich. Hier wurde zum Teil viel Geld in den Sand gesetzt. So schöne Namen wie Solar Millennium, das Solarkraftwerke plante, oder Windreich, das sich mit Windparkprojekten übernahm, gingen unter. SolarWorld oder der Windanlagenfinanzier Prokon kamen in Schwierigkeiten. Das ist eben ein grauer, weil wenig regulierter und zum Teil wenig vertrauenswürdiger Markt. Mal findest Du ein Goldstück, mal eben auch nur Sand.
Hier würde ich Dir raten, die Finger davon zu lassen. Das ist freilich nicht ganz leicht. Denn auf dem Etikett der entsprechenden Anlagen steht leider nicht, dass sie »grau« sind. Du musst also schon etwas genauer hinschauen. Meist erkennt man die Anlagen daran, dass sie Dir das Blaue vom Himmel versprechen, vor allem eine hohe und stabile Rendite. So etwas muss einen immer vorsichtig machen. Denn den Himmel auf Erden gibt es auch bei den Grünen nicht.

Der normale »grüne Kapitalmarkt« ist dagegen seriös. Das sind Investments wie alle anderen auch, nur dass das Geld hier nach nachhaltigen Kriterien angelegt wird. Nachhaltige Fonds etwa meiden Unternehmen, die die Umwelt verschmutzen, die Waffen produzieren oder bei deren Zulieferern es Kinderarbeit oder sonst unmenschliche Produktionsbedingungen gibt. Generell gehört hier zur Nachhaltigkeit nicht nur die Ökologie. Es kommt auch der gesamte Bereich der sozialen und ethischen »Sauberkeit« und der guten Unternehmensführung hinzu. Man spricht von »ESG«: Environmental, Social and Governance.
Schöne Grüße, Dein Tom

Betreff: **Grüne Investments**
Ja, davon habe ich auch gelesen. Es scheint selbst Fonds zu geben, die ihr Geld nicht in Staaten anlegen, in denen es die Todesstrafe gibt (wie in den USA). Früher hatten große amerikanische Fonds offenbar auch Themen wie Apartheid, Vietnam-Krieg oder Atomwaffen im Fokus. Ich wusste gar nicht, dass die auch unter dem Label der Nachhaltigkeit laufen.
Schöne Grüße, Deine Alexandra

Betreff: **Grüne Investments**
Liebe Alexandra,
rein quantitativ sind grüne Investments im Augenblick in Deutschland noch ein Nobody. Derzeit sind nur weniger als 1 % aller Publikumsfonds nachhaltig. Das wird freilich nicht so bleiben. Schon in den letzten drei Jahren haben sich die nachhaltigen Geldanlagen in Deutschland verdoppelt (allerdings von sehr niedrigem Niveau aus). Derzeit liegen insgesamt 66 Milliarden Euro in solchen Investments. Das sind freilich nur zum geringeren Teil Fonds. Zum Teil sind es Zertifikate. Ein großer Teil sind Kundeneinlagen bei »Ökobanken«.
Anders als man vermuten würde, stammen diese Mittel derzeit zum größten Teil nicht von Privatkunden. Es sind vielmehr vor allem Stiftungen und kirchliche Einrichtungen, die in nachhal-

tigen Investments anlegen. Das ist typisch für so junge Märkte. Da engagieren sich vor allem die, die eine besonders starke weltanschauliche Affinität für solche Investments haben und die aufgrund ihrer Professionalität auch in der Lage sind, diese Investments zu durchschauen und zu fördern. Der normale Anleger kommt erst später.
Interesse besteht aber auch da. Eine Befragung des Research Center for Financial Services der Steinbeis-Hochschule hat ergeben, dass bereits heute 75 % aller Anleger nachhaltige Fonds kaufen würden, wenn sie neue Gelder anzulegen haben. Die meisten der Befragten gehen davon aus, dass die Rendite solcher Fonds nicht schlechter ist. Aber 56 % geben an, dass sie in Nachhaltigkeitsfonds auch dann investieren würden, wenn sie dadurch eine geringere Rendite bekommen würden.
Liebe Grüße, Dein Tom

Betreff: **Grüne Investments**
Da ist aber noch ein weiter Weg zu gehen. Bis jetzt ist es jedenfalls noch nicht so aufregend, was Du da erzählst.
Gruß, Alexandra

Betreff: **Grüne Investments**
Dazu kommt aber noch etwas anderes, liebe Schwester. Die Fonds wachsen nicht nur quantitativ. Sie werden auch aktiver. Sie wollen nicht nur einfach Geld anlegen. Sie wollen die Welt verändern. Du hast vielleicht schon von »aktivistischen« Investoren gehört. Das sind Aktionäre, die sich nicht mit Dividenden und Kurssteigerungen begnügen, sondern die auch die Unternehmenspolitik direkt beeinflussen wollen. Sie nehmen vor allem in der angelsächsischen Welt immer mehr an Bedeutung zu. Die nachhaltigen Investoren treten zunehmend in ihre Fußstapfen.
Siehe zum Beispiel den staatlichen norwegischen Pensionsfonds. Er gehört mit über 600 Milliarden Euro zu den größten Fonds der Welt. Seine Entscheidungen haben für andere Signalcharakter. Er ist einer der großen Vorreiter der nachhaltigen Invest-

ments. Er hat beispielsweise die Aktien von Wal-Mart, des größten Einzelhandelskonzerns der Welt, mit der Begründung verkauft, das Unternehmen missachte Menschen- und Arbeitnehmerrechte, es diskriminiere Frauen, es zahle Dumpinglöhne und verstoße gegen Arbeitszeitvorschriften. Zu allem Überfluss hat der Ethikrat des Fonds auch festgestellt, dass es Kinderarbeit bei Lieferanten von Wal-Mart gibt. Das alles hat der Fonds in der Öffentlichkeit vorgelegt. Damit hat er Wal-Mart – ganz im Sinne der aktivistischen Aktionäre – kräftig unter Druck gesetzt.

Das ist aber nur ein Fall von vielen. Der Fonds prangert nicht nur Missstände an. Er drängt die großen Konzerne auch, etwa bei ihrer Lobbyarbeit auf einer stärkeren Verbreitung des Klimaschutzes zu bestehen.

Gruß, Dein Tom

Betreff: **Grüne Investments**

Ausgerechnet die Norweger tun das, die ihr Geld ja mit der Förderung von Öl und Gas verdienen und die damit eine Mitschuld an der Luftverpestung haben? Haben die denn kein schlechtes Gewissen?

Herzlich, Deine Alexandra

Betreff: **Grüne Investments**

Vielleicht sind sie gerade deshalb so aktiv. Aber sie sind nicht die Einzigen. Der große amerikanische Pensionsfonds CalPERS in Kalifornien erklärte den Automobilherstellern General Motors und Ford, dass sie die Treibhausgasemissionen bekannt geben müssten, wenn sie nicht von der Kaufliste des Fonds gestrichen werden wollten. Natürlich haben die Unternehmen reagiert und die entsprechenden Informationen veröffentlicht.

Das sind ganz neue Entwicklungen. Man kann das weiterspinnen. Könnte es nicht sein, dass diese Fonds eines Tages einem Land zum Beispiel in der Europäischen Währungsunion sagen: Wenn ihr eure öffentlichen Finanzen nicht in Ordnung bringt oder die Lohnstückkosten nicht senkt oder nicht Arbeitsmarktreformen

durchführt oder was auch immer, dann werden wir eure Anleihen nicht mehr kaufen. Da braucht man dann keine Ratingagenturen mehr und keine Troika der EU, der Europäischen Zentralbank und des Internationalen Währungsfonds. Das erledigen alles die Teams der nachhaltigen Kapitalmarktfonds aus Selbstinteresse.
Früher hat man immer gesagt, die Sanktionen des Kapitalmarkts wirkten durch höhere Zinsen. Wenn ein Land mehr Zinsen zahlen müsse, dann werde es sich schon entsprechend anstrengen. Andernfalls brauche es Hilfe von anderen Staaten, die dann aber mit wirtschafts- und finanzpolitischen Auflagen verbunden sind. Inzwischen muss sich der Kapitalmarkt nicht mehr auf den Zinseffekt verlassen. Mit der neuen Politik kann er direkter vorgehen und selbst Druck ausüben, die notwendigen Reformen in Angriff zu nehmen.
Das wäre schon revolutionär. Im Augenblick ist das freilich noch Zukunftsmusik.
Schöne Grüße, Dein Tom

Falle Nr. 18 Mit Nachhaltigkeit Geld verdienen

Grüne Investments stecken noch in den Kinderschuhen

Betreff: **Gutes Gewissen statt Geld**
Hallo Tom,
wie steht es bei den nachhaltigen Fonds um die Rendite? Sie ist bestimmt kleiner. Ich bekomme dann statt ordentlicher Verzinsung einen Prospekt, der mir sagen soll, was der Fonds alles Gutes mit meinem Geld macht. Gutes Gewissen statt guter Rendite also?
Beste Grüße, Deine Alexandra

Betreff: **Gutes Gewissen statt Geld**

Liebe Alex,

im Gegenteil. Ursprünglich hatte man zwar gedacht, dass grüne Investments eine gute Tat für die Zukunft der Menschheit sind und dass das für die Anleger eigentlich genügend »Rendite« sein sollte. Wenn Du Bioprodukte kaufst, kriegst Du normalerweise auch keine Schnäppchen, sondern musst etwas mehr bezahlen.

Bei den Fonds kam es aber anders. Du wirst es nicht glauben: Nachhaltigkeit kostet bei den meisten Fonds nicht Rendite, sondern erhöht sie, jedenfalls in vielen Fällen.

Der erwähnte norwegische Pensionsfonds hat nach eigener Aussage durch seinen Fokus auf Nachhaltigkeit keine Abstriche an der Rendite machen müssen. Im Jahre 2012 erzielte er ein Ergebnis von 13,4%. Im Durchschnitt der letzten Jahre verdiente er rund 5% p.a. Das ist recht ordentlich. Seit seinem Bestehen schnitt er bisher nur in einem Jahr mit seinen Anlagen schlechter ab als die entsprechenden Vergleichsindizes. Das liegt nicht nur an der Findigkeit der Fondsmanager. Es ist ein allgemeines Phänomen von nachhaltigen Fonds.

Das Research Center for Financial Services der Steinbeis-Hochschule in Berlin hat sich dazu 195 Studien über die Performance von nachhaltigen Investments angeschaut. Etwa ein Drittel zeigte, dass nachhaltige Anlagen eine höhere Rendite aufwiesen. Bei 120 Analysen war die Rendite der nachhaltigen Fonds nicht besser, aber auch nicht schlechter. Nur in 14 Studien (weniger als 10% von allen) zeigte sich ein negativer Zusammenhang zwischen Nachhaltigkeit und Rendite.

Dazu der Leiter der Studie, Professor Jens Kleine: »Auch wenn ›höchste wissenschaftlich Ansprüche‹ erfüllt werden, erweisen sich Kapitalanlagen mit Nachhaltigkeitsbezug in den meisten Fällen als nicht schlechter.« Die »Öko«-Dividende, also das angenehme Gefühl, etwas ethisch Gutes getan zu haben, kommt noch dazu.

Schöne Grüße, Dein Tom

Betreff: **Gutes Gewissen statt Geld**
Das verstehe ich nicht. Wie kann man denn mit Nachhaltigkeit Geld machen?
Schöne Grüße, Deine Alexandra

Betreff: **Gutes Gewissen statt Geld**
Wenn man etwas nachdenkt, liebe Schwester, ist das Ergebnis gar nicht so überraschend. Jeder Anleger sucht normalerweise nach den Unternehmen und den Branchen, die im Trend liegen. Nachhaltigkeit ist von allen wirtschaftlichen Trends, die es derzeit gibt, einer der stabilsten und zukunftsträchtigsten.
Nachhaltige Unternehmen erschließen neue Märkte. Sie sparen Ressourcen und haben daher niedrigere Kosten. Sie denken langfristiger und meist auch strategischer. Sie haben häufig auch eine bessere Reputation in der Öffentlichkeit, was den Absatz fördern kann. Schließlich sind sie auch nicht unangenehmen Überraschungen wie Umweltkatastrophen und anderem ausgesetzt.
Hinzu kommt, dass die aktivistischen Investoren unter den Managern nachhaltiger Fonds den Unternehmen und ihren Vorständen permanent »auf den Füßen« stehen. Bei ihren Gesprächen üben sie sicher nicht nur Druck im Hinblick auf die Nachhaltigkeit aus, sondern auch auf die Rendite. Da müsste es doch mit dem Teufel zugehen, dass da nicht auch die finanziellen Investments in Nachhaltigkeit gut sind.
Schöne Grüße, Dein Tom

Betreff: **Gutes Gewissen statt Geld**
Also auf und nachhaltige Fonds kaufen! Was Besseres scheint es nicht zu geben?
Gruß, A.

Betreff: **Gutes Gewissen statt Geld**
Vorsicht liebe Alex. Green Investments sind natürlich keine Selbstläufer. Auch hier muss man aufpassen. Wenn man einen solchen Fonds kauft, weiß man häufig nicht, was der Manager unter

Nachhaltigkeit versteht (vor allem, ob er das Gleiche meint wie der Investor) und welche Unternehmen dann wirklich in dem Fonds sind. Es gibt selbstverständlich auch hier Etikettenschwindel. Man muss sich auch die Performance der Fonds in der Vergangenheit anschauen und sie mit anderen vergleichen.
Nachhaltigkeit wird nie Spitzenrenditen bringen, von denen Du manchmal in Anzeigen liest. Solche Renditen sind erstens nicht nachhaltig durchhaltbar. Zweitens sind zu große Gewinne der Unternehmen nicht mit dem Anspruch der Nachhaltigkeit im Sinne von gesellschaftlicher Fairness zu vereinbaren.
Zudem gibt es auf diesem Gebiet derzeit noch eine Reihe von Kinderkrankheiten. Einige Themenfonds zum Beispiel in der Solarindustrie oder bei den Windparks hatten die Konkurrenz aus China unterschätzt und gerieten in Schwierigkeiten. Zum Teil hatten sie auch zu stark auf öffentliche Förderung vertraut, die früher wegfiel als gedacht. Das ging zulasten der Rendite.
Es gab auch mangelnde Transparenz bei einigen grünen Finanzprodukten. Als sich beispielsweise die Ölkatastrophe Deepwater Horizon im Golf von Mexiko ereignete, stellte sich plötzlich heraus, dass eine Reihe von nachhaltigen Fonds ausgerechnet Aktien des Ölmultis BP (der das Desaster ausgelöst hatte) im Portefeuille hatten. Sie haben sie natürlich ganz schnell verkauft. Aber die Reputation war dahin und die Verluste waren in den Büchern.
Überhaupt habe ich den Eindruck, dass der Klima- und Umweltschutzaspekt bei der ganzen Diskussion nicht die Rolle spielt, die viele sich wünschen. Da ist mehr von sozialer und politischer Korrektheit die Rede (die natürlich auch wichtig ist).
Ein Handicap ist schließlich, dass die Beratung der Anleger durch die Banken noch nicht so gut ist wie auf anderen Gebieten. Es gibt eben noch keinen größeren Markt, der es für die Banken lohnend machen würde, geeignete Spezialisten anzuheuern.
Solche Kinderkrankheiten kennst Du auch aus dem Lebensmitteleinzelhandel. Wie lange hat es gedauert und mit wie viel Schwierigkeiten war es verbunden, entsprechende Kriterien und Auszeichnungspflichten für Bioprodukte zu entwickeln? Noch jetzt

läuft dort nicht alles so, wie man es sich wünscht. Warum soll das in der Finanzindustrie anders sein?
Schöne Grüße, Dein Tom

6 Die neuen Zentralbanken

Falle Nr. 19 Rockstars im Cockpit der Zentralbanken

Die neue Geldpolitik bewegt sich noch auf dünnem Eis

Betreff: **Die neuen Helden**
Lieber Tom,
ich finde den Präsidenten der Europäischen Zentralbank sympathisch. So ein richtiger Italiener. Aber meinst Du, dass er wirklich bereit und in der Lage ist, sich mit aller Kraft für die Preisstabilität einzusetzen? Bisher hat er zwar eine ganze Menge Wirbel gemacht. Es gab Krach mit der Bundesbank, massive Liquiditätsspritzen, Zinssenkungen, Prozesse beim Bundesverfassungsgericht und was nicht sonst noch alles. Aber in Sachen Preisstabilität habe ich nicht viel von ihm gehört. Das irritiert mich.
Gruß, Deine Alexandra

Betreff: **Die neuen Helden**
Liebe Alex,
mit Recht. In kaum einem anderen Bereich war die Veränderung in den letzten Jahren so groß wie bei den Zentralbanken. Sie haben heute so viel Macht wie nie zuvor. Sie haben damit viel Gutes getan. Etwas überspitzt könnte man sagen: Sie wurden von Hü-

tern der Währung zu Rettern der Welt. Aber manchmal kommt es einem vor wie bei einem Fußballspiel, bei dem der Torwart über den ganzen Platz rennt und beim Gegner ein Tor zu schießen versucht. Die Fans freuen sich über diesen Einsatz. Aber sie bangen, dass es bloß keinen Konter gibt, solange der Torwart auf der anderen Seite ist.

Früher war die Leitmaxime der Zentralbanker »boring is best« (das Beste ist es, langweilig zu sein). So brachte es der damals noch stellvertretende Gouverneur der Bank of England, Mervyn King, auf einen einfachen Nenner. Heute werden sie mit »Rockstars« verglichen. England holte sich den telegenen Mark Carney aus Kanada. Indien berief einen gut aussehenden Professor aus Chicago, Raghuram Rajan, an die Spitze der Bank of India. Der deutsche Bundesbankpräsident lässt sich für Anzeigen der *Frankfurter Allgemeinen Zeitung* ablichten. Die neue amerikanische Notenbankpräsidentin Janet Yellen sieht zwar eher wie eine biedere Hausfrau aus. Aber immerhin ist sie die erste Frau in diesem Amt.

Mario Draghi von der Europäischen Zentralbank wird vielleicht einmal als Retter des Euro in die Geschichte eingehen. Fast drei Jahre lang hatten die europäischen Staats- und Regierungschefs versucht, den Euro zu stabilisieren. Sie redeten sich nächtelang die Köpfe heiß. Sie haben Milliarden über Milliarden ausgegeben. Das Ergebnis war jedoch, dass alles noch viel schlimmer wurde. Ich habe so etwas Frustrierendes noch nie erlebt.

Und dann kam Mario Draghi, ausgerechnet der Italiener, dem viele Deutsche ihre Währung eigentlich nicht anvertrauen wollten. Er sagte an einem Donnerstagnachmittag im Juli 2012 auf einer vergleichsweise unbedeutenden Veranstaltung in London in einer eher lässig dahingeworfenen Bemerkung: »Im Rahmen unseres Mandates werden wir alles tun, was nötig ist, um den Euro zu erhalten. Und ich sage Ihnen, es wird genug sein.«

Diese paar Worte drehten die Weltfinanzmärkte. Das war der Wendepunkt. Damit war die Eurokrise zwar noch nicht zu Ende. Von da an entspannten sich aber die Märkte. So eine dramatische

Umkehr nach nur einem Satz von einem Zentralbanker habe ich noch nie erlebt.
Stell Dir einmal vor, unsere Kanzlerin oder der Präsident der Europäischen Kommission hätte das gesagt. Da hätten die Leute gelacht, und manch einer hätte gedacht: Die oder der nimmt den Mund aber kräftig voll. Da wollen wir erst einmal sehen, was sie in der Hinterhand haben.
Bei Draghi kamen keine Fragen. Der Markt glaubte ihm. Dass er ein paar Monate später ein neues Programm zur Intervention an den Märkten vorlegte (das »Outright Monetary Transactions«-Programm oder OMT), spielte nur eine untergeordnete Rolle. Es wurde bisher nie in Anspruch genommen.
Beste Grüße, Dein Tom

Betreff: **Die neuen Helden**
Ist das allein Draghi oder gibt es auch andere Zentralbanker dieses Schlages?
Gruß, Deine Alexandra

Betreff: **Die neuen Helden**
Das war ganz ähnlich in Amerika. Es war nicht der Präsident oder sein Finanzminister, der die Finanzkrise 2008 maßgeblich und erfolgreich managte. Es waren die amerikanische Federal Reserve und ihr damaliger Vorsitzender Ben Bernanke. Sie fluteten die Märkte nach der Lehman-Pleite wie noch nie zuvor mit Geld. Innerhalb von drei Monaten verdoppelten sie die Basisgeldmenge. Es dauerte gerade einmal sechs Wochen, bis sie die Leitzinsen von 2,6 auf 0,22 % herunterbrachten. So ein Tempo hat es noch nie gegeben. Im Ergebnis verhinderte die Federal Reserve damit einen Zusammenbruch des internationalen Finanzsystems. Der damalige US-Finanzminister Hank Paulson beklagte in seinen Memoiren, wie gering demgegenüber sein eigener Handlungsspielraum in der Krise war.
Oder in Japan. Als dort 2012 eine neue Geldpolitik zur Bekämpfung von Rezession und Deflation angekündigt wurde, schossen

die Aktienkurse innerhalb weniger Monate um 80 % nach oben. Das Wirtschaftswachstum stieg auf zeitweise 4 %. Die Preise erhöhten sich wunschgemäß. Jeder hoffte, dass nun eine neue Zeit in Tokyo anbrechen würde.

Selbst eine so konservative Zentralbank wie die der Schweiz stieg in neue Gefilde auf. Um eine stärkere Aufwertung des Frankens zu vermeiden, verkaufte sie 2012 innerhalb kurzer Zeit 200 Milliarden Franken auf den Devisenmärkten und kaufte dafür Euros. Gemessen daran muten die früheren Devisenmarktinterventionen der Bundesbank fast wie Sandkastenspielchen an. Es ist ihr gelungen, den Franken zu stabilisieren und einen Zusammenbruch der Exportwirtschaft zu verhindern.

So etwas hat es bisher noch nicht gegeben. Das ist eine neue Welt. Ich finde das gut. Endlich haben wir jemanden, der den Mut hat, Krisen wirklich zu bekämpfen. Das macht unser Geld sicherer. Die Welt wird nicht so schnell zusammenbrechen.

Hoffen wir, dass es nicht nur eine kurzfristige Laune der Geschichte ist. Dass es nicht nur Glück ist, dass die Welt heute eine Generation von aktionsfreudigen Notenbankchefs hat.

Schöne Grüße, Dein Tom

Betreff: **Die neuen Helden**

Lieber Tom,

waren das nur die Personen, die das bewegt haben, oder standen dahinter auch Änderungen bei den Institutionen? Dann könnte man ja zuversichtlicher sein.

Deine Alexandra

Betreff: **Die neuen Helden**

Im Wesentlichen waren es die Personen. Natürlich sind die Zentralbanken institutionell besser aufgestellt als die Regierungen. Sie können effizienter und sachorientierter arbeiten. Sie müssen nicht wie Politiker um Wählerstimmen buhlen. Ihre Chefs verstehen in der Regel etwas von der Materie, weil sie in der Regel schon Jahrzehnte vorher in dem Metier gearbeitet hatten. Sie sind nicht nur wie Regierungen für vier Jahre bestellt und müssen dann wiedergewählt werden. Sie haben einfach strukturierte Gremien, die leichter steuerbar sind und in denen es nicht so schwer ist, zu Beschlüssen zu kommen. Wenn die entsprechenden Entscheidungen gefasst sind, müssen sie nur noch umgesetzt werden. Da muss man nicht um die Zustimmung der öffentlichen Meinung buhlen oder mit dem Parlament feilschen. Da gibt es in der Regel auch keine Gerichte, die sich möglicherweise einmischen.

Aber an diesen Gegebenheiten hatte sich in den letzten Jahren nicht viel geändert. Es sind in der Tat die Personen, die heute den Unterschied machen. Insofern sollten wir uns nicht zu sehr auf die neue Macht der Zentralbanken verlassen.

Wer garantiert, dass wir immer so mutige und handlungsfreudige Zentralbanker haben? Es kann auch passieren, dass mal wieder »Hamlets« an den Schaltstellen der Zentralbanken sitzen, die eher zögerlich und unentschlossen sind. Dann sieht es mit der Lösung von Krisen nicht mehr so gut aus.

Zudem profitieren die Zentralbankchefs im Augenblick davon, dass die Märkte von den neuen Gegebenheiten überrascht sind. Wer hätte gedacht, dass da ein Notenbanker so forsch daherkommt und den Märkten sagt, dass es genug sein wird, was er tut, um den Euro zu retten. Da waren die Marktteilnehmer erst einmal perplex. Beim nächsten Mal werden sie das aber nicht mehr sein. Da werden sie versuchen, die Macht der Zentralbanken zu testen. Und wehe, wenn sie merken, dass auch die Zentralbanker nur mit Wasser kochen.

Du kennst im Übrigen den Spruch: Wer mit dem Aufzug der Medien nach oben fährt, der kann auch leicht wieder mit dem Aufzug nach unten fahren, wenn er die Unterstützung der Medien verliert. Die Notenbankchefs sind derzeit so populär wie selten, weil sie die Probleme gut gelöst haben.

Schöne Grüße, Dein Tom

Betreff: **Die neuen Helden**
Haben die Notenbanken denn dann auch Kommunikationsprofis angeheuert, die die neue Popularität managen können?
Herzlich, Deine Alexandra

Betreff: **Die neuen Helden**
Ja, das haben sie. Sie wollen sich damit für den Fall wappnen, dass die Euphorie irgendwann zu Ende geht. Draghi und andere Notenbanker (auch der deutsche Bundesbankpräsident Jens Weidmann) haben für ihre Arbeit spezielle Öffentlichkeitsarbeiter eingestellt. So etwas wäre früher undenkbar gewesen. Die Pressesprecher der Bundesbank waren in erster Linie Beamte und Notenbanker (klug und mit sehr viel Hintergrundwissen), und erst dann Experten für die Medien. Jetzt ist es genau umgekehrt. Das ist in einer so medienorientierten Welt auch richtig. Jede Rede, die der Präsident hält, wird natürlich dem Kommunikationschef (oder der Chefin, wie in der EZB) vorgelegt und aktiv vermarktet. Aber auch die Profis können nicht verhindern, dass Fehler gemacht werden und dass sich die Stimmung manchmal dreht.
Es geht im Übrigen aber nicht nur um die Medien. Gefährlich ist, dass mit den Notenbanken Institutionen die Macht übernommen haben, die nicht direkt demokratisch legitimiert sind. Ihre Vorstände werden von den Regierungen bestimmt. Sie müssen dem Parlament zwar berichten, können von diesem aber nicht zur Rechenschaft gezogen werden.
So etwas geht in einer Demokratie nur, wenn die Notenbanker – wie das früher der Fall war – auf ein bestimmtes Mandat beschränkt werden. Manchmal fragt man sich aber schon, ob etwa die EZB nicht ihr Mandat bisweilen sehr weit auslegt. Sie soll die Preisstabilität sichern. Zweifellos. Aber soll sie auch den Euro retten (und damit ihre eigene Existenzberechtigung; denn ohne den Euro gäbe es keine EZB)?
Schließlich können die Notenbanken natürlich nur mit geldpolitischen Instrumenten hantieren. Also mit Liquidität und Zinsen. Sie können nichts tun, um die öffentlichen Finanzen in Ordnung

zu halten. Sie können auch nicht die Wettbewerbsfähigkeit der Volkswirtschaften stärken. Wenn die Notenbanken so stark sind, bekommt die Ausrichtung der gesamten Wirtschaftspolitik eine Schlagseite zugunsten der monetären Maßnahmen. Damit ist sie auch immer nahe an den Finanzmärkten, an Blasen und an Inflation. Umgekehrt bleiben notwendige Reformen auf anderen Gebieten möglicherweise liegen, weil die Politiker glauben, dass die Zentralbanken es schon richten werden.

Gefährlich ist schließlich, dass die Regierungen vielleicht eines Tages zurückschießen. Wenn sie beispielsweise den Eindruck haben, dass die Zentralbanken zu wichtig werden und ihnen »die Show stehlen«. Dann könnten sie sagen: Liebe Zentralbanken, ihr müsst euch bitte auf euer Mandat der Sicherung der Preisstabilität beschränken. Wir wollen nicht, dass ihr euch auch anderes anmaßt.

Verlass Dich also nicht zu sehr auf die Zentralbanken. Auch da sitzen nur Menschen.

Schöne Grüße, Dein Tom

Falle Nr. 20 Die versteckten Gefahren für die Unabhängigkeit

Wie man aus einem schlechten Notenbanker einen guten macht

Betreff: **Unabhängigkeit der Notenbanken**

Lieber Tom,

die deutsche Bundeskanzlerin soll gesagt haben, eigentlich müsse die Europäische Zentralbank die Zinsen erhöhen. Als ich das las, war ich entsetzt. Ich bin zwar auch dafür, dass ich wieder bessere Renditen bekomme. Aber darf ein Regierungschef so etwas sagen? Das ist doch bitte Sache der Notenbank. Wird jetzt auch noch die Unabhängigkeit der Notenbank untergraben und damit eine der letzten Bastionen der Stabilität im Euro geschliffen?

Beste Grüße, Deine Alexandra

Betreff: Unabhängigkeit der Notenbanken

Liebe Alexandra,

da solltest Du nicht so empfindlich sein. Die Unabhängigkeit der Europäischen Zentralbank und ihre Stabilitätsorientierung werden durch solche Aussagen nicht bedroht. Da gibt es andere, größere Gefahren.

Natürlich entspricht es nicht der korrekten Arbeitsteilung, wenn sich die Kanzlerin zur Zinspolitik äußert. Sie ist für die allgemeine Wirtschaftspolitik zuständig, nicht für die Geldpolitik. Notenbanker sollten aber keine Mimosen sein, die das nicht aushalten können.

Die Europäische Zentralbank hat umgekehrt ja auch keine Bedenken, die Regierungen zu einer stabilitätsorientierten Finanzpolitik zu ermahnen. Sie ist sogar – auf Wunsch des Europäischen Rats – offiziell Mitglied der Troika, die den Konsolidierungs- und Reformprozess in den einzelnen Staaten überwacht. Warum sollen die Regierungen dann nicht auch ihre Meinung zur Geldpolitik sagen? Sie dürfen natürlich keine Weisungen abgeben.

Ich finde Äußerungen wie die der deutschen Kanzlerin auch deshalb nicht so schlimm, weil Regierungen und Notenbanken bei der Steuerung der Wirtschaftspolitik zusammenarbeiten müssen. Die Fiskalpolitik muss zur Geldpolitik passen und umgekehrt. Das erfordert einen Dialog der Verantwortlichen. Zudem ist in einer pluralistischen Gesellschaft der Austausch von Meinungen nie falsch. Niemand hat die Wahrheit gepachtet, auch nicht die Notenbanken. Wenn einer einen Fehler macht, muss es einen anderen geben, der das kritisiert. Das sind die »Checks and Balances« in der Demokratie.

Die Unabhängigkeit der Notenbank ist schließlich auch deshalb nicht gefährdet, weil sie nicht auf Worten beruht, sondern auf Regeln. Der Chef der EZB und die Mitglieder des Exekutivdirektoriums werden auf acht Jahre gewählt. Sie können in dieser Zeit nur abgesetzt werden, wenn sie den berühmten »silbernen Löffel« stehlen. Sie können in dem Amt nicht wiedergewählt werden. Sie müssen also auch in dieser Hinsicht nicht auf die

Politiker Rücksicht nehmen. Sie sind an keinerlei Weisungen gebunden.

So steht es in den Maastricht-Verträgen, die quasi sakrosankt sind. Im Gegensatz zum früheren Bundesbankgesetz können die Verträge nicht durch eine einfache Mehrheit des Parlaments geändert werden, sondern nur, wenn die Parlamente aller Mitgliedstaaten zustimmen.

Insofern ist alles in Ordnung. Manchmal denke ich, wir müssen uns in Europa gar nicht so viel Sorgen machen um die Unabhängigkeit der Notenbanken. Die Zentralbanken sind immer schnell bei der Sache und nehmen das Zepter in die Hand. Hier ist viel eher die Unabhängigkeit der Regierungen das Problem. Die EZB ist effizienter und kompetenter als der Europäische Rat.

Beste Grüße, Dein Tom

Betreff: **Unabhängigkeit der Notenbanken**

Gibt es denn da gar keine Probleme zwischen Regierungen und Notenbanken mehr? Ist da wirklich alles in Butter?

Liebe Grüße, Alexandra

Betreff: **Unabhängigkeit der Notenbanken**

Natürlich gibt es noch Probleme. Drei machen mir besondere Sorgen.

Erstens ist die Unabhängigkeit nur auf Gemeinschaftsebene so gut abgesichert, nicht bei den nationalen Mitgliedstaaten. Dort sind die Regeln in den entsprechenden Gesetzen bei Weitem nicht so strikt. Ein nationaler Notenbankpräsident kann zum Beispiel wiedergewählt werden. Der französische Notenbankpräsident Christian Noyer beispielsweise sitzt seit nunmehr 16 Jahren im Governing Council der Europäischen Zentralbank – bis 2003 als Vizepräsident der EZB, seitdem als Präsident der Banque de France. So etwas schafft Abhängigkeiten. Es ist durchaus denkbar und soll in der Praxis auch vorgekommen sein (natürlich nicht in Frankreich!), dass nationale Regierungen auf »ihre« Notenbankpräsidenten Einfluss genommen und ihnen geraten haben,

in Frankfurt so oder so abzustimmen. Hier wird die Unabhängigkeit der EZB auf kaltem Weg unterlaufen. Das ist nicht gut.
Zweitens ist die Unabhängigkeit der Notenbanken noch nicht so fest in der Gesellschaft verankert, dass sie zu den ehernen Gesetzen gehören würde. Jeder sieht zwar ein, dass sie ein wichtiges Zeichen der Gesellschaft für die Bedeutung der Preisstabilität ist. Unter allen Zielen der Wirtschaftspolitik wird der stabile Geldwert als etwas Besonderes hervorgehoben. Die Verantwortung dafür wird einer eigenen, unabhängigen Organisation übertragen. Ich kenne aber wenige, die dafür auf die Barrikaden gehen würden (vor allem nicht außerhalb Deutschlands).
Was wenige wissen: Das Prinzip der Unabhängigkeit der Notenbanken ist noch gar nicht so alt. In Deutschland wurde es erst nach dem Zweiten Weltkrieg eingeführt, damals aufgezwungen von den alliierten Siegermächten. Die Deutschen haben sich daran freilich nicht ungern gewöhnt. In anderen Ländern sind die Notenbanken erst seit rund 30 Jahren unabhängig.
Damals hatten Wissenschaftler nachgewiesen, dass Länder mit unabhängiger Notenbank in der Geschichte meist niedrigere Inflationsraten hatten. Das war unter den früheren Königen oder Fürsten so, die ihren Luxus und ihre Kriege nicht solide finanzierten und ihre Währungen dadurch zugrunde richteten. Es setzte sich aber bis in die moderne Zeit fort, in der es zum Beispiel in Lateinamerika riesige Inflationen gab. Daraus wurde dann der Lehrsatz, dass stabilitätsorientierte Staaten unabhängige Notenbanken haben sollten.
Nichts gegen junge Prinzipien. Aber sie haben den Nachteil, dass sie zur Modeerscheinung degenerieren können. Man trägt sie zwar eine Zeit lang wie eine Monstranz vor sich her. Aber wenn sich der Wind dreht, können sie ebenso schnell wieder in der Versenkung verschwinden.
Herzlichst, Dein Tom

Betreff: **Unabhängigkeit der Notenbanken**
Lieber Tom,
kommt es bei der Unabhängigkeit der Notenbanken unabhängig von den institutionellen Vorkehrungen nicht auch auf die Personen an? Ein unabhängiger Mann oder eine unabhängige Frau sind immer unabhängig, wie auch immer die institutionellen Gegebenheiten sind.
Liebe Grüße, A.

Betreff: **Unabhängigkeit der Notenbanken**
Richtig. Wenn die handelnden Personen stabilitätsbewusst und durchsetzungsfähig sind, dann geht es gut. Wenn nicht, dann gibt es Probleme, Unabhängigkeit hin, Unabhängigkeit her. Das Problem ist, dass man nicht unterstellen kann, dass Zentralbanker automatisch und zwangsläufig immer die beste Wahl sind.
Ausgerechnet der Freiburger Professor Walter Eucken, einer der Altmeister der sozialen Marktwirtschaft in Deutschland und einer der Lehrer des ersten deutschen Wirtschaftsministers, Ludwig Erhard, hatte keine gute Meinung von den Notenbankern. Er geißelte sie mit bösen Worten: »... diesen (werde) mehr zugetraut, als ihnen im Allgemeinen zugetraut werden kann. Unkenntnis, Schwäche gegenüber Interessengruppen und der öffentlichen Meinung, falsche Theorien, alles das beeinflusst diese Leiter sehr zum Schaden der ihnen anvertrauten Aufgabe.« Er war daher auch ein strikter Gegner der Unabhängigkeit der Notenbank. Das wird heute oft vergessen.
Es gibt freilich einen Mechanismus, der aus jedem Notenbanker einen guten Notenbanker macht. Das ist der sogenannte Becket-Effekt. Thomas Becket war im Mittelalter Lordkanzler bei dem englischen König Heinrich II. Der König hatte so viel Vertrauen in seinen Mitstreiter, dass er ihn gegen alle Widerstände der Kirche zum Erzbischof von Canterbury ernannte. Er wollte damit seinen Einfluss auf die Kirche ausbauen. Und was geschah? Thomas Becket wurde von der Kirche so vereinnahmt, dass er mit einem Mal nicht mehr die Interessen seines Förderers Heinrich II.

vertrat, sondern die der Kirche. Er wurde zu einem der schärfsten Gegner seines früheren Chefs (und wurde dafür am Schluss auch vom König umgebracht).
Der Becket-Effekt besagt nun, dass die Kraft einer alten Institution häufig so stark ist, dass auch ein schwacher Chef so von ihr eingebunden wird, dass er die Interessen der Institution mit Verve und Überzeugung vertritt. Das gilt sicher auch für Notenbanken. Sie machen selbst mit einem schwachen Präsidenten die richtige Politik.
Das trifft freilich nur für alte, etablierte Notenbanken zu, wie die Federal Reserve in den USA, die Bank of England oder die Schweizer Notenbank. Es gilt noch nicht für eine so junge Einrichtung wie die EZB. Sie muss erst noch wachsen und die richtige Fasson bekommen. Hier würde ich nicht auf den Becket-Effekt vertrauen.
Im Augenblick ist hier im Euroraum noch alles im Lot. Die gegenwärtigen Notenbanker in der EZB sind vertrauenswürdig und stabilitätsbewusst. Ihre Unabhängigkeit sehe ich nicht als gefährdet an. Von dieser Seite musst Du nicht um Deine Ersparnisse bangen. Aber Du solltest auch bedenken, dass die EZB noch eine junge Institution ist. Da kann und wird in Zukunft noch viel passieren. Also verlass Dich nicht blind auf die Unabhängigkeit. Schau lieber auf die künftigen Personalentscheidungen.
Schöne Grüße, Dein Tom

Falle Nr. 21 Der Skandal hoher Aktienkurse

Soziale Schieflagen bei einer expansiven Geldpolitik

Betreff: **Schlagseite der Wirtschaftspolitik**
Lieber Tom,
eigentlich müssten wir uns bei der Europäischen Zentralbank bedanken. Sie hat die Zinsen so stark gesenkt und die Liquidität so

stark ausgeweitet, dass die Kurse an den Aktien- und Rentenmärkten in die Höhe gegangen sind. Weißt Du, warum das niemand tut?
Schöne Grüße, Deine Alexandra

Betreff: **Schlagseite der Wirtschaftspolitik**
Liebe Alex,
weil es das Letzte ist, was die Zentralbank hören wollte. Die Wirkungen ihrer Politik auf die Kapitalmärkte waren nicht beabsichtigt, sie waren nur ein Nebenprodukt. Das Ziel waren die Bekämpfung der Finanz- und Wirtschaftskrise und der Rezession sowie die Stabilisierung der Lage in der Währungsunion. Das ist ihr auch hervorragend gelungen. Wichtig war vor allem, dass es dabei nicht zu Inflation kam. Für diese Leistung sollten wir der Notenbank Danke sagen.
Wenn die Notenbank auch nur in den Verdacht geriete, dass sie auf die Kursentwicklung an den Kapitalmärkten Rücksicht nähme, wäre ihre Reputation dahin. Schau Dir an, wie sehr die amerikanische Notenbank bemüht ist, in der Öffentlichkeit nicht als Hilfssheriff von Wall Street zu gelten.
Die Aktien- und Rentenmärkte hatte die EZB nur insofern im Blick, als die Kursentwicklung dem Ziel der Krisenbewältigung half. Im Übrigen darf man nicht übersehen: Die Hausse an den Märkten hat Dir und mir gefallen, weil wir als Anleger davon profitierten. Für die Gesellschaft als Ganzes (der die Notenbank verpflichtet ist) war sie eine der größten Ungerechtigkeiten, die es je gegeben hat.
Dein Tom

Betreff: **Schlagseite der Wirtschaftspolitik**
Jetzt übertreibst Du aber. Für mich ist die größte Ungerechtigkeit immer noch, dass die Banken so hohe Boni zahlen und sich auf Kosten der Kunden reich machen. Was ist denn da so ungerecht bei den Aktien?
Beste Grüße, Deine Alexandra

Betreff: Schlagseite der Wirtschaftspolitik

Liebe Alexandra,

am Aktienmarkt stiegen die Kurse 2013 gemessen am DAX um 25 %. Bei einzelnen Werten ging es zum Teil sogar noch stärker nach oben. Der Wert aller in Deutschland an der Börse notierten Unternehmen (die sogenannte »Marktkapitalisierung«) dürfte sich um über 300 Milliarden Euro erhöht haben. Das ist mehr als ein Siebtel des deutschen Sozialprodukts.

In den fünf Jahren seit dem Höhepunkt der Krise 2009 haben die Aktienkurse um über 150 % zugelegt. So etwas habe ich noch nicht erlebt. Und wer hat davon profitiert? Gerade einmal lächerliche 15 % der Bevölkerung. So viele sind es, die in Deutschland Aktien und/oder Aktienfonds besitzen. Alle anderen gingen leer aus. Sie mussten sich mit Spareinlagenzinsen von weniger als 1 % begnügen. Wer Glück hatte, bekam für Festgelder vielleicht etwas mehr. Am deutschen Rentenmarkt lagen die Renditen für zehnjährige Bundesanleihen bei unter 2 %.

Wer aus Verzweiflung über die niedrigen Zinsen zu Hause Griechenland-Anleihen mit höheren Coupons kaufte, kam vom Regen in die Traufe. Er bekam zwar höhere Zinsen zugesagt, aber nur auf dem Papier. Am Ende war er durch den Schuldenschnitt im Frühjahr 2012 sein Geld fast ganz los.

Ist das kein Skandal? Die große Mehrheit der Deutschen hat in den besten Kapitalmarktjahren der Nachkriegszeit real, das heißt nach Abzug der Preissteigerung, einen Verlust gemacht. Ein paar wenige Glückliche, die Aktien besaßen, steckten den großen Reibach ein. So etwas sollte in einer sozialen Marktwirtschaft eigentlich nicht vorkommen.

Die ungleiche Verteilung der Kapitalmarktgewinne hatte weitreichende Konsequenzen. Die betroffenen Sparer konnten zu wenig für ihre Altersvorsorge zurücklegen, obwohl das angesichts der Misere in der gesetzlichen Rentenversicherung dringend notwendig gewesen wäre. Die Einkommens- und Vermögensunterschiede zwischen Arm und Reich, die in der Öffentlichkeit immer mehr als Ärgernis angesehen werden, haben sich noch einmal ver-

größert. Die gesamtwirtschaftliche Entwicklung und die Beschäftigung waren schlechter, als sie es hätten sein müssen. Wenn alle Sparer vom Aktienboom profitiert hätten, dann hätten sie mehr Kaufkraft gehabt und hätten auch mehr konsumieren können.
Die Entwicklung hat selbst die Überwindung der Eurokrise erschwert. Denn wenn die Deutschen mehr konsumiert hätten, dann hätten Italien, Spanien und andere südeuropäische Schuldner mehr nach Deutschland exportieren können. Der deutsche Leistungsbilanzüberschuss wäre geringer gewesen, ebenso die Fehlbeträge der anderen. Manch ein Arbeitsplatz in diesen Ländern hätte gerettet werden können. Last, but not least hat auch der Aktienmarkt selbst darunter gelitten. Wenn die breite Masse der Deutschen mehr Geld gehabt hätte, dann wäre mehr am Aktienmarkt angelegt worden, und die Kurse wären noch stärker gestiegen.
Liebe Grüße, T.

Betreff: **Schlagseite der Wirtschaftspolitik**
Lieber Tom,
das zeigt doch nur, dass der Aktienmarkt nichts für seriöse Sparer ist. Der Markt ist verrückt. Die hohen Aktienkurssteigerungen waren weder vorhersehbar, noch konnte man sie vernünftig erklären. Insofern sollte man sie auch nicht ernst nehmen. Der Aktienmarkt ist nur etwas für »Zocker«. Da können in einem Jahr exorbitante Gewinne erzielt werden. Im nächsten ist dann aber wieder alles weg, weil dann die Kurse wieder zurückgehen.
Deshalb hat das Ganze auch nichts mit Gerechtigkeit zu tun. Niemand findet es ernsthaft ungerecht, dass nicht alle, die Lotterie spielen, am Ende Millionäre werden.
Beste Grüße, Alexandra

Betreff: **Schlagseite der Wirtschaftspolitik**
Einspruch liebe Schwester. Der Kapitalmarkt ist keine Lotterie. Er ist ein ganz entscheidendes Scharnier in der Marktwirtschaft. Er verbindet die Ersparnis der privaten Haushalte mit den Inves-

titionen der Unternehmen. Er ist damit ein Herzstück der Wirtschaft. Ohne ihn gibt es kein volkswirtschaftliches Wachstum. Ohne ihn hätten viele Firmen kein Geld, um neue Maschinen und Ausrüstungen zu kaufen. Sie könnten nicht mehr produzieren. Sie verlören am Ende noch ihre Wettbewerbsfähigkeit und müssten Arbeitsplätze abbauen.

Umgekehrt werden durch den Kapitalmarkt die Erträge des Wirtschaftens wieder an den Sparer in Form von Zinsen und Dividenden zurückgegeben. Im Jahre 2012 beliefen sich die gesamten Erträge aus Zinsen und Dividenden (ohne die eingangs erwähnten Kursgewinne) in Deutschland auf gut 400 Milliarden Euro. Das sind 50 000 Euro pro Kopf der Bevölkerung. Ein gewaltiger Betrag.

Nun wäre es ungerecht, der Zentralbank die Schuld an dieser sozialen Schieflage zu geben. Sie hat nicht im Traum an solche Entwicklungen gedacht geschweige denn sie beabsichtigt. Aber man muss sehen, dass hier etwas kräftig danebengegangen ist.

Beste Grüße, Dein Tom

Betreff: **Schlagseite der Wirtschaftspolitik**

Und was meinst Du, was man da machen kann?
Deine Alexandra

Betreff: **Schlagseite der Wirtschaftspolitik**

Manch ein Politiker könnte auf die Idee kommen, die Aktienkursgewinne müssten wegbesteuert werden, damit die soziale Balance wieder erreicht wird. Ganz falsch. Denn dann würden noch weniger Sparer an den Aktienmarkt gehen, und noch mehr würden sich mit den mageren Zinsen in sonstigen Anlagen zufrieden geben müssen. Es stünde noch weniger Geld für die private Altersvorsorge zur Verfügung.

Besser wäre es, darüber nachzudenken, wie man mehr Bürger für den Aktienmarkt gewinnen könnte. Denn dann würden sich die Gewinne nicht auf so wenige verteilen, sondern mehr Menschen könnten davon profitieren.

Und noch eins: Vielleicht sollte man einmal darüber nachdenken, Aktienkursgewinne auch in die Berechnung des Sozialprodukts einzubeziehen. Bisher ist das nämlich nicht der Fall. Dann würde sich zeigen, dass wir insgesamt reicher sind, als wir denken. Freilich wären dann die Schwankungen von Jahr zu Jahr höher. Manch einer würde sagen: Jetzt tricksen die auch noch mit der Statistik.

Das ist natürlich etwas weit hergeholt. Es schadet aber sicher nicht, wenn sich Anleger auch damit einmal beschäftigen.

Schöne Grüße, Dein Tom

Falle Nr. 22 Ist die EZB die bessere Bundesbank?

Wie sich die Europäische Zentralbank von ihrem Vorbild emanzipiert

Betreff: **EZB**

Hallo Tom,

die Europäische Zentralbank, das sollte doch eigentlich eine »Bundesbank in Groß« sein. Ein Klon gewissermaßen. Als die Väter des Euro das damals versprachen, hat mich das sehr beruhigt. Jetzt emanzipiert sich die EZB. Draghi streitet sich mit dem deutschen Bundesbankpräsidenten Jens Weidmann. Dieser ist im EZB-Rat in wichtigen Fragen überstimmt worden. Draghi unterstellt den Deutschen eine »perverse« Inflationsparanoia. Ich mache mir da schon Sorgen.

Schöne Grüße, Deine Alexandra

Betreff: **EZB**

Liebe Alexandra,

Du hast recht, dass sich die EZB von ihrem einstigen Vorbild löst. Sie wird vom Klon der Bundesbank zu einer wirklich europäischen Notenbank. Gut ist, dass sie dabei nicht weniger stabilitätsbewusst geworden ist. Es gibt eben nicht nur einen Weg zu einem stabilen Geldwert, den der Bundesbank. Viele Wege führen nach Rom. Schlecht ist, dass manche auch an Rom vorbeiführen.

Schau Dir einfach einmal an, was in den letzten Jahren passiert ist, um zu beurteilen, ob hier der Pfad der Tugend verlassen wurde. Das Wichtigste ist: Am Ziel der Preisstabilität hat sich nichts geändert. Es gilt nach wie vor so strikt und unkonditioniert, wie es im Lissabon-Vertrag festgelegt wurde (Artikel 127: »Das vorrangige Ziel … ist es, die Preisstabilität zu gewährleisten«). Die EZB vertritt das Ziel in ihren öffentlichen Äußerungen mit Verve und Überzeugung. Ich habe bisher nirgendwo gehört, dass ihr und ihren Vertretern mangelndes Stabilitätsbewusstsein unterstellt würde.

Es gibt aber ein paar Neuerungen in der Politik, mit der dieses Ziel erreicht werden soll. Neu war zum Beispiel das berühmte Versprechen des EZB-Chefs Mario Draghi am 26. Juli 2012 in London, alles zu tun, um den Euro zu retten. So etwas hätte ein Bundesbankpräsident nicht gesagt. Andererseits: Geschadet hat es der Stabilität des Euro nicht. Im Gegenteil. Es hat das Vertrauen auf den Märkten in die Gemeinschaftswährung gestärkt. Das zeigte sich am Ende in einem höheren Außenwert des Euro auf den Devisenmärkten. Der Wechselkurs gegenüber dem US-Dollar hat sich seitdem um mehr als 10 % aufgewertet. Das hat dem Stabilitätsziel geholfen, weil es zum Beispiel Benzin billiger gemacht hat.

Neu ist, dass die EZB ihre Politik stärker in der Öffentlichkeit diskutiert, als das die Bundesbank getan hat. Nach jeder zweiten Sitzung des EZB-Rats findet eine Pressekonferenz statt. Diese verstärkte Offenheit entspricht dem Zug der Zeit. Ich vermute, auch die Bundesbank würde so etwas heute tun, wenn sie noch für die Geldpolitik zuständig wäre. Die amerikanische Federal Reserve hat die Praxis der Pressekonferenzen erst vor Kurzem von der EZB übernommen.

Viele Grüße, Dein Tom

Betreff: **EZB**
Was hältst Du denn von den Plänen, auch die Protokolle der Sitzungen ihres Governing Council zu veröffentlichen? Da wird jetzt so viel Brimborium gemacht.
Gruß, A.

Betreff: **EZB**
Das gehört natürlich mit dazu zur größeren Transparenz. Das hat auf den ersten Blick zwar nichts mit der Geldwertstabilität zu tun. Es ist Ausdruck guter Politik, insbesondere für eine Institution, die nicht demokratisch gewählt ist. Zudem folgt die EZB damit dem Beispiel traditionsreicher Notenbanken in den USA oder Großbritannien. Insofern müsste sich die EZB hier nicht so zieren.
Auf den zweiten Blick kommt aber doch die Stabilität ins Spiel. Die Geheimhaltung der Protokolle war ursprünglich als Schutz der Mitglieder des Rats gedacht. Sie sollten sich nicht gegenüber ihren Regierungen rechtfertigen müssen, wenn sie in der EZB gegen die vordergründigen Interessen ihres Landes und für Stabilität votierten. Andererseits sollten die Mitglieder des Rats 15 Jahre nach Einführung des Euro Manns (oder Frau) genug sein, mit ihrer Meinung auch in ihren Heimatländern nicht hinter dem Berg zu halten. Zudem: Die Ratssitzungen sind zwar immer geheim. Aber sie sind nicht so geheim, dass nicht jeder gute Journalist herausbekommen könnte, wer wann für was gestimmt hat. Das war übrigens in der Bundesbank nicht anders.
Neu ist, dass ein Italiener auf dem Chefsessel sitzt. Das hätte man sich bei Gründung der EZB nicht vorstellen können. Dass Draghi heute auch in Deutschland akzeptiert ist, zeigt, welche Fortschritte in Sachen Stabilität erzielt worden sind.
Überhaupt sind nationale Sinekuren – jedenfalls in der Geldpolitik – geringer geworden. Nicht einmal der Chefvolkswirt der EZB (von manchen als zweitwichtigster Mann im Rat angesehen) ist derzeit noch ein Deutscher. Die deutsche Direktorin, Sabine Lautenschläger, ist in ihrem Ressort nicht für Geldpolitik zustän-

dig, sondern für die Bankenaufsicht. Ich halte das nicht für einen Fehler. Ich habe für nationalistische oder parteipolitische Positionen gerade in der Geldpolitik nicht viel übrig. Vielleicht bringt uns ein Italiener am Ende einen stabileren Euro, als das ein Deutscher gekonnt hätte.
Du siehst also, dass Du nicht so viel Angst vor der »neuen EZB« zu haben brauchst. Da drohen keine Gefahren.
Schöne Grüße, Dein Tom

Betreff: **EZB**
Ich merke, dass Du mich beruhigen willst. Aber so richtig überzeugend finde ich das noch nicht. Hast Du nicht auch den Eindruck, dass die Geldpolitik der EZB im Verlauf der Jahre aktiver, vielleicht sogar aggressiver geworden ist?
Beste Grüße, Deine Alexandra

Betreff: **EZB**
Keine Frage. Auch hier hat sich etwas geändert. Die EZB hat die Zinsen bis auf praktisch null gesetzt. Sie hat ein dreijähriges Finanzierungsinstrument geschaffen und damit den Banken zeitweise über 1000 Milliarden Euro zur Verfügung gestellt. Sie diskutiert über negative Einlagenzinsen. Solche Maßnahmen fallen voll aus der Tradition der Bundesbank heraus.
Zum Teil hing dies sicher mit den außerordentlichen Herausforderungen der Krise zusammen. Zum Teil ist es aber auch ein neuer Politikstil. Manche kritisieren das. Ich sehe darin aber keinen Fehler. Warum soll man nicht auch mal etwas anders machen? Voraussetzung ist freilich – und da darf es keine Abstriche geben –, dass dadurch die Preisstabilität nicht gefährdet wird. Bisher war das nicht der Fall.
Noch eine Neuerung: In der neuen Bankenunion ist die EZB jetzt auch für die europäische Bankenaufsicht zuständig. Das ist zwar nicht unvernünftig. Auch in Deutschland hat man einmal darüber diskutiert, die Bankenaufsicht bei der Bundesbank anzusiedeln und die Bafin (= Bundesanstalt für Finanzdienstleis-

tungsaufsicht) ganz oder teilweise in die Bundesbank zu integrieren.
Allerdings können hier Zielkonflikte auftreten. Wenn es hart auf hart kommt, könnte es sein, dass die Geldpolitik Restriktionsmaßnahmen ergreifen muss, die für manche Banken existenzgefährdend werden könnten. Könnte es sein, dass dann die Aufsichtsabteilung der Zentralbank die Kollegen der geldpolitischen Abteilung anruft und bittet, nicht so rigoros vorzugehen und die Inflation nicht so heftig zu bekämpfen? Hoffentlich nicht.
Dein Tom

Betreff: **EZB**
Jetzt kommen wir uns schon näher. Was sagst Du denn dazu, dass die EZB sogar beim Bundesverfassungsgericht verklagt wurde?
Gruß, Deine Alexandra

Betreff: **EZB**
Das ist ein wunder Punkt. Es ist nicht so sehr die Klage beim Verfassungsgericht (da können wir uns noch einmal getrennt davon unterhalten). Es ist vielmehr die Tatsache, dass die Grenzen zwischen Geld- und Finanzpolitik fließender geworden sind. Die EZB mischt sich immer stärker in die Finanzpolitik ein. Das hat damit angefangen, dass die EZB zusammen mit dem Internationalen Währungsfonds und der EU in der Troika vertreten ist. Das ist die Institution, die im Auftrag des Europäischen Rats die Reform- und Konsolidierungsprogramme der Schuldnerländer überwacht. Die Mitwirkung in diesem Gremium ist nicht Geldpolitik, sondern Fiskal- und Wirtschaftspolitik. Das sollte nicht die Zentralbank tun, sondern der neue Rettungsschirm ESM (European Stability Mechanism), der die Kredite vergibt.
Dann kam die Einführung des OMT-Programms (Outright Monetary Transactions). Dagegen hat sich vor allem der deutsche Bundesbankpräsident gewehrt. Mit dem OMT verspricht die EZB, auf dem Kapitalmarkt Anleihen von Staaten zu kaufen, die zuvor ein besonderes Commitment zu Reform- und Konsolidie-

rungsmaßnahmen abgegeben haben. Die Frage ist freilich: Wer überwacht die Staaten, dass sie diese Maßnahmen auch wirklich durchführen? Wenn es die EZB ist oder sie auch nur daran beteiligt ist (was zu vermuten ist), dann würde die Notenbank eine Regierung kontrollieren. Das geht gar nicht.
Bisher ist das OMT glücklicherweise noch nicht angewandt worden. Überhaupt hat die größere Nähe der EZB zur Finanzpolitik noch nicht geschadet. Sie kann auf Dauer aber Abhängigkeiten schaffen. Das könnte ihre Kraft als Hüterin der Währung schwächen. Da muss man vorsichtig sein.
Dein Tom

Betreff: **EZB**
Siehst Du!
Beste Grüße, Deine Alexandra

Betreff: **EZB**
Jetzt muss ich aber doch mal etwas Positives sagen. Wir dürfen die EZB nicht immer nur an der Bundesbank messen. Sie ist eine europäische Institution. Sie trägt durch ihre Emanzipation von der Bundesbank entscheidend zur Bildung einer europäischen Identität bei. Sie ist heute die bestfunktionierende Institution in Europa. Sie rangiert in puncto Renommee weit vor der Kommission, dem Rat oder auch dem Parlament. International hat sie eher an Reputation gewonnen. Sie ist hoch geachtet. Das stärkt den Euro.
Wer sich darauf verlässt, dass die EZB weniger stabilitätsorientiert ist, könnte am Ende ganz schön falschliegen.
Allerdings, da gebe ich Dir recht, ist die EZB noch eine junge Institution. Sie muss sich erst noch bewähren. Sie war in Sachen Stabilitätspolitik noch nie richtig gefordert, weil sie das Glück hatte, dass das Preisklima in der Welt so günstig war. Niemand kann mit Sicherheit sagen, wie sie sich anstellt, wenn der Wind dreht und ihr ins Gesicht bläst. Zudem hatten wir noch nie eine so lange Periode niedriger Zinsen und hoher Liquidität. Wer

weiß, was für Nebenwirkungen das haben kann und wie das am Ende ausgeht. Im Übrigen gibt es in der EZB derzeit sehr viele große Veränderungen in sehr kurzer Zeit. Das zeugt zwar von der Handlungsfähigkeit seiner Verantwortlichen und ist in einer Krise auch notwendig. Es ist aber nicht ungefährlich. Eigentlich bräuchte die Bank jetzt erst einmal Zeit zur Konsolidierung und zur Verankerung in der Gesellschaft.
Schöne Grüße für heute, Dein Tom

Falle Nr. 23 Die Atombombe in der Geldpolitik

Vermintes Gelände in der Diskussion über die Staatsfinanzierung

Betreff: **Jens gegen Mario**
Hallo Tom,
wenn ich es recht verstanden habe, dann darf die Europäische Zentralbank dem Staat keine Kredite geben. Verboten ist verboten. Warum streiten sich der deutsche Bundesbankpräsident Jens Weidmann und der EZB-Chef Mario Draghi denn dann noch? Ich diskutiere ja auch nicht mit meinem Mann, ob ich über eine rote Ampel fahren darf oder nicht.
Schöne Grüße, Deine Alexandra

Betreff: **Jens gegen Mario**
Liebe Alex,
mit der Staatsfinanzierung durch die Notenbanken ist es so wie mit der Atombombe in der Politik. Da gibt es viele Grauzonen. Da gibt es viel Scholastik.
Es ist klar, dass Atombomben schlecht sind und verboten werden sollten. Auch Staatsfinanzierung durch Notenbanken kann viel Leid über die Menschen bringen. In der Geschichte ist die Mehrzahl der Geldentwertungen dadurch entstanden, dass der Staat beim Geldausgeben über die Stränge geschlagen hat. Denke nur

an die Zeiten vor und in den beiden Weltkriegen, in denen das Deutsche Reich massiv Kredit aufnahm und die Reichsbank dies finanzierte. Das Ergebnis waren schreckliche Inflationen.
Niemand will, dass sich so etwas wiederholt. Weder die Deutschen noch irgendein Land in Europa.
Daher ist die Staatsfinanzierung durch die Notenbanken mit Recht verboten. Das Verbot ist in Europa, soweit ich weiß, so eindeutig formuliert wie nirgendwo anders. Im Vertrag für die Arbeitsweise der Europäischen Union heißt es in Artikel 123 ganz explizit, dass die EZB einzelnen Staaten weder Kredit- und Überziehungsfazilitäten einräumen noch ihre Schuldtitel unmittelbar erwerben darf. Da gibt es kein Wenn und Aber und keine Ausnahmen. Allerdings wissen wir natürlich, dass die europäischen Verträge in der Vergangenheit schon häufiger gebrochen oder aufgeweicht wurden.
Es gibt aber noch einen anderen Aspekt. Verbot hin oder her, die Atombombe gibt es nun einmal. In der Geschichte hat sie bisher auch glücklicherweise keinen Schaden angerichtet, abgesehen natürlich von Hiroshima und Nagasaki. Das lag daran, dass Politiker und Militärs damit verantwortlich umgegangen sind. Sie hatten die Bombe, sie haben damit auch gedroht, aber sie haben sie am Ende nie abgeworfen. So ist es derzeit auch mit der Staatsfinanzierung durch die Notenbank. Es gibt sie in einer Reihe von Ländern. Teilweise hat sie sogar geholfen. In jedem Fall wird sie von den betroffenen Zentralbanken im Augenblick verantwortlich gehandhabt.
Herzlich, Dein Tom

Betreff: **Jens gegen Mario**
Stimmt es, dass auch die Deutsche Bundesbank schon einmal Staatsfinanzierung betrieben hat? Dass sie also ein »Bömbchen« hatte?
Deine Alexandra

Betreff: **Jens gegen Mario**
Das ist richtig. Sie möchte daran aber nicht so gerne erinnert werden. Sie hat der öffentlichen Hand regelmäßig Kredite bis zu einer Höhe von knapp neun Milliarden Euro gegeben. Es handelte sich dabei um sogenannte Kassenkredite zur Überbrückung von kurzfristigem Liquiditätsbedarf. Die D-Mark hat dadurch keinen Schaden erlitten. Die früheren Bundesbankpräsidenten hatten auch kein schlechtes Gewissen, wenn sie Geld nach Bonn oder in die Landeshauptstädte überwiesen; es entsprach dem Bundesbankgesetz. Man hat das nicht Staatsfinanzierung genannt. Aber de facto war es das natürlich. Es wurde aber verantwortlich gehandhabt.
Die Federal Reserve in den USA hat sogar eine »ausgewachsene Bombe«. Die Notenbank hat keinerlei gesetzliche Beschränkungen beim Erwerb von Schuldverschreibungen der US-Regierung. Sie hat in den letzten Jahren zur Überwindung der Krise massiv Staatsanleihen gekauft. Heute liegen 30 % der von der amerikanischen Bundesregierung ausgegebenen Wertpapiere bei der Federal Reserve. Sie ist der größte Gläubiger der amerikanischen Regierung (vor den Chinesen). Das ist nicht ungefährlich. Es sollte sobald wie möglich zurückgeführt werden. Bisher hat es freilich, das muss man auch sagen, dem Geldwert in den Vereinigten Staaten nicht geschadet.
Gruß, Dein Tom

Betreff: **Jens gegen Mario**
Du hast gesagt, dass die Bombe als Abschreckung sogar nützlich sein kann. Wie geht denn das?
Beste Grüße, Deine Alexandra

Betreff: **Jens gegen Mario**
Das war bei der Bundesbank ein bisschen »halblegal«. 1975 beispielsweise kaufte sie Staatspapiere in Höhe von 7,6 Milliarden D-Mark. Sie wollte damit nicht den Staat finanzieren, sondern eine stärkere Zinssteigerung verhindern. Das ist ihr gelungen, und

sie hat damit verhindert, dass die damalige Rezession noch verschärft wurde. Das war schon ein erheblicher Betrag; im Euroraum würde er heute rund 100 Milliarden Euro entsprechen.
Auch auf anderen Gebieten hatte die Bundesbank keine Skrupel, in Notfällen massiv zu intervenieren. Zum Beispiel verkaufte sie bei den Spekulationswellen auf den Devisenmärkten zum Teil Hunderte Milliarden D-Mark, um die Spekulanten in Schach zu halten. Das brachte erhebliche Gefahren für den Geldwert mit sich und war ein »gefährliches Spiel«. Aber es half, den Aufwertungsdruck zu verringern.
Die konservative Schweizer Notenbank tat Ähnliches, zuletzt noch einmal im Herbst 2012. Sie wurde dafür von der Berner Bundesregierung zeitweise heftig kritisiert. Sie machte da auch vorübergehend erhebliche Verluste. Aber sie setzte sich letztendlich gegen die Spekulation durch und bewahrte die Schweizer Wirtschaft vor größerem Schaden.
Du siehst, da war die Abschreckung durchaus nützlich.
Dein Tom

Betreff: **Jens gegen Mario**
Beim Streit zwischen »Jens und Mario« über die Staatsfinanzierung geht es auch um Spekulationswellen, oder?
Alexandra

Betreff: **Jens gegen Mario**
Ja, aber nicht auf den Devisenmärkten (die gibt es in der Währungsunion nicht mehr), sondern auf den nationalen Märkten für Staatsanleihen von Mitgliedern des Euro. Darf die Notenbank diesen Staaten in solchen Fällen helfen? Darf sie also deren Papiere auf dem Kapitalmarkt kaufen, obwohl dies indirekt natürlich Staatsfinanzierung ist?
Mario Draghi sagt: Ja. Vorausgesetzt freilich, dass dadurch keinerlei Inflationsgefahr entsteht und dass sichergestellt ist, dass die betroffene Regierung alle Maßnahmen ergreift, um ihre Staatsfinanzen in Ordnung zu bringen und durch Marktreformen die

Wettbewerbsfähigkeit ihrer Wirtschaft wiederherzustellen. Das hat nach seiner Auffassung nichts mit Staatsfinanzierung zu tun. Denn durch die Auflagen wird explizit verhindert, dass die öffentlichen Defizite bei einer Intervention der Notenbank ansteigen. Es geht allein um die Beruhigung der Märkte. Sie sollen abgehalten werden, gegen ein einzelnes Land zu spekulieren. Staatsfinanzierung also als Abschreckung.
Er plädierte daher für die Verabschiedung des sogenannten OMT-Programms (Outright Monetary Transactions), das der Notenbank die Möglichkeit der Intervention auf den Kapitalmärkten einzelner Staaten mit unbegrenzten Summen gab, freilich unter den eng definierten Voraussetzungen.
Jens Weidmann hielt dagegen und sagte: Vorsicht, das ist ein gefährlicher Präzedenzfall. Wenn man Staatsfinanzierung in solchen Notfällen explizit erlaubt, dann muss man später vielleicht auch akzeptieren, dass die EZB Staatsanleihen ohne solche Auflagen kauft. Damit wird eine Büchse der Pandora geöffnet, die man später nicht mehr schließen kann. Das sollte man schon am Anfang verhindern.
Er votierte daher im Rat der EZB gegen die Verabschiedung des OMT-Programms. Am Ende wurde das Programm dann mit der Mehrheit der anderen Länder doch beschlossen.
Tom

Betreff: **Jens gegen Mario**
Und wer hat dann recht?
Alexandra

Betreff: **Jens gegen Mario**
Juristisch ist das Problem nicht zu lösen. Das hat der Streit vor dem deutschen Bundesverfassungsgericht über das OMT gezeigt. Man kann Verantwortung nicht in ein Gesetz hineinschreiben.
Im Kalten Krieg nach 1945 sagten die Befürworter der Atombombe (das wäre im übertragenen Sinne Draghi), dass man die Bombe zur Abschreckung brauche. Nur dadurch könne man

Ruhe in die Situation bringen. Wenn die Abschreckung funktioniere, würde die Bombe nie angewendet. Das OMT ist so eine Atombombe. Tatsächlich hat die EZB bisher auch noch nie auf den Staatsanleihemärkten gegen die Spekulation vorgehen müssen. Die Abschreckung hat gewirkt. Freilich ist das keine Garantie, dass das immer so bleibt.

Die Gegner der Bombe (das wäre in diesem Fall Weidmann) sagten, dass durch die Bombe erst die Gefahr eines Atomkrieges hervorgerufen würde. Es wäre daher besser, die Bombe ganz abzuschaffen und gegenseitig abzurüsten. Das heißt, die Schuldner sollten ihre Haushalte konsolidieren. Die Regeln für ordentliches Wirtschaften der einzelnen Mitglieder sollten so verschärft und die Politik der einzelnen Länder sollte so gut werden, dass die Märkte gar keinen Anlass haben, gegen ein Mitglied zu spekulieren.

Du weißt, dass sich Befürworter und Gegner der Atombombe in der Geschichte nicht einigen konnten. In Europa wurde der Streit erst gelöst, als der Kalte Krieg durch den Fall des Eisernen Vorhangs zu Ende ging. So wird es auch hier sein. Der Streit zwischen »Jens und Mario« wird erst dann vorbei sein, wenn die Eurokrise überwunden ist.

Ich will aber nicht verhehlen, dass ich persönlich dazu neige, der EZB im übertragenen Sinne die Atombombe zu geben. Ich hoffe auf die abschreckende Wirkung auf den Märkten und vertraue darauf, dass die EZB damit verantwortlich umgeht. Aber ich habe genauso viel Verständnis dafür, wenn Du das ablehnst.

Schöne Grüße, Dein Tom

7 Staatsschulden

Falle Nr. 24 Die kritischen 90 Prozent

Warum Japan mit hohen Staatsschulden leben kann

Betreff: **Staatsverschuldung**
Lieber Tom,
was mich irritiert: Jeder ist gegen die Staatsverschuldung und empfindet sie als Geisel der Menschheit. Trotzdem machen die Regierungen aber immer munter weiter Defizite. Das passt doch nicht zusammen. Sag mir doch bitte mal die harten ökonomischen Fakten, die gegen die Staatsverschuldung sprechen. Vielleicht sind sie gar nicht so zwingend, oder? Schöne Grüße, Deine Alexandra

Betreff: **Staatsverschuldung**
Hallo Alex,
den Widerspruch kann ich leicht auflösen. Es ist wie so oft im Leben. Kurzfristig gibt es überwiegend positive Wirkungen der Staatsverschuldung: mehr Wachstum, mehr Beschäftigung, mehr Wohlfahrt für die Bürger, weniger politische Querelen. Alles ist einfacher. Das dicke Ende kommt erst nachher. Es trifft häufig die, die am Entstehen der Staatsschuld gar nicht beteiligt waren. Das macht die Sache so vertrackt.

Was also haben wir gegen die Staatsverschuldung? Das wichtigste ökonomische Argument ist, dass sie auf Dauer Wachstum und Arbeitsplätze kostet. Verbraucher und Unternehmer haben Angst, dass die Steuern in Zukunft erhöht werden müssen. Ein hoch verschuldeter Staat könnte möglicherweise zu einer harten Konsolidierung gezwungen sein (wie in den letzten Jahren in den südeuropäischen Ländern). Vielleicht könnte es gar eine Währungsreform mit einem Schuldenschnitt geben. Wer weiß?
Diese Gefahren wachsen mit der Größe der Staatsverschuldung. Die beiden amerikanischen Ökonomen Carmen Reinhart und Kenneth Rogoff haben in einer umfassenden Untersuchung früherer Finanzkrisen festgestellt, dass der kritische Punkt etwa bei 90 % liegt (Staatsschulden in Prozent des Bruttoinlandsprodukts). Ab dann ging in der Vergangenheit häufig das Wachstum zurück und die Arbeitslosigkeit nahm zu. Deutschland liegt mit etwas weniger als 80 % nur knapp unter der Marke. Viel können wir uns nicht mehr leisten.
Schwer messbar, auf die Dauer aber vermutlich noch gravierender ist, dass eine hohe Staatsverschuldung das Vertrauen der Bürger in die Politik und die demokratische Regierungsform untergräbt. Wenn die Regierung schon nicht ordentlich mit dem Geld umgehen kann, wie soll man ihr dann vertrauen, dass sie andere Probleme vernünftig löst? Das führt im harmlosen Fall zu Unzufriedenheit der Bürger und geringerer Beteiligung bei den Wahlen. Das sehen wir bereits in vielen Ländern. Es kann aber auch – wie beispielsweise in den letzten Jahren in Griechenland – bis zu gewaltsamen Massendemonstrationen gehen. Vor allem junge Leute sind unzufrieden, wenn ihnen die Lebensperspektive genommen wird. Hoch qualifizierte Menschen wandern aus, weil sie keine entsprechenden Arbeitsplätze finden. Das Land fängt an auszubluten und zu verarmen.
Beste Grüße, Tom

Betreff: **Staatsverschuldung**
Wirkt sich das auch auf die Investitionen der Unternehmen aus?
Gruß, Alex

Betreff: **Staatsverschuldung**
In den Lehrbüchern wird das oft behauptet. Wenn der Staat auf den Kapitalmärkten Geld aufnimmt, dann verdrängt er Unternehmen, die sich Mittel für private Investitionen besorgen wollen. In der Fachsprache nennt man das »Crowding-out«. Der Zins steigt. Die Privaten müssen sich von manchen sinnvollen Projekten zurückziehen, weil sie die höheren Zinsen nicht mehr bezahlen können. Der Staat dagegen ist, weil er sich über Zwangsabgaben refinanziert, weniger zinsabhängig. Er kann seine Vorhaben so oder so durchziehen.
Dieses Argument passt derzeit freilich nicht, weil die Zinsen durch die Zentralbank künstlich niedrig gehalten werden und Geld nicht knapp ist.
Wichtiger ist, dass die Regierungen durch die hohen Staatsschulden an Handlungsfähigkeit verlieren. Sie können die Grundversorgung mit einer funktionsfähigen Infrastruktur etwa im Verkehr, im Gesundheits- und Bildungswesen und in der allgemeinen Verwaltung nicht mehr ausreichend gewährleisten. 2013 hat der Bund in Deutschland trotz der niedrigen Zinsen 30 Milliarden Euro für Zinszahlungen ausgegeben. Zum Vergleich: Für Bildung, Forschung und Wissenschaft standen nur 19 Milliarden Euro zur Verfügung. Auch das verschlechtert das Wachstumsklima und schürt Unzufriedenheit in der Bevölkerung.
Schöne Grüße, Tom

Betreff: **Staatsverschuldung**
Lieber Tom,
was mich auch umtreibt, ist die Ungerechtigkeit der Staatsverschuldung. Es gibt eine Umverteilung zwischen den Steuerzahlern, denen Einkommen weggenommen wird, und den Gläubigern des Staates, die die Zinsen am Ende erhalten. Das können Banken sein, aber

auch wohlhabendere Bürger oder Investoren im Ausland. Was waren die Griechen erbost, als sie merkten, dass die Rettungsgelder des Auslands (für die sie schwere Opfer bei den Reformen bringen mussten) gar nicht dem Bürger oder dem Land zugutekamen, sondern den Inhabern ihrer Staatpapiere. Ich habe gelesen, dass in Deutschland mehr als ein Viertel der Einkommensteuer für die Zinsausgaben draufgeht.
Herzlich, Deine Alexandra

Betreff: **Staatsverschuldung**
Es gibt noch mehr Argumente. Hohe Staatsverschuldung zum Beispiel gefährdet eine sachgerechte Geldpolitik. Die Zentralbanken werden unter Druck gesetzt, dass sie die Zinsen nicht erhöhen, weil der Staat sonst noch mehr für den Schuldendienst ausgeben muss. Zum Teil kaufen Zentralbanken Staatsanleihen auf. Das ist Staatsfinanzierung mit der Druckerpresse. Jeder weiß, dass das auf Dauer zu Inflation führt.
Durch die hohe Staatsverschuldung verschlechtert sich die Bonität der Staatsanleihen. Das gilt nicht nur für Anleihen der südeuropäischen Staaten, sondern auch für Schuldner wie den amerikanischen oder den deutschen Staat. Zunehmend denken Ratingagenturen darüber nach, ob sie solchen Schuldnern noch die Bestnote AAA geben können. Im Euroraum gibt es inzwischen nur noch drei Länder, die diese Bestnote haben (Deutschland, Luxemburg und Finnland). Im vorigen Jahr sind die Niederlande heruntergestuft worden. Den USA wird immer wieder mit Herabstufungen gedroht. Aber da die wichtigsten Ratingagenturen selbst Amerikaner sind, tun sie sich damit außerordentlich schwer. In jedem Fall unterscheiden sich Staaten auf dem Kapitalmarkt nicht mehr von erstklassigen Unternehmen, die Anleihen begeben.
Das hat unmittelbare Auswirkungen für den privaten Sparer. Es fällt eine Anlageklasse weg, nämlich die Klasse der risikolosen Staatspapiere. Sie war gerade für die Altersvorsorge, vor allem auch für Pensionskassen und Lebensversicherungen besonders

attraktiv, auch wenn sie in den letzten Jahren so niedrige Zinsen brachte.
Auch die Bankenaufsicht muss umdenken. Bisher war es unbestritten, dass Staatspapiere, in die die Banken investiert hatten, in der Bilanz nicht mit Eigenkapital unterlegt werden mussten. Das ist auch explizit in den Aufsichtsregeln von Basel II festgelegt. Das kann bei der hohen Staatsverschuldung auf Dauer so nicht bleiben. Freilich werden die Finanzminister der Welt alles tun, um das zu verhindern. Denn wenn die Banken ihre Anleihen nicht mehr kaufen, verteuert sich ihre Refinanzierung. Sie müssen mehr für Zinsen ausgeben.
Du siehst, es ist nicht nur Bauchgefühl, das gegen die Staatsverschuldung spricht. Staatsverschuldung ist nicht nur ein Kavaliersdelikt. Letztlich wird sich die Überlebensfähigkeit der westlichen Demokratien daran entscheiden, ob es ihnen gelingt, dieses Problem in den Griff zu bekommen.
Schöne Grüße, Dein Tom

Betreff: **Staatsverschuldung**
Tom,
Zusatzfrage: Jeder redet hier immer nur von Griechenland und anderen europäischen Schuldnerstaaten. Warum beschwert sich eigentlich niemand über die Staatsverschuldung in Japan – sie soll bei über 200 % der Wirtschaftsleistung liegen?
Gruß, Deine Alex

Betreff: **Staatsverschuldung**
Hallo Schwester,
ganz einfach: Die Staatsverschuldung wird in Japan fast ausschließlich von Inländern finanziert. Sie ist also ein rein innerjapanisches Problem. Die internationalen Finanzmärkte haben damit nichts zu tun. In Griechenland (und vielen anderen Schuldnerländern) muss sich der Staat im Ausland verschulden. Dann muss sich auch das Ausland damit beschäftigen. Im Übrigen fangen die Japaner aber auch an, nervös zu werden. Die Regie-

rung hat 2014 die Umsatzsteuer erhöht, um Schulden zurückzuzahlen.
Du siehst also: Es mangelt nicht an Argumenten gegen die Staatsverschuldung, jedenfalls wenn sie eine gewisse Höhe erreicht hat. Es fehlt aber am Willen und an der Durchsetzungskraft, jetzt endlich einen Schlussstrich zu ziehen.
Schöne Grüße, Dein Tom

Falle Nr. 25 Geht es ohne Staatsschulden wirklich besser?

Die Panik, als die USA plötzlich kein Defizit mehr hatten

Betreff: **Schulden**
Cc: Alexandra
Lieber Tom,
jetzt muss ich mich doch mal in Deine Mail-Korrespondenz mit Alexandra einmischen. Sie erzählt mir immer davon. Zuletzt hat sie mir Deine Mails weitergeleitet, in denen Du sagst, dass die Staatsschulden schlecht sind. Du weißt, dass ich nicht immer Deiner Meinung bin, aber diesmal hast Du mir aus dem Herzen gesprochen. Unser Land leidet an nichts mehr als an den hohen Schulden. Der Staat hat in Deutschland 2200 Milliarden Euro Verbindlichkeiten. Das vererben wir unseren Kindern. Sie müssen die Zeche zahlen, die wir ihnen eingebrockt haben. Dazu kommen die Schulden der Unternehmen (4000 Milliarden Euro) und die Schulden der privaten Haushalte (1500 Milliarden Euro). Ich kann mir nicht vorstellen, dass wir das je zurückzahlen können. Gut, dass Du das so klar dargestellt hast.
Gruß von Deinem Schwager Stefan

Betreff: **Schulden**
Cc: Alexandra
Lieber Stefan,
danke. Ich freue ich über das Lob, bin aber nicht so glücklich, dass es gerade meine Mail zur Staatsverschuldung betraf. Da war ich nämlich vielleicht etwas zu apodiktisch. Ich habe alle Argumente aufgezählt, die gegen die Staatsverschuldung sprechen. Ich muss aber hinzufügen, dass das nur die eine Seite der Medaille ist. Es gibt auch noch eine andere, die man auch beachten sollte.
Ich formuliere mal bewusst pointiert: Ich möchte nicht in einer Gesellschaft leben, in der keiner mehr Schulden macht, auch der Staat nicht.
Du weißt genau wie ich, dass das so einfach mit den Schulden nicht ist. Es gibt gute Schulden und es gibt schlechte Schulden. Auch Du nimmst in Deinem Betrieb Geld bei Deiner Bank auf. Ich vermute, dass Du das nicht sofort von heute auf morgen einstellen wirst. Den Schulden stehen die Aktiva Deiner Firma gegenüber. Das ist doch okay, oder?
So ist es auch in der Gesellschaft. Schau Dir zum Beispiel die Städte an. Natürlich haben sie Schulden, und zwar nicht zu knapp. Aber sie haben auch Vermögenswerte. Düsseldorf etwa hatte am 31. Dezember 2011 ein Anlagevermögen von 11,5 Milliarden Euro. Dazu gehören unter anderem 340 Brücken, 1250 Kilometer Straßen, 430 Kinderspielplätze und 165 Schulen. Die Verbindlichkeiten der Stadt und die Rückstellungen beliefen sich auf 1,8 Milliarden Euro. Insgesamt wies Düsseldorf ein Eigenkapital von acht Milliarden Euro aus. Düsseldorf ist mit Recht stolz auf diese Bilanz.
Es ist aber nicht die einzige Stadt, die mehr Vermögen als Schulden hat. München hat ein Reinvermögen von elf Milliarden Euro bei einem Anlagevermögen von 19 Milliarden Euro. In Hamburg ist es ähnlich, nur nicht ganz so krass. Die Hansestadt war übrigens das erste Bundesland, das eine solche Vermögensrechnung eingeführt hat.
Das ist doch gar nicht so schlecht. Wenn unsere Kinder solche

Werte vererbt bekommen, dann finde ich es nicht unfair, wenn sie sich auch an dem Schuldendienst beteiligen. In jedem Fall kann man nicht sagen, dass wir in dieser Hinsicht auf Kosten unserer Kinder leben.
Umgekehrt muss man freilich zugeben, dass es nicht überall im öffentlichen Sektor so gut aussieht. Im Bund dürfte das Vermögen bei Weitem nicht ausreichen, um die Schulden zu decken. Denn ein großer Teil der Ausgaben geht dort in konsumtive Zwecke. Der Bund gibt beispielsweise jährlich etwa 80 Milliarden Euro allein für Zuschüsse an die Rentenversicherung aus. Denen steht kein Vermögen gegenüber.
Schöne Grüße, Tom

Betreff: **Schulden**
Cc: Alexandra
Vorsicht, lieber Tom. Das ist mir zu einfach. Warum soll man Investitionen nicht mit Steuermitteln statt mit Krediten finanzieren? Jede Generation nutzt dann zwar die Investitionen ihrer Eltern umsonst. Sie investiert aber selbst und stellt das dann der Generation ihrer Kinder umsonst zur Verfügung.
Gruß, Stefan

Betreff: **Schulden**
Cc: Alexandra
Natürlich geht das. Aber was hat es für einen Vorteil? Was machst Du, wenn eine Generation plötzlich auf die Idee kommt, aus irgendwelchen Gründen nichts zu investieren? Sie nutzt die Anlagen, die ihre Eltern erstellt haben, vererbt ihren Kindern aber keine neuen Anlagen? Mir ist es lieber, wenn der, der Investitionen nutzt, diese auch mitfinanziert.
Ich möchte aber noch einen anderen Gedanken hinzufügen. Im Leben eines jeden Menschen gibt es eine Investitionsphase und eine Sparphase. Die 20- bis 40-Jährigen müssen erst einmal investieren. Sie heiraten, brauchen eine Wohnung oder ein Haus und Möbel. Sie setzen Kinder in die Welt und müssen sie aufziehen.

All das kostet viel Geld. Da bleibt meist nichts oder nicht genügend übrig, um ein Haus anzusparen. Dabei brauchen diese Familien eine Bleibe. Umgekehrt haben 40- bis 60-Jährige die Investitionen hinter sich. Sie können sparen, auch um sich eine Altersvorsorge aufzubauen. Macht es da nicht Sinn, wenn die jüngeren Kredite aufnehmen und die Älteren bei der Bank Geld anlegen, aus dem diese den Kredit vergeben kann? Ich jedenfalls bin froh, dass ich damals ein Haus auf Kredit gekauft habe. Die Hypothek habe ich längst zurückgezahlt.

Noch ein ganz anderes Argument. Schulden sind denknotwendig der Gegenposten zur Ersparnis. Du weißt aus Deiner Firma, dass jeder Verbindlichkeit des einen zwangsläufig eine Forderung des anderen gegenüberstehen muss. Das ist das Prinzip der doppelten Buchführung. Selbst wenn jemand in Form von Bargeld spart, gibt es diesen Gegenposten: Das Papiergeld ist ökonomisch eine Verbindlichkeit des Staates beziehungsweise seiner Notenbank gegenüber den Bürgern.

Ich erinnere mich noch an die Zeit, als die Vereinigten Staaten unter dem damaligen Präsidenten Bill Clinton einen Haushaltsüberschuss hatten. Als das bekannt wurde und das amerikanische Finanzministerium öffentlich erklärte, es werde in Zukunft – zumindest für eine bestimmte Zeit – keine Papiere mit 30-jähriger Laufzeit mehr am Kapitalmarkt anbieten, gab es unter den Anlegern eine Panik. Jeder wollte die letzten dieser US-Staatspapiere kaufen. Die Kurse stiegen drastisch an und die Zinsen gingen entsprechend zurück. Erst als sich zeigte, dass die Regierung auf Dauer doch wieder Schulden machen würde, beruhigte sich die Situation.

Aber nicht nur, dass es keine Verbindlichkeiten geben kann, wenn es keine Forderungen gibt. Die Ersparnis kann sich auch nicht verzinsen. Wer einen Zins haben will, muss zulassen, dass es jemand anderen gibt, der Schulden aufnimmt, das Geld investiert und damit das Geld verdient, das er dann dem Gläubiger als Zinsen zahlen kann.

Eine Gesellschaft, in der keine Schulden gemacht werden, wächst nicht und wird auch keine Innovationen und keinen (oder wenig) technischen Fortschritt haben. Wie sind die großen technischen Neuerungen in der Geschichte entstanden? Es waren Tüftler oder Erfinder, die eine Idee, aber meist kein Geld hatten. Und es waren »Kapitalisten«, die Geld besaßen und bereit waren, das Risiko zu übernehmen, in die Erfindungen zu investieren. Wenn jeder Erfinder so lange warten wollte, bis er genug Geld zusammenhätte, um seine neuen Produkte zu produzieren und zu verkaufen, dann gute Nacht. Da würde es heute vieles nicht geben, das uns heute lieb und wert ist. Vom Auto bis zum iPad.

Volkswirtschaftlich ist die Investition immer gleich der Ersparnis. Beides ist denknotwendig für Wachstum und Wohlstand einer Gesellschaft.

Beste Grüße, Tom

Betreff: **Schulden**
Cc: Alexandra
Und was ziehst Du daraus für einen Schluss, lieber Tom?
Gruß, Stefan

Betreff: **Schulden**
Cc: Alexandra
Das Problem ist nicht: Schulden oder nicht Schulden. Das Problem ist vielmehr erstens, dass es nicht zu viele Schulden gibt. Jeder sollte nur so viel Kredit aufnehmen, wie er bei den gegebenen Zinsen bedienen kann. Da haben viele Staaten, aber auch Unternehmen und private Haushalte in den vergangenen Jahren gesündigt. Das muss korrigiert werden.

Zweitens kommt es auf die Verwendung der Schulden an. Wer Geld aufnimmt, nur um seinen Konsum zu finanzieren (oder Staaten den Konsum ihrer Bürger), der tut sich am Ende schwer, den Schuldendienst zu finanzieren. Leider wurde in den letzten Jahren auch gegen diesen Grundsatz verstoßen.

Also: Schulden ja, aber nur in Maßen und nur für sinnvolle Zwecke. Als ich mein Berufsleben anfing, sagte mir mein Chef mit er-

hobenem Zeigefinger: Junge, merke Dir, dieses Land wird einmal zugrunde gehen, weil es zu hohe Schulden hat. Damals hatte die Bundesrepublik gerade mal Verbindlichkeiten in Höhe von 30 % des Bruttoinlandsprodukts. Das war sicherlich zu wenig. Heute liegen wir bei 80 %. Das ist sicherlich zu viel.
Bist Du auch damit einverstanden?
Schöne Grüße, Dein Tom

Betreff: **Schulden**
Cc: Alexandra
Lieber Tom,
ungern. Das sind gefährliche Argumente. Denn da kommen immer wieder die Neunmalklugen und ziehen daraus die falschen Schlüsse. Wenn Schulden nicht so schlecht sind, dann sagen sie, dass in den öffentlichen Haushalten auch nicht gespart werden muss. Aber ich bin mit Dir einig, dass bei überschuldeten Staaten nicht wild und unsystematisch gespart werden soll. Investitionen in die Zukunft sollten auch in den Krisenländern weiter getätigt werden.
Schöne Grüße, Dein Stefan

Falle Nr. 26 Wie man Staatsschulden verringern kann

Die Mär von den Vorteilen einer Währungsreform

Betreff: **Zurückzahlen**
Lieber Tom,
kannst Du Dir vorstellen, dass die unglaublich hohe Staatsverschuldung in Deutschland und in anderen Industrieländern je einmal zurückgezahlt wird? Ich nicht.
Schöne Grüße, Deine Alexandra

Betreff: **Zurückzahlen**

Liebe Alex,
die meisten denken wie Du. Wie sollen Politiker in einer Demokratie die Staatsausgaben so stark senken (oder die Steuern so sehr erhöhen), dass sie Schulden tilgen können? Deutschland hat es in der gesamten Nachkriegszeit nur ganz selten geschafft, den Staatshaushalt auch nur auszugleichen, geschweige denn Überschüsse zu erwirtschaften. Der österreichische Ökonom Joseph Schumpeter sagte einmal: »Eher legt sich ein Hund einen Wurstvorrat an als eine demokratische Regierung eine Budgetreserve.«
Andererseits gibt es in der Geschichte Beispiele, dass es doch geht. Die Vereinigten Staaten haben ihre Schulden von 106 % des Bruttoinlandsprodukts im Jahr 1946 auf unter 40 % in den 90er-Jahren verringert (inzwischen sind sie aber fast wieder bei 100 %). Großbritannien hat die Verschuldung von 240 % auf 50 % reduziert. Das war zwar kein wirklicher Abbau der Verschuldung. Der Staat hat effektiv nichts zurückbezahlt. Es war aber eine relative Verringerung gemessen am Sozialprodukt.
Das deutsche Bundesland Bayern ist noch ehrgeiziger. Es will nicht nur die Schuldenquote verringern. Es will sogar die Schulden insgesamt bis zum Jahr 2030 auf null bringen, also alles zurückzahlen. Bis jetzt ist das aber nur Absicht. Ob es gelingt, bleibt abzuwarten.
Schöne Grüße, Dein Tom

Betreff: **Zurückzahlen**

Und wie soll das bitte gehen?
Gruß, Deine Alexandra

Betreff: **Zurückzahlen**

Das Naheliegendste und Beste ist eine solide Haushaltspolitik. Der Finanzminister erhöht die Steuern und/oder führt die Ausgaben zurück. Er erwirtschaftet einen Budgetüberschuss und benutzt diesen zur Tilgung der Schulden. Das gelingt von Zeit zu Zeit. Die Amerikaner haben unter Präsident Clinton in den Jahren 1999/2001 einmal einen Überschuss von immerhin 250 Milliarden Dollar erwirtschaftet. Das war aber eher eine Ausnahme. Sein Nachfolger George W. Bush hat das Geld schnell wieder im Irak-Krieg und für andere Ausgaben verbraten und Rekorddefizite angesammelt.

In den 50er-Jahren hatte in Deutschland der damalige Finanzminister Fritz Schäffer durch sparsame Haushaltspolitik eine Budgetreserve von acht Milliarden angesammelt. Das war ein ansehnlicher Betrag, nach heutiger Kaufkraft ca. 40 Milliarden Euro. Als der Bundeskanzler (damals Konrad Adenauer) und das Parlament davon erfuhren, war das Geld schnell weg. Es wurde im Wesentlichen für Wahlgeschenke vor der Bundestagswahl 1957 ausgegeben.

In letzter Zeit wurde in Deutschland eine Schuldenbremse eingeführt, nach der das strukturelle Defizit des Bundes ab 2016 nicht mehr als 0,35 % des Bruttoinlandsprodukts betragen darf. Dadurch werden zwar keine Schulden getilgt. Wenn die neue Regelung wirklich auf Dauer eingehalten wird, würde sich aber die Schuldenquote, also die Relation Schulden zum Sozialprodukt, verringern (vorausgesetzt natürlich, das Wirtschaftswachstum ist höher als die 0,35 %).

Beste Grüße, Dein Tom

Betreff: **Zurückzahlen**

Das ist doch alles Augenwischerei. Das tut der Staat nie, wenn Du mich fragst.

Gruß, Deine Alex

Betreff: **Zurückzahlen**

Ich vermute auch. Ich will Dir nur einmal zeigen, wie man die Schulden reduzieren kann. Eine andere Möglichkeit ist, dass Länder aus den Schulden »herauswachsen«. Wenn die Wirtschaft stark expandiert, dann steigt der Nenner der Schuldenquote an (wodurch sich die Quote insgesamt reduziert). Gleichzeitig gehen so viel Steuereinnahmen ein, dass vielleicht zusätzlich noch

Schulden getilgt werden können. Das kommt freilich selten vor. Denn wenn die Schulden so hoch sind, ist das Wachstum meist nicht so dynamisch. Nicht einmal in den Wiederaufbaujahren nach dem Zweiten Weltkrieg ist es den USA gelungen, so stark zu wachsen, dass sich die Schuldenquote verringert hätte.

Du denkst vermutlich an Inflation als Mittel zur Reduzierung der Staatsschulden. Auch das geht. Es muss nicht einmal eine große Hyperinflation sein. Es reicht, wenn sie nur lange genug anhält, eine schleichende Geldentwertung also. Sie bläht das nominelle Wirtschaftswachstum auf (und vergrößert damit den Nenner der Schuldenquote). Gleichzeitig führt sie bei konstanten Steuersätzen zu höheren Einnahmen des Staates. Mit ihnen kann man, wenn sie nicht zur Tilgung verwandt werden, wenigstens die Fehlbeträge in den öffentlichen Haushalten verringern.

Besonders perfide ist diese Methode, wenn der Staat trotz höherer Inflation die Zinsen niedrig hält. Denn dann bleiben die Zinsausgaben als wichtiger Posten im Budget niedrig. Es läuft freilich auf eine kalte Enteignung der Besitzer von Staatsanleihen hinaus. Man spricht in diesem Fall von einer »Financial Repression« (Finanzrepression).

Das ist es, was die USA und Großbritannien gemacht haben, um ihre hohe Verschuldung in der Nachkriegszeit zu verringern. Mithilfe der »Regulation Q« (die die Zinssätze auf Bankeinlagen festlegte) wurden die Zinsen nach oben begrenzt. Der Schuldendienst der Regierung stieg weniger an. Das ist es auch, was heute manche wieder im Kopf haben. Der Internationale Währungsfonds beispielsweise plädiert für eine Inflationsrate von 4 % (!). Das sei durchaus tolerabel. Die Notenbanken der USA, Großbritanniens und Japans sind heftig dabei, auf den Kapitalmärkten Staatspapiere zu kaufen, um die Zinsen entsprechend niedrig zu halten.

Solche Financial Repression kann auf Dauer zu einer Verringerung der Schuldenquote führen. Es dauert freilich lange (nicht Jahre, sondern Jahrzehnte). Es vollzieht sich im Stillen, sodass die Mehrheit der Sparer es nicht merkt. Es sieht harmlos aus, ist aber

letztlich ein Taschenspielertrick. Es verschleiert, dass es tatsächlich eine Enteignung ist.
Herzlich, Dein Tom

Betreff: **Zurückzahlen**
Lieber Tom,
was Du gar nicht erwähnst, ist die Währungsreform, also das Streichen der Schulden. Das ist die brutalste, aber vermutlich auch die ehrlichste Methode.
Schöne Grüße, Deine Alex

Betreff: **Zurückzahlen**
In der Geschichte wurde diese Methode am häufigsten angewandt. Zum Teil war es ein Schuldenschnitt, bei dem ein Teil der Verbindlichkeiten gestrichen wurde. Zum Teil war es aber auch ein richtiger Staatsbankrott, vielleicht verbunden mit einer Währungsreform. Das gab es in den vergangenen Jahrzehnten in lateinamerikanischen Staaten, in osteuropäischen Ländern nach dem Fall des Eisernen Vorhangs (die jetzt zum Teil mit beneidenswert niedrigen Schuldenquoten dastehen) und zuletzt in Griechenland. Auch Deutschland hat von dieser Möglichkeit nach dem Ersten und dem Zweiten Weltkrieg Gebrauch gemacht.
Es gibt Zyniker, die sagen, ein Schuldenschnitt müsse alle paar Generationen zwangsläufig passieren. Der Käufer von Staatsanleihen sollte sich darauf einstellen. Die amerikanische Bundesregierung ist freilich ein Gegenbeispiel. Sie hatte seit Gründung im Jahr 1776 noch keinen Staatsbankrott (wohl gab es so etwas aber in den Einzelstaaten der USA).
Das klingt alles sehr dramatisch, muss es aber nicht sein. Man kann bei der derzeit hohen Staatsverschuldung durchaus die Frage stellen, ob es nicht ein Akt der Ehrlichkeit ist, wenn der Staat offen auf seine Bürger zugeht und ihnen sagt: Unsere Schulden sind zu hoch, wir wollen sie reduzieren. Wir bitten euch daher, auf die Hälfte (oder wie viel auch immer) eurer Forderungen an den Staat zu verzichten. Wenn die Staatsanleihen nur im In-

land gehalten werden (wie etwa in Japan), ist das im Prinzip nur eine einfache Umverteilung zwischen den vermögenderen Schichten, die die Anleihen halten, und allen Steuerzahlern, die die Zinsen darauf zahlen. In der Vergangenheit hat es schon häufiger so eine Art Lastenausgleich oder Vermögensabgabe gegeben. In Deutschland hat die Bundesbank so eine Möglichkeit 2014 erneut ins Gespräch gebracht. Auch der Internationale Währungsfonds hatte darüber vorher schon sinniert.
Gruß, Tom

Betreff: **Zurückzahlen**
Das hört sich so an, als wärst Du für eine Währungsreform. So kenne ich Dich gar nicht.
Gruß, Deine Alexandra

Betreff: **Zurückzahlen**
Ich bin hin- und hergerissen. Wir haben nun einmal die Fehler gemacht und müssen die Sache wieder geraderücken. Da sollten wir auch vor radikalen Maßnahmen nicht zurückschrecken. Was aus meiner Sicht gegen eine Währungsreform spricht, ist einmal, dass sie ein schlechtes Beispiel setzt. Was man einmal macht, kann man auch ein zweites Mal machen. Das darf nicht sein. Währungsreformen sind Enteignungen, und das muss die absolute Ausnahme sein.
Sodann sieht eine Währungsreform in der Theorie leichter aus als in der Praxis. Es muss viele Ausnahmeregelungen geben. Denn ein Großteil der Staatsanleihen wird von Versicherungen, Pensionskassen und Banken gehalten. Sie können nicht einfach enteignet werden, da sonst die Altersvorsorge der Gesellschaft, vielleicht auch das Finanzsystem in Gefahr gerieten. Zudem könnte die Sparquote sinken, wenn die Menschen merken, dass sie später doch enteignet werden. Der Staat muss ferner darauf achten, dass er nicht seinen Ruf als Schuldner kaputt macht und später kein Geld mehr aufnehmen kann.
In jedem Fall ist festzuhalten: Eine Verringerung der Schulden-

quote, die sich die meisten wünschen, ist denkbar. Sie ist aber keine schöne, sondern eine schmerzhafte Perspektive. Die Bürger müssen, welchen Weg man auch immer wählt, für die Fehler des Staates in der Vergangenheit einstehen und auf einen Teil ihres Einkommens oder Vermögens verzichten. Jeder, der die Staatsschulden für zu hoch hält, muss daher – zumindest gedanklich – einen Abstrich bei seinem Einkommen und Vermögen machen und sich sagen: Das werde ich dafür opfern müssen.
Wenn ich Dir schon keine schöne Perspektive schicken kann, dann wenigstens herzliche Grüße, Dein Tom

Falle Nr. 27 Hat Italien niedrigere Schulden als Deutschland?

Die Bedeutung der Schulden, die man nicht sieht

Betreff: **Schulden**
Lieber Tom,
jetzt muss ich Dich mal etwas Merkwürdiges fragen. Kann es sein, dass die Schulden der öffentlichen Hand sehr viel höher sind, als offiziell immer gesagt wird? Ich habe vor Kurzem gelesen, dass sie in Deutschland nicht »nur« 2200 Milliarden Euro betragen, sondern 4200 Milliarden Euro, also fast doppelt so viel. Will da jemand nur Panik machen und in die Schlagzeilen kommen?
Liebe Grüße, Deine Alex

Betreff: **Schulden**
Liebe Alex,
Du weißt, dass ich normalerweise nicht gerne die Kassandra spiele. Aber hier bin ich genauso empört wie Du. Die Schulden des deutschen Staats sind in der Tat sehr, sehr viel höher, als von der Regierung zugegeben. Es gibt keine andere Begründung dafür, als dass das eine Schlamperei ist. Seit mehr als 40 Jahren wissen

wir, dass der amtliche Ausweis der Schulden falsch ist und geändert werden muss. Getan hat sich bisher aber nichts oder fast nichts. Erst in allerjüngster Zeit sind einige Länder etwas nachdenklicher geworden. Zum Trost kann ich nur sagen, dass Deutschland in dieser Sache nicht allein dasteht. Alle mir bekannten Staaten weisen die Schulden zu niedrig aus.

Bis auf einen. Du wirst es nicht für möglich halten, aber dieser eine ist Italien. Ich erkläre Dir das gleich.

Zunächst aber: Was ist da los, dass die Schulden falsch ausgewiesen werden? Es gibt zwei Arten von Schulden des Staates: die expliziten und die impliziten. Die expliziten sind die, die wir kennen und die man sieht. Sie sind in den Büchern der öffentlichen Hand durch Schuldscheine, Schuldverschreibungen oder andere Dokumente verzeichnet. Höhe, Laufzeit und Verzinsung liegen fest und sind einklagbar. Das sind in Deutschland die 2200 Milliarden Euro, von denen immer die Rede ist.

Daneben gibt es aber noch eine implizite Verschuldung. Das sind die Schulden, die man nicht sieht. Hier gibt der Staat Zahlungsversprechen ab, denen aber keine entsprechende Finanzierung gegenübersteht. Wenn der Staat beispielsweise einen Beamten einstellt, dann ist sein Gehalt im Haushaltsplan angegeben und mit entsprechenden Einnahmen gedeckt. Die Pension jedoch, die der Beamte später einmal bekommen wird, steht nicht im Budget. Sie ist nicht mit künftigen Einnahmen gedeckt, obwohl sie rechtsverbindlich zugesagt ist. Jedes Unternehmen muss im Interesse der Bilanzwahrheit und -klarheit Rückstellungen für Pensionsverpflichtungen vornehmen. Der Staat muss das offenbar nicht, und er tut es auch nicht, bisher jedenfalls.

Neben den Beamtenpensionen ist dies auch in vielen Bereichen der sozialen Sicherung der Fall. Die konkrete Rente zum Beispiel, die ein Pensionär im Alter bekommt, ist im Haushalt der Rentenversicherung finanziell gedeckt. Die Zahlungen, die künftigen Rentnern, die jetzt noch arbeiten, zugesagt sind, sind es aber nicht. Ähnlich in der gesetzlichen Krankenversicherung oder der Pflegeversicherung. All das sind sogenannte Eventualverbindlichkeiten. Sie belaufen sich in Deutschland derzeit auf eine Summe von insgesamt 2000 Milliarden Euro, also fast so viel wie die offizielle Staatsverschuldung. Die Berechnungen stammen von Bernd Raffelhüschen, einem Ökonomieprofessor aus Freiburg, der als »Papst« auf diesem Gebiet gilt. Er selbst spricht übrigens nicht so gerne von expliziter und impliziter Staatsverschuldung. Er nennt das Ganze »Nachhaltigkeitslücke«. In der Sache ist es aber das Gleiche.

Bei den Zahlen zur impliziten Staatsverschuldung kann man sich nicht auf Punkt und Komma festlegen. Es sind Schätzungen. Niemand weiß ja, ob der jetzt eingestellte Beamte die Pensionsgrenze erreichen wird. Man weiß auch nicht, wie lange er dann lebt. Zudem schwanken die Zahlen im Zeitablauf, bisweilen sogar erheblich. Das beruht zum Teil auf sich ändernden Gesetzen zur sozialen Sicherung, zum Teil aber auch auf den jeweiligen Bevölkerungsprognosen. Je länger die Menschen leben, umso größer sind die Zahlungen, die für Renten ausgegeben werden müssen. Außerdem spielt natürlich der Zins eine Rolle, mit dem die künftigen Zahlungen auf den heutigen Zeitpunkt abdiskontiert werden müssen. Je höher der Zins, umso niedriger die implizite Staatsverschuldung. Die Größenordnung der Zahlen ist jedoch unbestritten.

Gruß, Dein Tom

Betreff: **Schulden**

Dass die implizite Verschuldung nicht genau beziffert werden kann und dass sie im Zeitablauf auch schwankt, ist natürlich ein Nachteil. Trotzdem wäre es schön, wenn der Staat dazu amtliche Zahlen veröffentlichen würde. Denn die Zahlen sind so groß, dass man sie nicht einfach ausblenden kann.

Schöne Grüße, Alex

Betreff: **Schulden**

Die Diskrepanz zwischen expliziter und impliziter Staatsverschuldung zeigt den Unterschied zwischen dem, was der Staat verspricht, und dem, was er tatsächlich finanziert. Entweder muss man also an den Versprechen zweifeln (was schlimm wäre, weil man dann dem Staat keinen Glauben mehr schenken kann). Oder man muss davon ausgehen, dass der Staat die Finanzierung später noch beschaffen wird, seine künftigen Refinanzierungen höher sind als derzeit geschätzt. Nach den Berechnungen von Raffelhüschen müssten die Steuern und sonstigen Abgaben um 11 % angehoben oder die sonstigen Ausgaben um 9 % gesenkt werden, wenn die implizite Staatsverschuldung gedeckt werden soll. Das verschlechtert natürlich die wirtschaftlichen Aussichten und muss bei der eigenen Planung der Altersvorsorge berücksichtigt werden.

Die implizite Staatsverschuldung verändert aber auch das Bild des Anlegers auf internationaler Ebene. Staatsverschuldung ist ein wichtiges Indiz für die Beurteilung der Bonität anderer Länder. Je höher sich ein Staat verschuldet hat, umso verletzlicher ist er zum Beispiel durch Veränderungen bei den Zinsen oder durch internationale Kapitalbewegungen. Das spielt gerade seit der Finanzkrise mit den gestiegenen Risiken einzelner Länder eine wichtige Rolle. Schaut man nur auf die explizite Verschuldung, kommt man dabei zum Beispiel zu dem Ergebnis, dass die USA, Großbritannien und Deutschland alle mit einer Verschuldung zwischen 80 und 100 % des Bruttoinlandsprodukts in etwa gleichauf liegen. Rechnet man jedoch die implizite Verschuldung dazu, dann ergibt sich ein ganz anderes Bild. Dann steht Großbritannien mit einer Verschuldung von 640 % des BIP weit vor den USA mit 227 % und Deutschland mit 154 %. Großbritannien hat also die meisten Hypotheken in seinem Staatshaushalt. Hier ist vieles auf Sand gebaut. Deutschland ist unter den Einäugigen König.

Beste Grüße, Tom

Betreff: **Schulden**

Und wie sieht es innerhalb der Europäischen Währungsunion aus. Gibt es da auch so große Unterschiede?

Deine Alexandra

Betreff: **Schulden**

Liebe Alexandra,

noch größere sogar. Zudem verschiebt sich das Bild zwischen den einzelnen Ländern gewaltig. Man geht normalerweise immer davon aus, dass die südeuropäischen Peripherieländer in Sachen Staatsfinanzen wesentlich schlechter dastehen als die Staaten Kerneuropas. Berücksichtigt man die implizite Verschuldung, dann sieht das ganz anders aus. Italien beispielsweise ist in seinen Staatsfinanzen – wer hätte das gedacht! – am ehrlichsten. Es hat nach den Berechnungen von Raffelhüschen für die künftigen Zahlungen im Rahmen der Sozialversicherung sogar erhebliche Reserven gebildet. Die Gesamtverschuldung Italiens, explizite und implizite zusammen genommen, beträgt trotz der hohen expliziten Verschuldung von 120 % nur 73 % des Bruttoinlandsprodukts. Das italienische Problem liegt also nicht so sehr in den Staatsfinanzen, sondern in der Wettbewerbsfähigkeit und in vergessenen Strukturreformen der Wirtschaft.

Andererseits sind Spanien mit einer Gesamtverschuldung von 672 % des BIP und Griechenland mit 632 % in Sachen Staatsverschuldung noch schlechter dran, als das ursprünglich vermutet wurde.

Umgekehrt in dem viel gelobten Kerneuropa, der angeblichen Stabilitätszone der Währungsunion. Hier ist bei Weitem nicht alles Gold. Luxemburg steht mit 1 184 % ganz schlecht da. Die Niederlande haben eine Gesamtverschuldung von unglaublichen 674 % der Wirtschaftsleistung. Frankreich ist mit 442 % noch leicht besser als Finnland (469 %). Nur Österreich passt mit 258 % ins Bild – etwas schlechter als Deutschland, aber deutlich besser als einige südeuropäische Länder. Die Schweiz ist wie immer in solchen Vergleichen gut. Es ist aber bemerkenswert, dass sie bei 56 % er Verschuldung implizite Reserven hat.

Wenn man die Zahlen der impliziten Verschuldung berücksichtigt, dann müsste man einige Fragezeichen an der herkömmlichen Einschätzung der Märkte auf den Finanzmärkten machen. Aber warum soll man sich um die Zahlen kümmern, wenn es die

Finanzmärkte offenbar auch nicht so richtig tun? Vergessen wir's einfach, oder? Das würde ich nicht raten. Denn die Probleme sind da. Sie werden virulent werden, wenn nicht jetzt, dann später. Deshalb ist es gut, wenn man als Anleger darauf vorbereitet ist. Also danke, dass Du die Frage gestellt hast.
Schöne Grüße, Dein Tom

8 Banken

Falle Nr. 28 Sind Bäcker besser als Banker?

Die Crux mit dem Wettbewerb

Betreff: **Banken**
Lieber Tom,
ich habe Banker immer als angesehene Männer in Nadelstreifen in Erinnerung. Nach dem Zweiten Weltkrieg hat ein früherer Chef der Deutschen Bank, Hermann Josef Abs, im Auftrag des Bundeskanzlers für Deutschland das Londoner Schuldenabkommen ausgehandelt. Einer seiner Nachnachfolger, Alfred Herrhausen, ist ein paar Jahre später viel gelobt worden, weil er für einen Schuldenerlass der Entwicklungsländer eintrat, um den Armen der Welt zu helfen. Und jetzt? Da hat man den Eindruck, als seien Banker die letzten Strauchdiebe. Die Deutsche Bank soll angeblich mehr als vier Milliarden Euro für »Rechtsrisiken« (das heißt also für zu erwartende Strafen) zurückgestellt haben. Die amerikanische Bank JPMorgan Chase hat noch mehr gezahlt. Das muss doch am Ende der Kunde berappen. Fast hat man den Eindruck, dass Unterschleif ein neuer Geschäftszweig der Banken geworden ist.
Schöne Grüße, Deine Alexandra

Betreff: Banken

Liebe Alex,

Da muss ich etwas Grundsätzlicher werden. Es gibt zwei Regeln in der Marktwirtschaft. Die eine: Jeder Mensch soll sich an die ethischen Gesetze halten, auch in der Wirtschaft. Das haben viele Banker in den letzten Jahren leider nicht immer getan. Das ist nicht zu entschuldigen. Dafür müssen jetzt viele büßen. Die zweite genauso wichtige: Die Wirtschaft funktioniert auch dann und bringt ordentliche Ergebnisse hervor, wenn nicht alle Menschen gute Menschen sind und sich ethisch richtig verhalten. Es sind der Wettbewerb und die »unsichtbare Hand« der Marktwirtschaft, die die Eigeninteressen aller Einzelnen – wie auch immer sie ethisch zu bewerten sind – zum Wohl aller kanalisieren.

Der Altmeister der Ökonomie, Adam Smith, schrieb vor mehr als 200 Jahren: »Es hängt nicht vom Gemeinsinn des Metzgers, des Bierbrauers oder des Bäckers ab, dass wir unser Abendessen bekommen, sondern davon, dass diese ihre Eigeninteressen verfolgen.«

Bei den Bäckern, Metzgern und Bierbrauern scheint das zu funktionieren. Da hört man wenig Klagen über moralische Verfehlungen. Die Brötchen schmecken, obwohl die Bäcker bestimmt nicht bessere Menschen sind. Warum können Banker nicht so sein wie die Bäcker von Adam Smith? So fragte der englische Journalist Tim Harford vor einiger Zeit in der englischen Wirtschaftszeitung *Financial Times* (3. November 2013). Warum kann das Finanzwesen nicht unabhängig von der moralischen Qualifikation der Banker funktionieren?

Viele sagen, das liege daran, dass das Bankgeschäft eben so kompliziert ist. Gutes und schlechtes Brot kann man schnell am Geschmack unterscheiden. Bei manchen Bankprodukten können aber selbst Fachleute erst nach umfangreichen Rechnungen erkennen, was sich dahinter verbirgt. Das überzeugt mich aber nicht. Denn auch Autos, Kühlschränke und Telefone (von der Wurst des Metzgers gar nicht zu reden) sind heute so kompliziert, dass Fehler nicht mehr auf den ersten Blick zu erkennen sind.

Dein Tom

Betreff: **Banken**
Liegt es nicht vielleicht daran, dass die Banker doch schlechtere Menschen sind? Oder dass Deine Theorie von der unsichtbaren Hand nicht funktioniert?
Gruß, A.

Betreff: **Banken**
Das glaube ich nicht. Warum sollen Banker heute schlechtere Menschen sein, als sie es früher waren? Zum Teil sind es ja noch die gleichen Personen. Auch die Theorie funktioniert. Das hat sich in allen Branchen und zu allen Zeiten immer wieder gezeigt. Selbst im Bankgeschäft hat die »unsichtbare Hand« früher immer ihre Wirkungen entfaltet. Ganz so wie bei den smithschen Handwerkern.
Der Grund liegt woanders. Voraussetzung für das Wirken der unsichtbaren Hand ist, dass es Wettbewerb gibt. Hier liegt der Hase im Pfeffer. Es gibt keinen beziehungsweise nicht genug Wettbewerb im Kreditgewerbe. Banken, eigentlich die glühendsten Verfechter des Kapitalismus, sind in den letzten Jahren nicht mit dem Konkurrenzdruck der Wettbewerbsordnung zurechtgekommen. Trotz aller Bekundungen zur Marktwirtschaft haben sie sich nicht rechtzeitig an veränderte Marktbedingungen angepasst. Dadurch sind sie in die Schwierigkeiten geraten, die heute den ganzen Sektor in Verruf bringen.
Um es auf einen einfachen Nenner zu bringen: Es gibt in Deutschland zu viel »Bank«: zu viele Kreditinstitute, zu viele Filialen und – ich bedauere, das sagen zu müssen – zu viele Banker. An jeder Ecke steht eine Bankfiliale. Dabei machen die Kunden ihre Bankgeschäfte zunehmend selbst vom PC, vom Tablet oder vom Smartphone aus. Kartenzahlungen ersetzen das Bargeld. Nur das Geld drucken kann man noch nicht selbst. Aber fürs Bargeld gibt es Automaten. Bei den Sparkassen, so hörte ich vor Kurzem, geht jeder Kunde im Schnitt angeblich nur noch zweimal im Jahr in die Filiale. Bei anderen Banken wird es nicht viel anders sein. Wozu benötigt man dann noch 36 000 Filialen in Deutschland?

Genauso bei Firmen. Sie haben die Bank über ihre IT-Systeme eigentlich im Haus. Berater brauchen sie nur noch für besonders komplizierte Geschäfte. Große Unternehmen wie Siemens, Airbus, General Electric oder die Automobilgiganten haben für ihre Bedürfnisse eigene Banken gegründet.

Wenn es mehr Banken gibt, als gebraucht werden, dann kommen die Margen unter Druck. Die Banken verdienen im normalen Geschäft weniger. Sie weichen auf neue, meist risikoreichere Ertragsquellen aus. Gleichzeitig steigen die Gehälter, weil man vernünftige Leute sonst nicht mehr für das inzwischen so schlecht beleumdete Bankgeschäft gewinnt.

An sich müssten solche Überkapazitäten in einer Marktwirtschaft durch den Ausleseprozess des Wettbewerbs abgebaut werden. Die Schlechten scheiden aus, bei den Guten verbessert sich dann automatisch die Situation. Das ist in vielen Branchen in der Vergangenheit passiert. Die Banken haben sich diesem Druck jedoch entzogen. Sie passten sich nur im Schneckentempo an. Die Zahl der Bankstellen hat sich in den letzten 20 Jahren gerade mal um 25 % reduziert, die Zahl der Beschäftigten um 16 %. Da war sogar die öffentlich-rechtliche Bundesbank mutiger: Sie hat die Zahl ihrer Geschäftsstellen nach der Einführung des Euro radikal um 80 % verringert. In der deutschen Stahlindustrie ist die Beschäftigung seit 1980 um fast 70 % zurückgegangen. Die Textilindustrie, einst eine Stärke vieler Regionen, gibt es in Deutschland fast gar nicht mehr, und wenn, dann lässt sie häufig im Ausland produzieren.

Beste Grüße, Dein Tom

Betreff: **Banken**

Und warum funktioniert der Strukturwandel bei den Banken schlechter als anderswo? Könnte es sein, dass die Banken ihn verhindern wollen?

Gruß, Alexandra

Betreff: **Banken**
Ganz ausschließen tue ich das nicht. Andererseits hat der von Dir zitierte Alfred Herrhausen von den Banken als der »zukünftigen Stahlindustrie« gesprochen. Er meinte damit, dass die Banken wie andere Branchen Kapazitäten abbauen müssten. Die Absicht war also da. Sie wurde aber nicht entsprechend umgesetzt. Die Banken hatten Angst vor der eigenen Courage.
Viele haben den Wandel schlicht verschlafen. Vielleicht wollten sie ihn auch nicht wahrhaben. Sie gründeten munter Tochtergesellschaften für das Onlinebanking. Gleichzeitig boten sie das gleiche Geschäft über ihre Filialen an. Und dann beklagten sie sich, dass sie im Privatkundengeschäft so wenig verdienen. Das passt natürlich nicht zusammen.
Zum Teil hat aber auch die öffentliche Hand den Strukturwandel gebremst. Sie hält sich aufwendige Landesbanken, die niemand wirklich braucht. Sie bewahrt ein dreigliedriges Bankensystem aus Sparkassen, Genossenschaftsbanken und privaten Instituten mit gesetzlich geschützten, den Wettbewerb beschränkenden Grenzen dazwischen. In anderen Ländern ist das längst aufgehoben. Sie verhindert unter Einsatz von viel Geld den Zusammenbruch auch kleinerer Banken mit der Begründung, sonst würde das gesamte Bankensystem zusammenbrechen.
Und zu allem Überfluss schafft sie dann auch noch »systemisch wichtige Banken« (die sogenannten »SIFIs« = systemically important financial institutions), die in keinem Fall untergehen dürfen. Sie sind angeblich zu groß, um pleitezugehen (»too big to fail«). Das ist so gut wie eine Staatsgarantie. Solche Banken können im Prinzip alles machen. Sie haben daher auch keinen Anreiz, ihr Geschäft den veränderten Marktbedingungen anzupassen. Hast Du schon einmal von systemisch wichtigen Automobilproduzenten gehört oder von systemisch wichtigen Hotelkonzernen?
Meine These also: Wir müssen nicht die Menschen verbessern, um die Banken wieder verbraucherfreundlich zu machen. Wir brauchen nicht den viel beschworenen Kulturwandel. Beides ist

zwar für moderne Banken wichtig, am Ende aber nur Beiwerk. Wir müssen vielmehr zuerst und zuvörderst endlich wieder zum Wettbewerb im Kreditwesen zurückkehren. Wenn man die Kapazitäten reduzieren würde, dann stiegen die Margen. Dann würde der Druck geringer, in risikoreiche Geschäfte zu gehen. Dann wären die Banken so attraktiv, dass sie auch zu niedrigeren Gehältern gute Mitarbeiter finden. Und dann würde sich auch das öffentliche Ansehen verbessern. Der Wermutstropfen ist freilich, dass dann die Bankdienstleistungen für Verbraucher und Unternehmen teurer würden.

Ich weiß, dass das etwas einfach klingt und dass es in der Praxis schwer zu verwirklichen ist. Aber einmal muss man damit anfangen. Sonst kommen die Banken nie aus der Misere heraus.

Die Amerikaner sind da schon weiter. In der Finanzkrise verschwanden 500 amerikanische Banken vom Markt, aber nur 40 europäische.

Ich habe kürzlich gelesen, dass es in Australien nur 50 Kreditinstitute gibt. Das sind pro Kopf der Bevölkerung gerechnet zehnmal weniger als in Deutschland. Das muss ein Dorado sein. Die Banken verdienen gut. Sie machen angeblich nur die konservativen Geschäfte, was ihnen ausreichend Gewinn bringt. Sie sollen daher auch weniger Risiken in den Büchern haben.

So weit muss die Konsolidierung in Deutschland nicht gehen. Aber etwas weniger Banken brauchen wir schon, damit die Marktwirtschaft wieder funktioniert.

Ich bin sicher, dass es eines Tages dazu kommen wird und dass die Banken wieder ein sehr angesehener Wirtschaftszweig sein werden. Das wird freilich nicht so schnell gehen.

Schöne Grüße, Dein Tom

Falle Nr. 29 Mehr Regeln oder mehr Marktwirtschaft?

Wieviel Eigenkapital muss eine Bank haben?

Betreff: **Banken**
Hallo Tom,
Banken werden seit der Finanzkrise immer mehr reguliert. Fast jeden Tag liest man von neuen Beschränkungen. Aber gebessert hat sich nichts, oder? Nach wie vor klagt alle Welt darüber, dass die Banken zu schwach und zu instabil seien, und dass sie mehr Eigenkapital bräuchten. Könnte es sein, dass da etwas falsch gemacht wird?
Schöne Grüße, Deine Alexandra

Betreff: **Banken**
Liebe Alexandra,
es ist ein bisschen wie beim Arzt. Der Doktor verschreibt dem Patienten eine Medizin. Der Patient wird nicht gesund. Da erhöht der Doktor die Dosis. Wieder bessert sich nichts. Wieder bekommt er mehr Pillen. Das kann auf Dauer nicht so weitergehen. Wir brauchen einfach eine neue Medizin.
Es gibt eine Grundregel für alle Branchen in einer Marktwirtschaft: Wettbewerb so weit wie möglich, Regeln so weit wie nötig. Bevor man eine Regel aufstellt, sollte man prüfen, ob sich das Problem nicht auch durch Wettbewerb lösen lässt. Nur wenn sich zeigt, dass Wettbewerb nicht funktioniert, muss man zu Regeln greifen. Das sollte man auch bei den Banken praktizieren.
Dein Tom

Betreff: **Banken**
Warum funktioniert das nicht mit der Regleritis?
Beste Grüße, Deine Alexandra

Betreff: **Banken**
Regeln sind immer nur Leitplanken, liebe Schwester. Sie verhindern, dass die Autos auf die Gegenfahrbahn geraten. Sie beeinflussen aber nicht das Verhalten der Fahrer. Keine Regel kann vorschreiben, dass Banker vorsichtiger und risikobewusster agieren. Durch Regeln allein werden die Banken nicht sicherer und wird das Finanzsystem nicht stabiler.
Zudem gibt es Zweifel an den Regeln selbst. Wer weiß wirklich, wie gute Regeln aussehen sollen? Welcher Regulator kann mit Sicherheit sagen, dass eine Kapitalquote von sagen wir 10 % für eine Bank ausreichend ist. Warum sind es nicht 20 oder vielleicht sogar 50 % wie in manchen anderen Branchen? Eugene Fama, der im vorigen Jahr den Nobelpreis für Wirtschaft bekommen hat, plädiert für 25 %. Das sind aber alles willkürliche Sätze.
Regeln werden von Menschen umgesetzt, aber das sind eben auch nur Menschen. Um noch einmal Eugene Fama zu zitieren: »Die Regulatoren werden (…) nicht so gut bezahlt wie die Menschen, die sie kontrollieren sollen, und deswegen zieht der Beruf des Regulators auch nicht die besten Leute an« (*Neue Zürcher Zeitung*, 19. November 2013).
Hinzu kommt, dass Regeln nach aller Erfahrung im Zeitverlauf immer differenzierter werden, um den Einzelfällen gerecht zu werden. Am Anfang legte die Bankenaufsicht beispielsweise fest, dass das Eigenkapital einen bestimmten Prozentsatz der Bilanzsumme ausmachen sollte. Das war das bekannte Abkommen von Basel I vor 30 Jahren. Dann stellte man fest, dass unterschiedliche Aktiva unterschiedliche Risiken mit sich bringen und daher auch unterschiedlich mit Eigenkapital belastet werden sollten. Folgerichtig ging man dazu über, die Eigenkapitalerfordernisse je nach dem Risikogehalt der Aktiva festzulegen. Eine Bank, die nur risikoarmes Geschäft macht, braucht weniger Eigenkapital als eine, die viel Risiken hat. So wurde es im Abkommen von Basel II fixiert. Das war vor zehn Jahren.
Dann merkte man, dass der Risikogehalt der Aktiva nicht zweifelsfrei festgelegt werden kann. So haben verschiedene Banken

für ähnliche Risiken unterschiedliche Eigenkapitalpuffer vorgehalten. Das geht natürlich nicht. Daher der Vorschlag, neben den risikogewichteten Kapitalquoten wieder eine generelle Kapitalquote für alle Aktiva einzuführen. Das ist heute die sogenannte Leverage Ratio. Vielleicht wird sie einmal als Basel IV in die Geschichte eingehen. Wir wären dann wieder dort angelangt, wo wir mit Basel I angefangen hatten, mit dem Unterschied nur, dass es jetzt zwei Eigenkapitalregeln gibt statt vorher eine. Auch das trägt nicht gerade zur Glaubwürdigkeit von Regeln bei.
Und noch eines: Regeln müssen immer allgemein und so formuliert werden, dass sie für verschiedene Sachverhalte gelten. Das beinhaltet aber auch die Möglichkeit von Schlupflöchern. Neue Regeln werden gebraucht, um solche Schlupflöcher zu schließen. So werden aus einfachen Regeln komplizierte Regelungswerke, die am Ende immer umfangreicher werden und nur noch wenige Experten verstehen.
Viele Grüße, Dein Tom

Betreff: **Banken**
Ich merke, dass Du gegen Regeln bist. Ich mag sie ja auch nicht. Aber wie soll man das Problem sonst in den Griff bekommen? Auf die Eigenverantwortung der Banken kann man sich doch nicht verlassen.
Gruß, A.

Betreff: **Banken**
Da verstehst Du mich falsch. Nichts gegen vernünftige Regeln. Man braucht sie im Bankensektor genauso wie für Restaurants und Autowerkstätten. Hier vielleicht sogar etwas mehr. Die Gesellschaft muss Betrug bestrafen. Sie muss Verbraucher schützen. Und – das Allerwichtigste – sie muss für verlässliche und stabile Rahmenbedingungen zur Sicherung des Bankenwettbewerbs sorgen.
Ich plädiere nicht für Eigenverantwortung anstelle solcher Regeln. Aber die Gesellschaft darf den Wettbewerb nicht vergessen.

Sie muss Platz für Freiheit lassen. Davon ist heute zu wenig die Rede. Wir sollten nicht immer nur über mehr Regulierung im Bankensektor nachdenken, sondern vielleicht auch einmal über weniger.

Warum probieren wir es also nicht einmal mit mehr marktwirtschaftlichen Prinzipien? Sie funktionieren überall in der Wirtschaft und haben der Welt viel Wohlstand gebracht. Gerade die Deutschen haben mit der sozialen Marktwirtschaft gute Erfahrungen gemacht. Warum soll das nicht auch im Finanzsektor gehen?

Dazu braucht man zwei Dinge. Erstens: klare Priorität des Konkurrenzprinzips. Nicht der Staat steuert die Wirtschaft, sondern die Wirtschaft steuert sich selbst. Der Staat hat nur dafür zu sorgen, dass der Wettbewerb funktioniert. Das darf sich aber nicht nur darauf beschränken, dass die Banken sich nicht bei den Preisen absprechen oder dass keine regionalen Monopole entstehen dürfen. All das tut der Staat bereits jetzt. Die Wettbewerbskontrolle muss zum Beispiel auch darauf achten, dass Banken nicht zu groß werden. Sie dürfen vor allem nicht so groß werden, dass sie nicht mehr pleitegehen können, ohne das ganze Finanzsystem in den Abgrund zu reißen (»too big to fail«). Das ist bisher nicht geschehen. Es hat dazu geführt, dass es zu viele große Banken gibt, die uns jetzt die Probleme schaffen.

Zweitens: Volle Haftung der Eigentümer und Gläubiger für das Geschäft auch bei Banken, so wie das bei allen anderen Unternehmen üblich ist. Nur wer für Gewinne und Verluste seiner Firma verantwortlich ist, handelt mit der notwendigen Vor- und Umsicht. Banken müssen auch pleitegehen können. Man darf nicht – wie das jetzt der Fall ist – bei jeder auch kleineren Bankinsolvenz Angst haben, dass daraus eine neue Lehman-Katastrophe wird.

Damit das Ganze nicht zu brutal für die Beteiligten wird, braucht man als Sicherheitsnetz eine Einlagensicherung für den kleinen Sparer, der sich nicht wehren kann.

Beste Grüße, Dein Tom

Betreff: **Banken**
Wenn ich es recht sehe, wird Dir da niemand widersprechen. Wettbewerb halten im Prinzip alle für richtig. Aber in der Praxis gibt es doch tausend Probleme. Niemand will sich im Bankensektor darauf verlassen, so wie wir das in anderen Branchen tun.
Schöne Grüße, A.

Betreff: **Banken**
Dann muss man sich die Probleme eben mal anschauen. Manche sagen zum Beispiel, dass man große Banken nicht nur nicht verhindern kann, sondern dass man das auch gar nicht verhindern darf. Es muss große Institute geben, weil die Wirtschaft auch große Transaktionen abwickeln muss. Wer sollte denn sonst zum Beispiel den Export eines Kraftwerks finanzieren? Aber müssen solche großen Institute dann gleichzeitig auch ein großes Privatkundengeschäft haben? Müssen sie unter einem Dach auch noch Investmentbanking und Vermögensverwaltung betreiben? In den USA war es den Banken lange Zeit verboten, Filialen in mehreren Bundesstaaten zu unterhalten, damit sie nicht zu groß werden können. Das hat den Amerikanern sicher nicht geschadet.
Ein anderes Gegenargument: Banken halten ohne strenge Regeln nicht genügend Eigenkapital vor. Sie würden ohne die Regeln unsicherer. Falsch. Denn wenn eine Bank zu wenig Eigenmittel hat, gilt sie am Kapitalmarkt als größeres Risiko und muss daher für Geldaufnahmen mehr Zinsen zahlen. Am Ende kommt es für Banken im Wettbewerb in den meisten Fällen billiger, wenn sie mehr Eigenkapital halten und sich auf diese Weise günstiger refinanzieren können. Auch in der Industrie hat der Wettbewerb nicht dazu geführt, dass die Eigenkapitaldecke dünner wurde. Im Übrigen ergibt sich im Wettbewerb, wie hoch die Kapitalquote sein muss, damit die Investoren eine Bank als ausreichend sicher ansehen.
Andere meinen, Banken würden ohne Regeln zu große Risiken eingehen. Auch das glaube ich nicht. Denn wenn die Eigentümer wissen, dass sie für die Risiken einstehen müssen, werden sie es

sich dreimal überlegen, ob sie ein Risiko eingehen. Erfahrungsgemäß sind Privatbankiers, die mit ihrem eigenen Geld für die Bank haften, besonders konservativ und risikobewusst.
Ein anderes Gegenargument: Die Verflechtung auf den Finanzmärkten ist so groß, dass der Markt gar nicht richtig funktionieren kann. Wie viele Sparer wurden rund um den Globus von der Lehman-Pleite betroffen, die gar nichts von Lehman wussten? Das spricht aber nicht gegen die Anwendung marktwirtschaftlicher Mechanismen. Es ist nur der Beweis einer unzureichenden Risikoeinschätzung. Wenn jeder weiß, dass eine Bank wie jedes andere Unternehmen pleitegehen kann, wird sich auch der kleine Sparer anschauen, mit wem er Geschäfte macht.
Beste Grüße, Dein Tom

Betreff: **Banken**
Aber muss man den Banken nicht wenigstens verbieten, mit dem Geld der Sparer auf den Kapitalmärkten auf eigene Rechnung zu spekulieren? Das ist nicht nur ungerecht, es ist auch gefährlich.
LG, Deine Alex

Betreff: **Banken**
Ich halte auch diese Befürchtung für übertrieben. Zudem ist sie schwer durchsetzbar, weil Eigenhandel und Handel im Auftrag von Kunden schwer zu trennen sind. Aber wenn man in diesem Punkt Zweifel haben sollte – es wäre kein Beinbruch und keine Abkehr von marktwirtschaftlichen Prinzipien, den Banken den Eigenhandel, das heißt die Spekulation auf eigene Rechnung zu verbieten. Die wenigsten Banken betreiben ihn heute noch. Das tun nur noch die Hedgefonds, für die der Staat schon gar nicht einstehen sollte.
Dieses Plädoyer für die Marktwirtschaft im Bankensektor ist nicht populär. Sei also vorsichtig, wenn Du die Argumente verwendest. Es kann sein, dass Du dann in eine neue Falle tappst. Es geht nicht darum, jede Art von Regulierung zu verbannen. Es geht darum, das Denken im Kopf wieder zu adjustieren. Erst kommt der Wett-

bewerb. Dann kommen die Regeln. Nicht umgekehrt. Die Regeln dürfen den Wettbewerb nicht ersetzen. Sie müssen ihn sinnvoll ergänzen. Und es darf nicht zu viele Regeln geben.
Wir alle wissen, dass Märkte versagen können. Aber kann der Staat es wirklich besser? Es gibt bekanntlich nicht nur Marktversagen, was wir derzeit überall beklagen. Es gibt auch Staatsversagen. Das sollten wir verhindern.
Schöne Grüße, Dein Tom

Falle Nr. 30 Ratingagenturen sollten nicht »Staat spielen«

Der Traum von einer europäischen Ratingagentur

Betreff: **Ratingagenturen**
Lieber Tom,
von Ratingagenturen hört man wahre Horrorgeschichten. Sie sollen in der Finanzkrise Schrottpapiere mit der Bestnote AAA ausgestattet haben, nur damit sie sich besser verkaufen ließen. Sie erhöhten mit ihren Urteilen die Schwierigkeiten der Länder, die ohnehin ums Überleben kämpften. Sie sollen versucht haben, die Politik zu erpressen, indem sie vor wichtigen Sitzungen Brüsseler Gremien mit Herabstufungen des Ratings drohten.
Wenn das richtig ist, lieber Tom: Warum verbietet man die Ratingagenturen dann nicht einfach? Was nichts taugt, das braucht man nicht. Noch dazu, wenn es Ärger macht. Ganz abgesehen davon, dass die wichtigsten Agenturen gar nicht aus Deutschland kommen, sondern aus Amerika.
Liebe Grüße, Deine Alexandra

Betreff: **Ratingagenturen**
Hallo Alex,
auch hier vorweg ein paar Grundwahrheiten, um Missverständnisse zu vermeiden. Zum einen: Natürlich machen Ratingagentu-

ten Fehler. Wo sie gegen Gesetze verstoßen, sollen sie bestraft werden. Das ist klar. Wo es aber nur um falsche Einschätzungen der Zukunft geht, muss man sie in Schutz nehmen. Wer Aussagen über die Zukunft macht, ist vor Irrtümern nie gefeit.

Zum anderen: Ratingagenturen gibt es nicht, weil sie der Staat etabliert hat. Sie sind nicht vom Staat gegründet worden. Sie werden auch nicht subventioniert. Sie sind private Unternehmen, die ihr Geld am Markt verdienen. Es gibt also Nachfrage nach Ratings. Leute sind bereit, dafür zu bezahlen. Man sollte sie also nicht gleich verbieten.

Wie ernst Ratings genommen werden, siehst Du auch daran, wie intensiv der Markt reagiert, wenn Ratingagenturen ihre Bewertungen ändern. Investoren schauen sich die Bonitätsnoten an. Wenn sie Hoch- oder Runterstufungen für gerechtfertigt halten, dann schichten sie ihre eigenen Portfolios um. Anleger bilden sich natürlich immer auch selbst eine Meinung. Große Investoren haben oft eigene große und aufwendige Research-Teams. Trotzdem holen sie dritte Meinungen ein, um auf der sicheren Seite zu sein. Warum soll es dann nicht Anbieter geben, die auf diesen Bedarf reagieren?

Die Tatsache, dass die Ratingagenturen profitabel sind, ist nicht auf Betrug zurückzuführen. Sie befriedigen vielmehr einen Bedarf. Das kann man ihnen nicht vorwerfen.

Schließlich: Ratingagenturen sind kein ungeregelter Bereich. Sie werden schon heute intensiv überwacht. Zur Gründung brauchen sie eine offizielle Zulassung. Auch die amerikanischen Häuser müssen in Europa registriert sein. Bei ihrer Arbeit unterliegen sie der Aufsicht durch die Europäische Wertpapier- und Marktaufsichtsbehörde ESMA in Paris (European Securities and Markets Authority). Sie prüft die innere Struktur und Organisation der Agenturen auf mögliche Interessenkonflikte. Sie achtet darauf, dass die formalen Voraussetzungen für ein objektives Rating gegeben sind. In den Ratingprozess mischt sich die Aufsicht allerdings nicht ein. Das ist auch richtig. Der Staat kann Wertpapiere nicht selbst bewerten.

Die EU-Ratingverordnung regelt auch die Vorschriften zur Transparenz. Früher hüteten die Ratingagenturen ihre Bewertungskriterien wie einen geheimen Schatz. Sie sahen in guten Kriterien einen Wettbewerbsvorteil. Inzwischen liegen die Kriterien für alle offen. Als Unsicherheit bleibt nur noch die Entscheidung der Ratingkomitees. Die kann man aber nicht abschaffen. Rating ist keine Rechenaufgabe, in der eine Bewertung zwangsläufig aus bestimmten Kriterien folgt. Es beinhaltet immer auch eine subjektive Einschätzung der unsicheren Zukunft und der handelnden Personen. Daher kommen verschiedene Agenturen in manchen Fällen auch zu unterschiedlichen Einschätzungen.
Viele Grüße, Dein Tom

Betreff: **Ratingagenturen**
Willst Du damit sagen, dass das mit den Ratingagenturen alles okay ist? Das kann doch nicht sein.
Schöne Grüße, Deine A.

Betreff: **Ratingagenturen**
Nein, natürlich nicht. Ich wollte nur ein paar Fakten klarstellen. Es gibt drei strittige Punkte im Zusammenhang mit den Ratingagenturen. Der erste ist die Bezahlung. Derzeit erhalten die Agenturen ihre Honorare in erster Linie von den Emittenten, also von denen, die die Papiere herausgeben, die bewertet werden sollen. Das birgt die Gefahr, dass die Unternehmen – eben weil sie zahlen – Einfluss auf ihre eigene Bewertung nehmen.
Manche fordern deshalb, nicht der Emittent, sondern der Investor solle bezahlen. Er sei es schließlich, der an einer wirklich objektiven Bewertung interessiert sei. Der Nachteil davon: Wenn der Investor zahlt, sind die Bewertungen nicht mehr öffentlich. Nur der kann sie sehen, der dafür auch bezahlt. Zudem kann auch der Investor aus welchen Gründen auch immer versuchen, Einfluss auf die Bewertung zu nehmen. Ich selbst würde das System der Bezahlung nicht ändern. Es ist nicht ideal. Aber irgendeinen Tod muss man sterben.

Zweitens die Dominanz der amerikanischen Agenturen. In der Tat wird die gegenwärtige Ratingszene beherrscht von Standard & Poor's und Moody's aus den Vereinigten Staaten. Das ist nicht schön. Es ist aber auch nicht zufällig. Vor allem ist es uns nicht politisch aufoktroyiert worden. Es spiegelt die Übermacht der USA auf den globalen Finanzmärkten wider. Zum Teil liegt es aber auch daran, dass die Amerikaner schneller und früher den Bedarf nach einem unabhängigen Rating erkannt und darauf reagiert haben. Daran ändert auch nichts, dass es noch eine Vielzahl anderer Agenturen gibt.

Die Agentur Fitch Ratings hatte ursprünglich europäische Wurzeln. Sie gehört mehrheitlich einem Franzosen. Sie geriert sich aber nicht viel anders als die US-Agenturen. DBRS (Dominion Bond Rating Service) sitzt in Kanada, hat aber keinen großen Einfluss. Sie wird unter anderem von der Europäischen Zentralbank genutzt. Dagong Global Credit Rating ist chinesisch. Sie hat sich damit einen Namen gemacht, dass sie amerikanische Staatsanleihen mit guten Argumenten nicht mehr mit der Höchstnote AAA bewertet. In den westlichen Industrieländern spielt sie aber keine Rolle. Sie ist natürlich staatlich beeinflusst.

Es gibt hierzulande einige, die die Gründung einer neuen europäischen Agentur vorschlagen, um sich von der Abhängigkeit der Amerikaner zu lösen. Europäer kennten die Verhältnisse auf dem Kontinent besser. Sie könnten daher für Unternehmen diesseits des Atlantiks sachgerechtere Urteile fällen. Im Übrigen ist jeder neue Wettbewerber auf dem Markt ein Plus.

Ich bin aber nicht sicher, ob sich durch eine neue europäische Agentur die Situation wesentlich bessern würde. Vor allem glaube ich nicht, dass eine europäische Agentur zu gänzlich anderen Urteilen kommen würde. Sie würde Griechenland sicher nicht die Bestnote AAA geben, wie es sich vielleicht mancher europäische Politiker wünscht, der für das Projekt einer europäischen Agentur eintritt. Zudem ist der Aufbau einer neuen Agentur sehr, sehr teuer. Es dauert lange, bis sie sich am Markt etabliert hat (sicher

mehr als vier Jahre). Alle privaten Versuche, eine neue Agentur zu gründen, sind bisher aus diesen Gründen gescheitert.
Beste Grüße, Dein Tom

Betreff: **Ratingagenturen**
Also soll sich doch nichts ändern?
Alexandra

Betreff: **Ratingagenturen**
Doch. Es gibt nämlich noch einen dritten Punkt, über den man diskutiert. Das ist die hohe Abhängigkeit der Finanzmärkte von den Ratingagenturen. Da kann man mit Sicherheit etwas ändern. Wir stören uns vielfach daran, dass eine neue Ratingeinstufung auf den Finanzmärkten einen Rattenschwanz von Problemen mit sich bringt. Dann verlangt die Bankenaufsicht beispielsweise höhere oder niedrigere Sicherheiten bei der Kreditvergabe der Kreditinstitute. Da müssen Banken für den einen oder anderen Schuldner mehr oder weniger Eigenkapital vorhalten. Da ändert die Europäische Zentralbank die Sicherheitsanforderungen an die Papiere, die bei ihr eingereicht werden. Da müssen Pensionsfonds und Versicherungen mit einem Mal Papiere verkaufen (oder können von einem Schuldner mehr Anleihen erwerben). Und vieles andere mehr.
Das sind aber alles Probleme, für die die Ratingagenturen selbst nichts können. Das ist von der EZB oder von den nationalen Aufsichtsbehörden (oder von den Pensionsfonds) selbst so festgelegt worden. Sie haben sich in freier Entscheidung an die Ratingagenturen gebunden. Sie haben damit bewirkt, dass die Ratingagenturen heute eine quasi öffentlich-rechtliche Stellung haben. Das muss aber nicht so sein. Es sollte auch nicht so sein.
Ratingagenturen sind private Institutionen. Als solche sind sie wichtig und gut. Ich kenne keinen, der das Geschäft besser versteht. Aber niemand sollte sich auf Gedeih und Verderb an die Agenturen binden. Das gilt für die Regulatoren ebenso wie für die EZB. Bei der EZB kommt noch hinzu, dass sie die Verhält-

nisse in den europäischen Schuldnerländern besser kennt als jeder andere, auch als die Ratingagenturen.
Inzwischen scheint sich in dieser Frage glücklicherweise etwas zu bewegen. Mit der neuen EU-Verordnung über Ratingagenturen vom 20. Juni 2013 soll einem »übermäßigen Rückgriff auf Ratings« bei Anlageentscheidungen der Versicherer entgegengewirkt werden. Sie sollen eigene Kreditrisikobewertungen vornehmen und Finanzinstrumente selbständig beurteilen. Auch die EZB hat sich im Falle Griechenlands und Portugals inzwischen von den Ratingagenturen gelöst.
Natürlich wird es auch in Zukunft umstrittene Entscheidungen der Ratingagenturen geben. Das ist auch gut so. Wenn bei Bewertungen alle der gleichen Meinung wären, wäre das schlimm. Aber statt sich über die Urteile zu ärgern, sollte man sie – wenn man sie nicht für richtig hält – einfach missachten. Dann hast Du Dein Problem gelöst.
Schöne Grüße, Dein Tom

Falle Nr. 31 Die mageren Erträge der Hedgefonds

Wie man auch bei schlechten Aktienmärkten Geld verdienen kann

Betreff: **Hedgefonds**
Hallo Tom,
ich weiß, dass Hedgefonds anrüchig sind. Viele würden sie gerne verbieten, weil sie so risikoreich sind, weil sie häufig keine (oder wenig) Steuern zahlen und weil sie sich der Regulierung entziehen. Aber sie verdienen Geld, traumhaft viel Geld. Könnten sie da in den Zeiten niedriger Zinsen nicht doch etwas für Anleger wie mich sein? Ich überlege mir das schon seit einiger Zeit.
Schöne Grüße, Deine Alexandra

Betreff: **Hedgefonds**

Liebe Alex,

an sich sind Hedgefonds eine geniale Erfindung – nicht nur für die Investoren, sondern auch für die Finanzmärkte insgesamt. Aber in der Praxis funktionieren sie leider nicht so wie sie sollen. Viele Anleger haben schon schlechte Erfahrungen damit gemacht. Sei also vorsichtig. Noch besser: Lass die Finger davon.

Der entscheidende Vorteil der Hedgefonds ist, dass sie so viel Freiheit bei der Anlage von Geldern haben. Sie können nicht nur wie normale Investmentfonds Wertpapiere kaufen und verkaufen. Sie können darüber hinaus auch mit abgeleiteten Wertpapieren (Derivate) handeln und auf diese Weise mit geringem Kapitaleinsatz große Volumina bewegen. Sie können Kredit aufnehmen, um noch größere Position zu »fahren« und noch mehr Geld zu verdienen. Sie können nicht nur bei steigenden Märkten Geld verdienen, sondern auch bei fallenden.

Sie schaffen das, wonach jeder Anleger sucht: Unabhängig zu sein von den Launen der Kapitalmärkte.

Ich will Dir das mal an einem einfachen Beispiel erläutern. Normalerweise kannst Du am Aktienmarkt nichts verdienen, wenn sich die Kurse seitwärts bewegen, das heißt, wenn der Index weder steigt noch fällt. Nicht so die Hedgefonds. Ihre Idee ist simpel. Sie gehen davon aus, dass es auch in einem solchen Markt einzelne Aktien gibt, die sich besser entwickeln, und einzelne, die schlechter sind. Also kaufen sie die Papiere, von denen sie annehmen, dass ihr Kurs steigt. Die Profis sagen: Sie gehen »long«. Wenn die Kurse dieser Papiere dann bei stagnierendem Gesamtmarkt wirklich steigen, dann haben sie einen Gewinn gemacht.

Um den Gewinn noch zu vergrößern, verkaufen sie gleichzeitig die Werte, bei denen sie erwarten, dass sie sich schlechter entwickeln. Da sie die Papiere nicht selbst besitzen, verkaufen sie sie »leer«. Das heißt, sie versprechen ihren Handelspartnern, die Aktien, die sie ihnen verkaufen, erst später zu liefern, natürlich zu einem festgelegten Zeitpunkt und zu einem bestimmten Preis. Auf den Finanzmärkten sagt man: Sie gehen »short«. Wenn die

Kurse dieser Werte nun im Preis sinken, wie der Hedgefonds annimmt, dann kann er sie zum Zeitpunkt der Lieferung billiger einkaufen. Auch hier hat er einen Gewinn gemacht.
Insgesamt war er also sowohl bei den Long- als auch bei den Short-Positionen erfolgreich und das, obwohl sich der Markt weder nach oben noch nach unten bewegt hat.
Das gilt aber nur, wenn alles gut geht. Sollte der Aktienmarkt wider Erwarten nicht stagnieren, sondern bei den Kursen zulegen, dann sieht es für den Hedgefonds nicht so gut aus. Dann liegt er zwar mit seinen Long-Positionen im Plus, bei den Short-Positionen aber im Minus (er muss die Aktien dann teurer einkaufen, die er aus den Leerverkäufen zu liefern hat). Das gesamte Geschäft kann zwar immer noch gut sein, wenn die Auswahl der Aktien in Ordnung war. Wenn also die guten Aktien stärker gestiegen sind als die schlechten. Wenn das aber nicht der Fall ist, dann kann auch ein Verlust entstehen.
Umgekehrt, wenn die Aktienmärkte insgesamt fallen. Dann verdient der Hedgefonds mit den Short-Positionen und verliert mit den Long-Positionen. Wichtig ist freilich auch dann, dass die ausgewählten schlechteren Aktien im Kurs auch wirklich stärker fallen als die guten. Wenn nicht, dann macht der Fonds Verluste.
Das ist ein ganz einfacher Fall. Man nennt das Ganze die Long-Short-Strategie eines Hedgefonds. Es gibt daneben viele andere komplizierte und weniger komplizierte Hedgefondskonzepte. Viele Fonds beruhen auf schwierigen mathematischen und statistischen Modellen. Es gab Hedgefonds, bei denen sogar Nobelpreisträger mitgearbeitet haben (die deshalb aber nicht unbedingt erfolgreicher waren).
Viele Grüße, Dein Tom

Betreff: **Hedgefonds**
Lieber Tom,
also ist es doch richtig, dass Hedgefonds gut verdienen?
A.

Betreff: **Hedgefonds**
Im Prinzip ja, weil sie in jeder Marktsituation Geld verdienen können. Immer wieder liest man hier von Traumrenditen einzelner Manager. John Paulson beispielsweise hat in der Immobilienkrise in den USA 2007 mit seinem Flaggschifffonds »Advantage Plus« angeblich einen Gewinn von sagenhaften 160 % erzielt. Sich selbst genehmigte er in jenem Jahr dazu noch ein Gehalt von vier Milliarden Dollar.
Aber leider kann es auch anders kommen, wenn sie nämlich mit ihrer Strategie falschliegen. Im ersten Halbjahr 2013 machte Paulson beispielsweise einen Verlust von 65 %. Das brachte ihn an den Rand der Pleite. Der Fonds Long-Term Capital Management (LTCM) musste 1998 vor dem Bankrott gerettet werden. Er hatte Verpflichtungen in Höhe von 125 Milliarden Dollar (!) aus Leerverkäufen, die er nicht erfüllen konnte.
Im Durchschnitt sind Hedgefonds gar nicht so rentabel, wie viele denken. Es gibt einen Index für den Durchschnitt der Ergebnisse der wichtigsten Hedgefonds. Er zeigt eine Rentabilität von 4 bis 5 % pro Jahr in den letzten fünf Jahren. Das ist nicht umwerfend. Es ist schlechter als der Deutsche Aktienindex DAX in dieser Zeit. Selbst wenn man eine Mischung aus mehreren Hedgefonds nimmt – man nennt das Dachfonds –, um die Risiken zu streuen und damit zu verringern, liegt man in der Regel nicht besser, sondern eher schlechter als mit normalen Anlagen.
Hedgefondsmanager erklären das mit dem schlechten Umfeld; davon sind aber auch alle anderen Anleger betroffen. Zudem war das Umfeld in den letzten Jahren gar nicht so schlecht. Sie verweisen zudem auf die Tatsache, dass es inzwischen so viele Fonds gibt, die sich alle den Topf rentabler Anlagen teilen müssen. Derzeit liegen 2400 Milliarden Dollar Anlagegelder bei Hedgefonds. Das sind etwas weniger als 10 % aller Investmentfonds. Da bleibt für den einzelnen Hedgefonds nicht mehr so viel übrig.
Die Risiken sind freilich wesentlich höher als bei den anderen Fonds. Hedgefonds drehen nun einmal ein großes Rad. Sie können tief fallen, wenn sie den Markt falsch eingeschätzt haben.

Eigentlich müsste man – ähnlich wie bei Zigaretten – auf den Prospekt der Hedgefonds in großen Lettern schreiben: Dieser Fonds kann auch pleitegehen und Sie können Ihr ganzes Geld verlieren. Das hat einmal ein Finanzminister vorgeschlagen.
Dein Tom

Betreff: **Hedgefonds**
Das ist nicht so schön. Soll ich also doch lieber die Finger davon lassen?
Gruß, Deine Schwester

Betreff: **Hedgefonds**
Eindeutig. Dies auch, weil Hedgefonds alles andere als sparerfreundlich sind. Die Hedgefondsmanager lassen sich ihre Arbeit fürstlich entlohnen. Die sogenannten Verwaltungskosten der Fonds sind viel, viel höher als bei anderen Anlagen. Zudem muss man große Beträge in die Hand nehmen, um bei den Fonds überhaupt »angenommen« zu werden. Unter einer Million Dollar geht vielfach gar nichts. Wenn man sein Geld wieder zurückhaben will, ist das auch nicht so einfach. Häufig betragen die Kündigungsfristen Monate, zum Teil Jahre.
Hedgefonds sind daher nichts für den normalen privaten Anleger und schon gar nichts für die Altersvorsorge. Sie sind nur geeignet für sehr reiche private Anleger, die bereit sind, sich auch einen Totalverlust zu leisten. Leider haben sich in letzter Zeit wegen der niedrigen Zinsen auch andere für Hedgefonds interessiert. Das waren zum Teil kleinere Anleger wie Du, die sich von Hedgefonds den großen Reibach erwarten. Sie sind aber definitiv nicht die richtige Klientel.
Zum Teil sind es Pensionsfonds, die den Rentnern früher großzügige Versprechungen gemacht hatten und jetzt Schwierigkeiten haben, sie zu erfüllen. Sie hoffen nun auf das Heil von Hedgefonds. 60 % der Hedgefondsgelder sollen inzwischen von institutionellen Anlegern stammen. Ich halte das für gefährlich. Was passiert, wenn sie einen Totalverlust erleiden?

Soll man Hedgefonds verbieten, wenn sie so gefährlich sind? Das wird vielfach diskutiert. Denn wenn solche Fonds so große Einzelpositionen eingehen und wenn sie so leicht zusammenbrechen können, dann bringt das natürlich auch Risiken für die Gesamtwirtschaft. Es ist schon ein paarmal vorgekommen, dass die Zentralbanken einschreiten mussten, um größere Unfälle zu verhindern.

Andererseits: Wenn man Hedgefonds verbietet, sind sie noch lange nicht weg. Sie weichen dann auf Plätze aus, wo man sie nicht mehr sieht und wo sie von der Aufsicht nicht verfolgt werden können. Das wäre noch schlimmer. Zudem gäbe es ohne Hedgefonds weniger Handel auf den Märkten. Die Liquidität wäre geringer, die Märkte würden schwankungsanfälliger. Hedgefonds sind auch ein Auffangbecken für den bisherigen Eigenhandel der Banken. Niemand möchte heute noch, dass die Banken mit dem Geld ihrer Einleger Spekulationen eingehen. Über Beteiligungen an Hedgefonds könnten sie sich eine Ertragsquelle erhalten, ohne ihr Kerngeschäft zu gefährden.

Freilich: Wenn man die Hedgefonds erlaubt, dann wird man sie nicht im unregulierten Raum belassen können. Dann müssen sie gewisse Mindeststandards einhalten, um die Risiken für die Gesamtwirtschaft in Grenzen zu halten. Vor allem müssen sie transparenter sein als bisher, damit die Öffentlichkeit weiß, was sie tun und wo die Risiken liegen könnten. Du weißt, dass ich sehr für Marktwirtschaft bin. Aber gewisse Grenzen muss man einhalten.

Schöne Grüße, Dein Tom

9 Die neuen Kraftzentren der Welt

Falle Nr. 32 Das angeblich »verlorene Jahrzehnt«

Japan war nicht so schlecht, wie viele meinen – und Europa ist etwas ganz anderes

Betreff: **Japan**
Hallo Tom,
könnte es sein, dass Europa und Japan die Rollen tauschen? Japan war in den letzten 20 Jahren bekannt für Deflation und Depression. Jetzt macht es gewaltige Anstrengungen, um aus diesem Teufelskreis herauszukommen. Just zu dem Zeitpunkt fällt Europa beim Wachstum zurück. Die Preise steigen nicht mehr so stark. Viele Menschen fürchten ein »verlorenes Jahrzehnt«.
Schöne Grüße, Deine Alexandra

Betreff: **Japan**
Ganz falsch, liebe Schwester. Und zwar in allen Punkten. Weder hatten die Japaner ein verlorenes Jahrzehnt, noch steht dies den Europäern bevor. Vielleicht liegt es daran, dass das Land so weit weg ist. Aber die Diskussion über das Japan-Syndrom ist aus meiner Sicht so voller Missverständnisse und Fehleinschätzungen, dass ich ein paar Dinge geraderücken muss.

Erstens ist es nicht richtig, dass Japan zwei Jahrzehnte mit Rezession und Depression hinter sich hat. Was wenige wissen: Sein Bruttoinlandsprodukt liegt heute preisbereinigt um 25 % über dem Niveau zu Beginn der Krise. Und das, obwohl es vier Jahre gab, in denen die Wirtschaftsleistung absolut zurückging. Im Durchschnitt der letzten 20 Jahre ist die Wirtschaft immer noch um 1 % p. a. gewachsen.

Das ist nicht viel, zugegeben. Vor allem nicht, wenn man es mit der Entwicklung in den vorherigen Jahrzehnten vergleicht, als das Land Wachstumsraten von 5 % und mehr erzielte. Aber da muss man bedenken, dass das die Jahre der Aufholjagd waren, in der sich das Land einen Platz unter den erfolgreichen Industrieländern erobern wollte. Inzwischen ist Japan ein reifes Industrieland mit in vielen Bereichen gesättigten Märkten und einer Bevölkerung, die zunehmend älter wird. Da muss es sich wie andere auch mit langsamerer wirtschaftlicher Expansion zufriedengeben.

Zweitens: Langsames Wachstum des Bruttoinlandsprodukts kann man nicht mit einem »verlorenen Jahrzehnt« gleichsetzen. Wir haben doch in den letzten Jahren gelernt, dass das Glück der Menschen nicht nur von materiellen Gütern und Dienstleistungen abhängt und schon gar nicht von einem so kruden Maßstab wie dem Bruttoinlandsprodukt. In aller Welt denkt man über neue Indikatoren für das Wohlbefinden der Gesellschaften nach. In der Japan-Diskussion scheint man das nicht mitbekommen zu haben.

Ich war in den vergangenen Jahren häufiger in dem Land. Was ich dort gesehen habe, war alles andere als eine geschlagene Nation. Tokyo ist keineswegs eine tote Stadt, in der nur depressive Menschen herumlaufen. Da wird im Gegenteil kräftig gebaut. Es gibt Staus und Verkehrsprobleme wie in anderen Städten. Die Menschen nutzen elektronische Geräte intensiver, als das im Westen der Fall ist, in mehr Bereichen und vor allem mit noch mehr Begeisterung. Wenn ich das sagen darf: Schau Dir nur einmal die raffinierten elektronischen Toiletten dort an. Im Einkaufszentrum Shinjuku drängen sich die Einkäufer wie in den Zentren an-

derer Weltstädte. In den Restaurants ist es zu den Hauptverkehrszeiten schwer, einen Platz zu bekommen.
Wer in den vergangenen Jahren unter dem schwächeren Wachstum litt, war die Politik. Ihr Einfluss in der Welt und vor allem im asiatischen Raum ging zurück. Das lag aber weniger daran, dass Japan schlechter wurde, sondern dass China in unglaublichem Tempo zu einer Weltmacht aufstieg. China leidet nicht wie Japan unter so schweren geschichtlichen Lasten. Japanische Politiker hatten in der Vergangenheit nicht immer ein gutes Händchen.
Viele Grüße, Tom

Betreff: **Japan**
Aber das mit der Deflation in Japan stimmt doch? Da haben im letzten Jahr alle hier darüber geredet.
Deine Alexandra

Betreff: **Japan**
Auch das ist nicht ganz richtig. Es gab zwar ein paar Jahre mit rückläufigem Preisindex. Seit Anfang der 90er-Jahre, als die Schwierigkeiten in Japan begannen, sind die Preise insgesamt jedoch nicht zurückgegangen. Der Index für die Verbraucherpreise blieb vielmehr unverändert. Das war nach landläufiger Meinung Stabilität, nicht eigentlich Deflation.
Ein Teil dieser Entwicklung ist darauf zurückzuführen, dass die Importpreise wegen des stark aufwertenden Wechselkurses zurückgingen. Japan hat daher von dem zeitweiligen Boom der Ölpreise, der bei uns die Inflation nach oben trieb, nichts mitgekriegt. Es gab aber nie das Phänomen, dass sich die Verbraucher mit Käufen zurückhielten, weil sie in Zukunft niedrigere Preise erwarteten. Im Gegenteil. Einkaufen in Tokyo ist teuer. Es gibt sicher viele Japaner, die sich nichts sehnlicher wünschen als etwas niedrigere Preise.
Vorurteile gibt es auch in Sachen Demografie in Japan. Es wird immer behauptet, dass die Bevölkerung in Japan wegen der niedrigen Geburtenrate zurückgeht und dass das Land deshalb wirt-

schaftlich nicht mehr wachsen kann. Wer das behauptet, hat sich die Statistiken nicht angeschaut. In den letzten 20 Jahren ist die Zahl der Einwohner in Japan nicht geschrumpft. Sie ist im Gegenteil noch einmal kräftig (um vier auf 128 Millionen) gestiegen. Erst in den letzten fünf Jahren gab es einen leichten Rückgang (seit 2008 um 800 000 = 0,7 %). Das ist keine Katastrophe.

Richtig ist, dass die japanische Gesellschaft immer älter wird. Aber wie sich das auf das Wachstum auswirkt, ist umstritten. Demografische Belastungen bringen nicht nur Risiken mit sich, sondern auch Chancen. Welcher von beiden Effekten am Ende überwiegt, weiß heute niemand. Es könnte auch sein, dass sich die Demografie eines Tages als Wachstumstreiber entpuppt.

Viele Grüße, T.

Betreff: **Japan**

Jetzt redest Du die ganze Zeit nur über Japan. Wie sieht das denn in Europa, vor allem in Deutschland aus?

Beste Grüße, Deine Alexandra

Betreff: **Japan**

Auch hier werden Fakten verdreht. Natürlich gab es 2011, 2012 und in Teilen von 2013 im Euroraum Rezession. Das Wachstum in Deutschland war niedrig. Aber das war nicht eine Wachstumsfalle, in die wir unglücklicherweise hineingelaufen sind. Es bedeutete nicht, dass wir nicht mehr produzieren konnten. Es war vielmehr das Ergebnis einer in einigen Ländern beabsichtigten massiven Konsolidierungs- und Reformpolitik.

Es gibt keinen Grund, das als Menetekel für eine dauerhafte Wachstumsschwäche anzusehen. Die angeblich schrumpfende Bevölkerung in Deutschland, die in diesem Zusammenhang oft angeführt wird, existiert auch nur auf dem Papier. Bisher ist die Zahl der Einwohner in der Bundesrepublik nicht zurückgegangen. 2013 ist sie leicht gestiegen, freilich nicht wegen einer hohen Geburtenrate, sondern wegen der Zuwanderungen. Für das wirtschaftliche Wachstum ist es freilich gleich, aus welchen Gründen

sich die Bevölkerung erhöht, vorausgesetzt sie nimmt überhaupt zu.
Die Inflation hat sich in Europa abgeschwächt. Sie lag zeitweise deutlich unter der Zielmarke der EZB von »nahe, aber unter 2%«. Das ist angesichts der geringeren Benzinpreise und des niedrigen Wachstums aber nicht weiter überraschend. In jedem Fall ist es keine Deflation, also ein sinkendes Preisniveau. Die meisten Menschen haben angesichts der hohen Liquidität und der riesigen Staatsverschuldung immer noch mehr Angst vor Inflation als vor Deflation.
Schöne Grüße, Dein Tom

Betreff: **Japan**
War nicht auch die Wirtschaftspolitik in Japan anders?
Gruß, A.

Betreff: **Japan**
Sicher. Das ist vermutlich der wichtigste Punkt. Die Ausgangslage und die Wirtschaftspolitik waren in Japan ganz anders als in Deutschland oder Europa. Japan litt an dem Schock der Blase auf den Aktien- und Immobilienmärkten und ihres Platzens in den Jahren 1989/90. Das hat die Welt in dem Land grundlegend verändert. Es erforderte weitreichende Anpassungen in Wirtschaft, Politik und Gesellschaft. Die Menschen in Japan haben die notwendigen Konsequenzen aber nur zögernd und halbherzig gezogen. Das betrifft die privaten Haushalte genauso wie die Unternehmen und die Banken. Gerade die Kreditwirtschaft ließ sich viel Zeit, die faulen Kredite in ihren Bilanzen abzubauen.
Ganz anders in Europa. Da fehlt es nicht an Anpassungen. Da gibt es in den Augen mancher (nicht meinen) eher zu viel Anpassung. Die Gesundung schreitet schneller voran, als viele dachten. Das gesamtwirtschaftliche Wachstum war nicht niedrig, weil es an Nachfrage fehlt, sondern weil die Finanzpolitik Kaufkraft abschöpfte, um den Anstieg der Staatsverschuldung zu reduzie-

ren. Europa ächzt unter Rezession und Deflation, weil die Fehlentwicklungen früherer Jahre korrigiert werden müssen. Niedrige Preissteigerungen sind kein Symptom einer Krankheit, sondern Ergebnis der Verbesserung der Wettbewerbsfähigkeit.

Europa braucht daher nicht eine neue Wirtschaftspolitik wie die Japaner (die sogenannten »Abenomics«), um wieder in Fahrt zu kommen. Es braucht keine neuen Geldspritzen, kein Deficit-Spending und keine neuen Strukturreformen wie in Japan. Es muss nur die vor Jahren eingeleiteten Maßnahmen zu Ende bringen. Dann steht es auf gesünderen Füßen, und es gibt Wachstum.

Deshalb sind die Spekulationen abwegig, Europa könne das neue Japan werden (auch wenn sie unablässig und von ernst zu nehmenden Leuten geäußert werden). Weder Europa noch Deutschland stehen vor einem verlorenen Jahrzehnt – vorausgesetzt freilich, dass wir weiterhin unsere Hausaufgaben machen und mit den Reform- und Konsolidierungsbemühungen zur Anpassung an die neuen Verhältnisse in der Währungsunion nicht nachlassen. Es wird nicht mehr lange dauern, da werden sich die Reformen in höherem Wachstum auswirken, davon bin ich überzeugt. Erste Ansätze sehen wir ja schon in diesem Jahr.

Schöne Grüße, Dein Tom

Falle Nr. 33 Tausche Porsche gegen Papier

Es gibt Sinnvolleres als Exportüberschüsse

Betreff: **Exportüberschüsse**

Lieber Tom,

in den Zeitungen zerreißen sie sich gerade wieder einmal den Mund über die deutschen Exportüberschüsse. Das wäre ein Zeichen der Übermacht und der Überheblichkeit der Deutschen. Andere Länder würden an der Gesundung gehindert. Ich weiß gar nicht, was die Leute dagegen haben. Alle anderen wären froh, wenn sie Export-

überschüsse hätten, und wir sollen sie abbauen? Kann das vernünftig sein?
Schöne Grüße, Deine Alexandra

Betreff: **Exportüberschüsse**
Liebe Alex,
so denken viele. Aber leider, liebe Schwester, es ist falsch. Es ist, auch wenn es nicht so aussieht, eine Falle. Sie ist vor allem deshalb so gefährlich, weil die Argumente für Exportüberschüsse so überzeugend klingen.
Weshalb »liebt« die Öffentlichkeit vor allem in Deutschland Exportüberschüsse? Das Wichtigste: Sie schaffen Wachstum und Beschäftigung. Exporte bedeuten Nachfrage nach inländischen Produkten. Importe ersetzen dagegen die Nachfrage nach deutschen Gütern und Dienstleistungen. Sie vernichten eher Arbeitsplätze. Je höher die Exportüberschüsse, umso höher unter sonst gleichen Bedingungen das Wachstum.
Exportüberschüsse sind ein Zeichen für die Wettbewerbskraft einer Wirtschaft. Wer viel auf den Weltmärkten absetzen kann, hat starke und erfolgreiche Unternehmen. Selbst die Gewerkschaften sind bereit, zugunsten eines hohen Exports auf Lohnforderungen zu verzichten. Sie fürchten, dass sonst ihre Arbeitsplätze gefährdet sein könnten.
Wer Ausfuhrüberschüsse erwirtschaftet, ist nicht abhängig von internationalen Gläubigern und den Zwängen der globalen Kapitalmärkte. Er braucht sich über die Finanzierung seines Handels keine Gedanken zu machen. Im Gegenteil, er ist derjenige, der anderen Kredite geben kann oder nicht.
Exportüberschüsse sind, auch das ein wichtiges Argument, eine Art der Ersparnis für schlechte Zeiten. Wenn ein Land lange Zeit mehr exportiert als importiert, dann verfügt es über ein beruhigendes Polster für den Fall, dass die Leistungsbilanz einmal ins Defizit rutschen sollte. So etwas kann immer passieren. Es ist auch in Deutschland vorgekommen, zum Beispiel in der Ölkrise in den 70er-Jahren oder in der Zeit nach der Wiedervereinigung.

In der Demografiedebatte spielt das ebenfalls eine Rolle. Als alternde Gesellschaft kann Deutschland vielleicht eines Tages nicht mehr so viel produzieren, wie es verbraucht und investiert. Es ist dann auf Hilfe von außen angewiesen. Wenn es dann über Forderungen an andere Länder verfügt, kann es sich über Jahre ein Defizit in der Leistungsbilanz erlauben.
Du siehst also, es fehlt nicht an Argumenten.
Viele Grüße, Dein Tom

Betreff: **Exportüberschüsse**
Lieber Tom,
manchmal denke ich auch: Warum muss man Exportüberschüsse überhaupt regeln? Warum kann nicht jeder nach seiner Fasson glücklich werden?
Gruß, Deine Alexandra

Betreff: **Exportüberschüsse**
Völlig richtig. In den nationalen Volkswirtschaften gibt es jede Menge Ungleichgewichte zwischen den einzelnen Regionen, und niemand kümmert sich darum. München beispielsweise hat einen großen Exportüberschuss gegenüber dem Bayerischen Wald. Niemand denkt darüber nach, schon deshalb nicht, weil es keine Statistik gibt, die das ausweist. Der Überschuss wird ohne Probleme durch die Banken finanziert. Sollten die Kreditinstitute eines Tages nicht mehr bereit sein, die »Einfuhren« (= Käufe) von Unternehmen im Bayerischen Wald aus München zu finanzieren, dann würden sie auch nicht mehr stattfinden. Die Unternehmen gingen pleite oder würden nach München abwandern. So einfach ist das. Niemand käme auf die Idee, das ein Ungleichgewicht zu bezeichnen oder es gar regulieren zu wollen.
Ursprünglich war man davon ausgegangen, dass das auch im Euro so sein würde. Wenn es nur noch eine Währung gibt, so sagte man, dann gibt es keine Währungsrisiken mehr, und der Handel funktioniert so wie innerhalb der Nationalstaaten. Die Statistik würde keine bilateralen Leistungsbilanzen mehr ausweisen und

niemand würde sich darum scheren. Die Europäische Zentralbank hat das auch konsequent getan. Sie hat bei der Bildung der Währungsunion eine umfangreiche statistische Abteilung aufgebaut, die alles und jedes erfasst, nur nicht die bilateralen Zahlungsströme zwischen einzelnen Mitgliedern. Das Problem der Zahlungsbilanzsalden innerhalb der Währungsunion hätte sich auf diese Weise von selbst lösen können. Allerdings machten die nationalen Statistikämter einen Strich durch die Rechnung, indem sie weiterhin ausführliche nationale Zahlungsbilanzstatistiken erstellten. Damit blieb also das Problem und wir wissen, welch große Rolle es in der Eurokrise spielte.
Noch etwas nicht ganz so Sachliches. Exportüberschüsse sind schon vom Wort her etwas Sympathisches. Export klingt gut, besser jedenfalls als Import. Überschuss ist sowieso schöner als Defizit. Was meinst Du, was die Leute sagen würden, wenn man das ganze »Importdefizit« nennen würde, obwohl es von der Sache natürlich dasselbe ist wie ein Exportüberschuss? Dann würde die Diskussion vermutlich ganz anders verlaufen.
Viele Grüße, Dein Tom

Betreff: **Exportüberschüsse**
Jetzt hast Du aber selbst ein flammendes Plädoyer für Exportüberschüsse gehalten. Mit der Falle scheint es also nicht so weit her zu sein, oder?
Beste Grüße, A.

Betreff: **Exportüberschüsse**
Du hast recht, liebe Alex. Auch ich bin jetzt dem Charme der Argumente erlegen. Warum um Himmels willen soll das alles falsch sein, was so gut und überzeugend klingt?
Weil wir in einer globalen Welt leben. Da können wir nicht alles nur durch die nationale Brille sehen. Weltweit müssen sich alle Salden der Leistungsbilanz zu null addieren. Wenn einige Länder Exportüberschüsse erzielen wollen, muss es andere geben, die Defizite haben. Wenn einige ihr Wachstum durch Exportüber-

schüsse fordern wollen, geht das zulasten anderer, die dann weniger Wachstum haben. Wer seine Arbeitslosigkeit durch Export reduzieren will, gibt sie in Wahrheit an andere weiter. Man nennt das im Englischen plastisch: »beggar-thy-neighbour« = mach Deinen Nachbarn zum Bettler. Das ist so nicht akzeptabel in einer arbeitsteiligen Welt.

Es gibt freilich Staaten, denen das nichts ausmacht. Die Vereinigten Staaten beispielsweise sind gar nicht so unglücklich über Fehlbeträge, die sie in der Leistungsbilanz hatten und immer noch haben. Sie führten fast in der gesamten Nachkriegszeit mehr ein als aus. Das konnten sie aber nur, weil sie in der Welt eine beherrschende Stellung hatten, sich niemand gegen sie wehren konnte und weil der US-Dollar von allen als Reservewährung akzeptiert wurde.

Ein anderes Beispiel sind die Entwicklungsländer. Sie bauen sich erst eine Industrie auf und können noch nicht so viel produzieren. Sie dürfen sich ein Leistungsbilanzdefizit leisten, das die Industrieländer durch Entwicklungshilfe (= Überschüsse in ihren Leistungsbilanzen) finanzieren.

Das sind aber Ausnahmen. Ansonsten wollen die meisten Länder sich nicht in die Ecke der Defizitären begeben. Niemand sollte sie daher in diese Rolle drängen. Deshalb hat man sich in der internationalen Gemeinschaft darauf verständigt, dass Überschüsse und Defizite die Ausnahme und der Ausgleich der Leistungsbilanz der Normalfall sein sollen.

In diesem Sinne hat Deutschland das außenwirtschaftliche Gleichgewicht ausdrücklich in seinen eigenen wirtschaftspolitischen Zielkatalog aufgenommen. Es steht, woran sich wenige Politiker erinnern und woran sie sich schon gar nicht halten, in § 1 des Stabilitäts- und Wachstumsgesetzes direkt und gleichberechtigt neben den Zielen Preisstabilität, hoher Beschäftigungsstand und angemessenes Wachstums. Eigentlich müssten wir das Ziel mit dem gleichen Engagement verfolgen wie die anderen und dürften auf die Exportüberschüsse nicht stolz sein.

Das Ziel des außenwirtschaftlichen Gleichgewichts ist auch in den

europäischen Verträgen festgelegt. In Brüssel gibt es zur Beurteilung der Wirtschaftspolitik eine Reihe von Indikatoren, mit denen die Wirtschaftspolitik der einzelnen Mitglieder regelmäßig überprüft wird. Das sind die sogenannten »scoreboard indicators«. Darin steht unter anderem, dass der Saldo der Leistungsbilanz nicht größer als plus 6 % beziehungsweise minus 4 % des Bruttoinlandsprodukts sein darf (das ist schon sehr großzügig gerechnet). Deutschland verstößt mit seinem Leistungsbilanzüberschuss von 7 % klar gegen diese Regel. Es ist dafür auch gerügt worden. Im Ernstfall könnte es dafür auch mit Strafen belegt werden. Manche haben in Brüssel darüber hinaus gesagt, dass Deutschland mit seinen Überschüssen die Lösung der Eurokrise erschwere. Dieser Vorwurf schießt freilich über das Ziel hinaus. Er ist nicht richtig. Denn die deutschen Exportüberschüsse gegenüber anderen Ländern im Euroraum haben sich seit Beginn der Eurokrise nicht erhöht. Sie sind vielmehr zurückgegangen, und zwar von 88 Milliarden Euro 2010 auf 60 Milliarden Euro 2013.
Es gibt noch einen zweiten Grund, weshalb Exportüberschüsse für eine Volkswirtschaft nicht richtig sind: Sie verringern den Wohlstand der Bevölkerung.
Gruß, Dein Tom

Betreff: **Exportüberschüsse**
Das ist doch paradox. Dasselbe haben ja, wie Du gesagt hast, auch die Befürworter von Exportüberschüssen behauptet. Sowohl Befürworter als auch Gegner sind der Meinung, mit ihrem Votum den Wohlstand der Gesellschaft zu erhöhen. Da kann etwas nicht stimmen.
Da hast Du zu früh aufgehört zu schreiben.
Deine Alexandra

Betreff: **Exportüberschüsse**
Ich habe mir schon gedacht, dass Du da protestierst. Der Widerspruch löst sich aber leicht auf. Die Befürworter von Exportüberschüssen sehen die Sache von der Nachfrageseite. Der Volkswirtschaft geht es gut, wenn die Wirtschaft wächst und es

Beschäftigung gibt, unabhängig davon, was und für wen produziert wird. Extrem gesprochen: Es reicht, wenn die Menschen Arbeit haben, auch wenn sie die Früchte der Arbeit nicht genießen können.

Die Gegner der Exportüberschüsse sehen die Sache von der Angebotsseite. Sie sagen: Was nützt es mir, wenn ich Arbeit habe und viel produziere, wenn das Produkt nur dem Ausland zugutekommt und ich – extrem formuliert – nichts oder nicht genug zu essen habe. Ein Land mit Überschüssen im außenwirtschaftlichen Verkehr stellt mehr her, als es im Inland verwendet. Seine Produktion ist – Wachstum hin, Wachstum her – größer als Konsum und Investition. Das macht keinen Sinn.

Der Widerspruch der beiden Betrachtungen besagt etwas über das Selbstverständnis von Wirtschaften. Liegt das Ziel darin, möglichst viel zu produzieren, auch wenn die Menschen nichts davon haben? Das war einmal so vor 200 oder 300 Jahren zu Zeiten des Merkantilismus, als noch wenige Menschen industrielle Arbeitsplätze hatten und als sie auch nicht selbst über ihr Schicksal entscheiden konnten.

Oder liegt das Ziel jetzt, wo die meisten Arbeit haben und über sich selbst bestimmen können, nicht eher darin, die Wohlfahrt der Menschen zu fördern? Sie wollen nur so viel arbeiten und produzieren, wie sie zu Konsum und Investition brauchen.

Für mich ist die Antwort klar. Es geht heute nicht darum, so viel Industrie aufzubauen wie möglich. Es geht vielmehr darum, den Menschen Wohlstand und Glück in ihrem Leben zu ermöglichen. Ich will es auf eine einfache Formel bringen: Wenn Deutschland Exportüberschüsse haben will, dann produziert es Porsches, fährt sie aber nicht selbst, sondern gibt sie anderen. Es bekommt dafür Forderungen gegen die ausländischen Käufer, also letzten Endes Papier. Ein paar solcher Forderungen zu haben, ist wichtig und notwendig. Wer weiß, wozu man sie einmal brauchen kann? Dauerhaft immer nur Forderungen zu sammeln, kann aber nicht vernünftig sein. Da macht Porsche selbst fahren mehr Spaß als Porsche exportieren.

Deshalb sollten wir Exportüberschüsse nicht oder nur in Maßen anstreben, sondern lieber eine ausgeglichene Leistungsbilanz.
Dein Tom

Betreff: **Exportüberschüsse**
Aber wie schafft man es dann, die bestehenden Exportüberschüsse abzubauen? Viele sagen, Deutschland müsse höhere Löhne haben, damit die Menschen mehr ausgeben können (auch für Importe) und damit die Unternehmen nicht mehr so wettbewerbsfähig sind. Das ist ein zweifelhafter Rat.
Gruß, Deine Alex

Betreff: **Exportüberschüsse**
Natürlich kann es nicht das Ziel der Europäer sein, in einer Welt hohen Wettbewerbs die Konkurrenzfähigkeit eines Landes zu schwächen, um den Nachzüglern zu helfen. Die Einführung eines Mindestlohns oder starke Lohnerhöhungen sind kein Mittel, Exportüberschüsse abzubauen. Besser wäre es, wenn die anderen die Wettbewerbsfähigkeit erhöhen würden.
Aber man kann eine ausgeglichenere Leistungsbilanz auch auf andere Weise erreichen. Man kann zum Beispiel Wettbewerbshindernisse in bestimmten Sektoren abbauen. Dann kann Deutschland mehr Güter und Dienste einführen. Gemeint sind hier vielfach Dienstleistungsbereiche, in denen es an Konkurrenz mangelt. Siehe zum Beispiel das stark regulierte Handwerk in Deutschland, das man liberalisieren könnte. Fraglich ist freilich, ob das reicht. Denn gerade im Dienstleistungsbereich spielt der internationale Handel nur eine begrenzte Rolle. Wer in Frankfurt wohnt, lässt sich seine Heizung vermutlich nicht von einem Monteur aus Frankreich reparieren.
Am Ende muss man vielleicht konstatieren: Die Exportüberschüsse sind nicht geplant und von irgendjemandem angeordnet. Sie ergeben sich am Markt durch das Verhalten von Unternehmen und Verbrauchern. Wenn die Menschen gerne Porsche gegen Papier tauschen wollen, wenn sie damit glücklich sind und wenn es

Banken gibt, die diese Forderungen in ihre Bücher nehmen – warum soll man sie zu ihrem Glück zwingen? Irgendwann werden sie merken, dass es vielleicht auch ganz schön ist, Porsche zu fahren.
Ich grüße Dich herzlich, Dein Tom

Falle Nr. 34 Die Globalisierung stottert

Warum Freihandelszonen nur ein Hilfsmotor sind

Betreff: **Globalisierung**
Lieber Tom,
immer mal wieder liest man, dass die Exporte nicht mehr so laufen, dass internationale Investitionen sich nicht mehr rechnen und dass sich Unternehmen wieder mehr auf den Binnenmarkt rückbesinnen. Stimmt das? Ich kann mir das gar nicht vorstellen. Die Globalisierung war doch immer der Wachstumsmotor par excellence der Weltwirtschaft. Aber wenn es richtig ist: Was hat es für Auswirkungen?
Schöne Grüße, Deine Alex

Betreff: **Globalisierung**
Liebe Alexandra,
man soll vorsichtig sein, aus der Erfahrung von zwei, drei Jahren auf historische Trends zu schließen. Aber vieles deutet in der Tat darauf hin, dass wir bei der Globalisierung an einer Wegscheide stehen. Der Wohlstand kommt zunehmend nicht mehr davon, dass die einzelnen Nationen noch enger zusammenwachsen und sich stärker integrieren. Er resultiert vielmehr verstärkt aus den steigenden Bedürfnissen der Menschen und ihrem Wunsch, besser leben zu wollen. Das ist nicht schlecht. Aber es ist eine neue Welt.
Manche reden schon von »De-Globalisierung«. Das ist übertrie-

ben. Die Globalisierung wird nicht geringer. Sie nimmt nur nicht mehr so stark zu.
In den drei Jahrzehnten bis zur großen Krise 2008 ist der Welthandel im Schnitt um 7 % pro Jahr gewachsen, die Weltproduktion dagegen nur etwa halb so viel. Das war ein gewaltiger Unterschied. Seit 2011 ist es damit vorbei. Der Handel ist seinen Vorsprung los. 2013 nahm der Welthandel nur noch um 2,5 % zu verglichen mit einem Plus bei der Weltproduktion von 2,9 %.
Auch im Kapitalverkehr ist eine Wende eingetreten. Im letzten Jahr ist der Kapitalfluss von den Industrieländern in die Dritte Welt kräftig eingebrochen. Zum Teil haben Firmen Produktion ins Inland zurückgeholt, die sie vorher aus Kostengründen in die Schwellen- und Entwicklungsländer verlagert hatten. Banken haben nach dem Debakel der Lehman-Pleite ihr internationales Geschäft auf Herz und Nieren geprüft. Viele haben es relativ zum Inlandsgeschäft zurückgeführt. Anleger waren von der eher mageren Rendite von Investitionen in der Dritten Welt enttäuscht. Die Verringerung der Wertpapierkäufe der amerikanischen Zentralbank auf den Kapitalmärkten hat zu einer zusätzlichen Verlagerung von Geldern aus den Schwellen- und Entwicklungsländern in die Industriestaaten geführt.
Beste Grüße, Dein Tom

Betreff: **Globalisierung**
Das sieht ja wirklich nicht nach einem vorübergehenden Aussetzer aus. Was steckt denn dahinter?
Gruß, Deine Alexandra

Betreff: **Globalisierung**
Das »riecht« nach Trendwende. Fünf Gründe dafür.
Erstens haben sich die komparativen Kosten, die den Handel bisher getrieben haben, verschoben. In den Schwellen- und Entwicklungsländern steigen die Löhne, und es werden innovative Industrien aufgebaut. Ausgebildete Fachkräfte werden in China

inzwischen zum Teil genauso gut oder gar besser bezahlt als in Deutschland. Umgekehrt hat der technische Fortschritt die Abhängigkeit von den Lohnkosten in den Industrieländern verringert. Damit ist der Austausch von Niedriglohngütern gegen Hightech-Produkte (Stichwort T-Shirts gegen Laptops) nicht mehr so interessant.

Das ist zwar nicht das Ende des Welthandels. Der Handel zwischen Industrieländern mit ähnlichen Kostenstrukturen ist häufig intensiver als der zwischen Industrie- und Entwicklungsländern. Aber das erfordert neue Strukturen. Sie zu errichten kostet Zeit und ist mit Friktionen verbunden.

Zweitens: Viele internationale Unternehmen haben die Erfahrung gemacht, dass die Globalisierung der Produktion nicht nur die Kosten reduziert. Sie erhöht auch die Komplexität der Unternehmensführung. Wie will man Produktionsstätten wirksam überwachen und in die gemeinsame Konzernphilosophie integrieren, die viele Tausend Kilometer entfernt in anderen Zeitzonen und in ganz anderen Kulturkreisen arbeiten? Es geht zwar dank der modernen Kommunikationstechniken, ist aber schwerer und häufig aufwendiger als ursprünglich gedacht.

Drittens hat das alte Modell der primär exportgetriebenen Entwicklung in vielen Staaten der Dritten Welt ausgedient. Prominentestes Beispiel ist China. Es ist systematisch dabei, die Exportlastigkeit seiner Wirtschaft zu verringern und die Binnenwirtschaft stärker zu fördern. Dahinter steht das Ziel, weniger von der Außenwelt abhängig zu sein und die eigene Bevölkerung durch mehr Konsum vermehrt vom Wirtschaftswachstum profitieren zu lassen.

Viertens: Die politischen und gesellschaftlichen Unsicherheiten im internationalen Geschäft sind in der Krise größer geworden. Sie sind schwerer einzuschätzen. Banken werden auch von ihren Aufsichtsbehörden gedrängt, bei internationalen Transaktionen vorsichtiger zu sein. Das wird sich nicht so schnell ändern.

Fünftens spielt der weiter zunehmende Protektionismus eine Rolle. Die internationale Forschungsgruppe Global Trade Alert

hat seit 2008 mehr als 2000 neue handelsbeschränkende Maßnahmen gezählt verglichen mit nur 800 Handelsliberalisierungen. Die Verhandlungen über ein weltweites Handelsabkommen (die sogenannte Doha-Runde) liegen auf Eis. Ob das Abkommen der Welthandelskonferenz in Bali 2013 daran etwas ändern wird, muss sich erst noch erweisen. Es ging dort vornehmlich um »weiche Faktoren« wie den Bürokratieabbau im Handel; das ist zwar wichtig, in der Praxis aber schwer zu überprüfen.
Viele Grüße, Tom

Betreff: **Globalisierung**
Lieber Tom,
aber alle reden sie doch jetzt über das neue Freihandelsabkommen der Europäer mit den USA und wie wichtig das sei. Das passt mit Deiner Skepsis nicht zusammen, oder?
Gruß, A.

Betreff: **Globalisierung**
Hier muss ich mit einem Vorurteil aufräumen. Freihandelsabkommen sind im Kern keine Liberalisierung, sondern nur eine subtilere Form der Handelsbeschränkung. Denn bei ihnen nimmt zwar der Handel zwischen den Vertragspartnern zu. Das geht aber zulasten des Handels mit Drittstaaten. Auch das viel gepriesene Projekt einer Freihandelszone zwischen den USA und der EU, über das seit 2013 verhandelt wird, ist eigentlich ein Affront gegen China und Japan. Japan und die anderen südostasiatischen Staaten beschweren sich nur deshalb nicht, weil sie selber gerade dabei sind, Freihandelsabkommen mit Amerika zu schließen.
Im Übrigen ist auch noch nicht sicher, ob es wirklich zu den Freihandelsabkommen der USA mit Asien und Europa kommen wird.
Insgesamt ist die Globalisierung nicht endgültig vorbei. Wir stehen nicht vor einer generellen Re-Nationalisierung in der Welt. Dafür sind die Vorteile der Globalisierung immer noch zu groß.

Dafür ist auch die Verflechtung der Welt durch Internet, soziale Netzwerke und immer bessere Verkehrsverbindungen zu intensiv. Aber sie ist nicht mehr so dominant.
Schöne Grüße, Dein Tom

Betreff: **Globalisierung**
Ist das schlimm, lieber Tom? Müssen wir uns Sorgen machen?
Gruß, Deine Schwester

Betreff: **Globalisierung**
Ich selbst finde es schade. Aber solange es sich in dem bisherigen Rahmen hält, ist es akzeptabel. Wir haben immer noch die Vorteile der internationalen Arbeitsteilung. Der Handel hilft dem Wachstum. Kapital kann dorthin gehen, wo es die größten Renditen erwirtschaftet. Wir profitieren von den Innovationen, die wir in anderen Ländern sehen. Wir kommen auf neue Ideen. Die Menschen können reisen. Sie profitieren von der Vielfalt des weltweiten Angebots. Wir bekommen im Winter weiterhin Obst aus Südafrika. Rohstoffe kommen aus Australien. Es gibt keine Rückkehr zum Bilateralismus, wie wir ihn im vorigen Jahrhundert zwischen den beiden Weltkriegen hatten und der politisch so fatal war. Aber es ist eben eine neue, eine andere Welt. Wir müssen uns an sie gewöhnen.
Dein Tom

Betreff: **Globalisierung**
Und was heißt das nun für meine Anlagen? Sind sie von der Entwicklung betroffen?
Herzlich, Deine Alexandra

Betreff: **Globalisierung**
Natürlich. Aber leider nicht so positiv. Du wirst umdenken und Dich umstellen müssen.
Wenn die Produktivitätsgewinne aus der internationalen Arbeitsteilung geringer werden, dann nimmt auch das Wirtschaftswachs-

tum ab. Die Aktienkurse entwickeln sich nicht mehr so dynamisch. Das betrifft vor allem die Märkte in den Schwellen- und Entwicklungsländern. Aber auch die entwickelten Staaten können etwaige Wachstumsverluste durch Demografie nicht mehr so gut durch steigende Spezialisierungsgewinne im Außenhandel auffangen.

Weniger Globalisierung hat auch Verteilungseffekte. Es ist eine alte Erfahrung, dass der internationale Handel vor allem den Unternehmensgewinnen zugutekommt. Die Lohnquote geht mit steigender Globalisierung zurück. Wenn die Globalisierung in Zukunft nicht mehr so stark zunimmt, leiden darunter die Gewinne und damit natürlich auch die Aktienkurse.

Die politischen Risiken einer Anlage auf den internationalen Märkten nehmen zu. Die zunehmende internationale Arbeitsteilung war immer auch eine Art Friedenssicherung.

Das heißt: Du musst Dich bei der Auswahl der Unternehmen neu orientieren. Bisher waren Unternehmen, die stark im Exportgeschäft tätig sind, meist die interessanteren Adressen. Sie expandierten in der Regel schneller und hatten wegen des Wettbewerbsdrucks auf den internationalen Märkten ihre Kosten besser im Griff. Wenn die Globalisierung als Wachstumstreiber wegfällt, muss man sich verstärkt inlandsbezogene Werte anschauen. Es gibt auch hier interessante Firmen. Gerade in dem wachsenden Gesundheitssektor oder bei den nach der Energiewende so stark gebeutelten Versorgungsunternehmen bieten sich langfristig Chancen.

Wenn Banken und Unternehmen die Risiken im internationalen Geschäft höher gewichten, dann solltest Du sie in Deinen Anlagen im Ausland ebenfalls verstärkt anschauen. Es ist nun einmal ein Fakt, dass Du im Allgemeinen mehr und bessere Informationen über das Inland hast als über zum Teil weit entfernte Firmen im Ausland. Manchmal erscheinen einem ausländische Unternehmen nur deshalb besser, weil man weniger über sie weiß. Das ist aber kein sanftes Ruhekissen.

Schau Dir auch die Emittenten der Zertifikate in Deinem Depot

genau an, vor allem wenn es ausländische Institute sind. Das große Aha-Erlebnis vieler Anleger in der Finanzkrise war, dass sie Risiken von Banken besaßen, die sie schon dem Namen nach gar nicht kannten.
Andererseits solltest Du aber auch nicht internationale Anlagen per se verteufeln. Wir leben nun einmal nicht in einem isolierten Dorf, sondern in einer integrierten Welt. Manches können andere eben besser und da sollte man auch davon zu profitieren suchen.
Schöne Grüße, Dein Tom

Falle Nr. 35 Wachwechsel in der Weltwirtschaft

Die neue Kraft der Industrieländer

Betreff: **Schwellenländer**
Lieber Tom,
ich habe schon seit Langem Wertpapiere von Schwellenländern im Depot. Mein Berater hat mir gesagt, da könne ich nichts falsch machen. Bei diesen Staaten liege die Zukunft der Welt. Jetzt stelle ich fest, dass es dort an den Aktienmärkten schlechter läuft als in den Industrieländern. Zum Teil habe ich sogar Verluste gemacht. Muss ich umdenken?
Schöne Grüße, Deine Alexandra

Betreff: **Schwellenländer**
Liebe Alex,
einfache Antwort: Ja.
Es gibt eine alte Regel, nach der man seine internationalen Anlagen entsprechend den Gewichten der globalen Regionen in der Weltwirtschaft streuen sollte. Das wäre also 50 zu 50 % zwischen Schwellen- und Entwicklungsländern auf der einen und Industrieländern auf der anderen Seite. Vielleicht sollte man die Industrie-

staaten etwas höher gewichten, weil dort die Kapitalmärkte größer und liquider sind und weil man diese Märkte in der Regel besser kennt. Also vielleicht 40 zu 60 %.

Diese Regel ist plausibel. Viele Investoren haben sie lange Zeit umgesetzt. Sie hat ihnen gute Gewinne gebracht. Jetzt ist es damit aber erst einmal vorbei. Es gibt eine Pause. Statt Investitionen 40 zu 60 % auf die Dritte und die Erste Welt zu verteilen, würde ich vorübergehend für 20 zu 80 % plädieren.

Zwei Gründe sind dafür verantwortlich. Zum einen, weil wichtige Schwellen- und Entwicklungsländer eine schwierige Phase durchlaufen. Zum anderen, weil sich einige Industrieländer zu neuen Champions mausern, jedenfalls vorübergehend.

Ich will die Schwellen- und Entwicklungsländer nicht schlechtreden. Objektiv gesehen haben sie noch alle Trümpfe in der Hand. Sie haben eine junge, schnell wachsende Bevölkerung. Sie haben große, noch lange nicht gesättigte Märkte. Sie haben relativ niedrige Kosten. Zum Teil besitzen sie auch erhebliche Rohstoffreserven. Was dieser Region ferner zugutekommt, ist der technische Fortschritt in der Logistik. Die Transportkosten sind heute so niedrig, dass es sich lohnt, auch einfache und billige Produkte weit weg produzieren zu lassen und sie hier zu verkaufen.

Aber es reicht eben nicht, dass man eine gute Ausgangsposition hat. Man muss sie auch nutzen. Man muss sich den sich ändernden Gegebenheiten der Weltwirtschaft anpassen. Man muss sie in ein rentables Geschäftsmodell übersetzen. Das haben die Schwellen- und Entwicklungsländer, zumindest einige von ihnen, in den letzten Jahren versäumt. Deshalb solltest Du vorsichtiger in diesen Ländern werden.

Gruß, Dein Tom

Betreff: **Schwellenländer**

Wie kommst Du denn darauf?

Beste Grüße, Alex

Betreff: Schwellenländer

Schau Dir doch die Verhältnisse etwas näher an. Da steht ja viel in den Zeitungen. Städte und Flüsse sind verschmutzt. Die Infrastruktur hält nicht stand mit den gewaltigen Bevölkerungsbewegungen. Die Straßen sind schlecht, manche Regionen sind nur ganz schwer zu erreichen. Die Löhne steigen, vor allem im öffentlichen Sektor, der nicht unter dem Druck des internationalen Wettbewerbs steht. Das strahlt aber auch auf die Privatindustrie aus. Entsprechend werden Produktionsstätten, die zum Beispiel in China aus Kostengründen aufgebaut worden waren, wieder in die Industrieländer zurückverlagert.

Die politischen Strukturen entsprechen in vielen Staaten nicht den Anforderungen und der Verlässlichkeit, die Marktwirtschaften erfordern.

Die bisherige Wachstumsstrategie passt vielfach nicht mehr. Russland hat sich zu lange auf die Dominanz von Öl und Gas aus traditionellen Förderquellen verlassen. Brasilien hat zu sehr auf Rohstoffe gesetzt und darüber die weitere Industrialisierung verpasst. Indien erstickt in einer ineffizienten Verwaltung. Die Haushalts- und Leistungsbilanzdefizite sind in unverantwortlichem Maße gewachsen. Es ist bemerkenswert, dass indische Unternehmer in großem Stil in den Industrieländern investieren und nicht in ihren eigenen Märkten vor der Haustür. Sie trauen selbst ihrem eigenen Land nicht. Das muss für jeden Kapitalanleger ein Warnzeichen sein.

Chinas Entwicklungsstrategie stimmt nicht mehr. Die große Masse der Chinesen hat bisher nicht vom Aufschwung profitiert und verlangt ihren Anteil am Wohlstand. Die Banken haben zu viele faule Kredite in ihren Bilanzen. Auf den Immobilienmärkten gibt es Leerstandsraten, die die Rentabilität vieler Objekte infrage stellen. Die öffentlichen Unternehmen sind nicht produktiv genug. Der Markt wird durch Korruption und politische Einflussnahmen verfälscht. Das Wachstum muss vom Export umgestellt werden auf die Versorgung des Binnenmarkts. Innovationen müssen an die Stelle der Produktion von billigen Massengütern treten. Das Land muss sich auf die demografischen Folgen der Ein-Kind-Politik einstellen und die sozialen Leistungen ausbauen. Es sieht so aus, als habe die seit 2013 agierende chinesische Führung das verstanden. Es dauert aber Jahre, um das umzusetzen.

So ist der Rausch des hohen Wachstums und der niedrigen Kosten in den Entwicklungsländern zum Ende gekommen. Mit einem Mal haben sie nicht mehr die Nase vorn. Es gibt zwar teilweise immer noch hohe Kurssteigerungen. 2013 haben die Aktien in Venezuela um 480 % zugelegt, in Argentinien um fast 90 %. Das sind aber Ausnahmen. Der Aktienindex der Schwellen- und Entwicklungsländer insgesamt (MSCI Emerging Markets) ist gesunken.

BRIC, das Akronym für Brasilien, Russland, Indien und China, ist zurückgefallen. Es stand jahrzehntelang für unglaublichen Erfolg. Die Nachfolger waren dann freilich – schon vom Namen her – nicht mehr ganz so attraktiv: »MIST« (Mexiko, Indonesien, Südafrika, Türkei), »Next Eleven« (zu den MIST-Ländern noch Ägypten, Bangladesch, Nigeria, Pakistan, Philippinen, Südkorea, Vietnam) und zuletzt die »Fragile Five« (Indien, Indonesien, Türkei, Südafrika, Brasilien).

Natürlich sind manche Enttäuschungen übertrieben. Die Schwellen- und Entwicklungsländer werden auch einmal wieder nach oben kommen. Aber vorerst ist der Lack ab.

Schöne Grüße, Dein Tom

Betreff: **Schwellenländer**

Und die Industrieländer, lieber Tom, laufen der bisherigen Dritten Welt jetzt den Rang ab? Ist das so einfach?

Beste Grüße, Deine Alexandra

Betreff: **Schwellenländer**

In der Tat. An erster Stelle steht hier Amerika. Es hat sich nach der Finanzkrise von Grund auf runderneuert. Die Industrie ist wettbewerbsfähiger geworden. Die Banken haben ihre Hausaufgaben gemacht. Die privaten Haushalte haben ihre Schulden zeitweise reduziert und können ihren Verbrauch wieder ausweiten. Der Immobilienmarkt steht nach der Preissenkung wieder auf stabileren Beinen. Selbst der Staat hat seine Haushalte weitgehend in Ordnung gebracht, sodass von dort keine Hiobsbotschaften mehr drohen. Hinzu kommt dann noch, dass die Amerikaner durch die neuen Fördermethoden von Öl und Gas (»Fracking«) bei der Energieversorgung unabhängiger geworden sind und niedrigere Energiepreise haben. Mit einem Mal wächst die US-Wirtschaft wieder mit akzeptablen Raten. Die geldpolitischen Spritzen können abgesetzt werden.

Andere Industrieländer sind noch nicht ganz so weit. Immerhin macht Japan nach 20 Jahren niedrigen Wachstums und zeitweiser Deflation den Anlauf zu einem Neuanfang. Geld- und Fiskalpolitik haben seit Anfang 2013 einen konsequenten Wachstumskurs eingeschlagen. Bei den Reformen zum Aufbrechen starrer Strukturen und zur Belebung des Wettbewerbs hapert es noch. Aber das Land wird inzwischen von den Kapitalmärkten mit anderen Augen gesehen.

Großbritannien hat einen großen Sprung nach vorne gemacht. Es ist 2013 beim Wachstum plötzlich und von vielen unerwartet nach vorne gekommen.

Beste Grüße, Dein Tom

Betreff: **Schwellenländer**

Und wie steht es mit Europa?

Gruß, Alexandra

Betreff: **Schwellenländer**

Kontinentaleuropa ist noch nicht ganz so weit, liebe Alexandra. Es ist unter Schmerzen dabei, die Reformen nachzuholen, die nach der Einführung des Euro vernachlässigt wurden. Die Arbeitsmärkte werden modernisiert. Die Güter- und Dienstleistungsmärkte werden für den Wettbewerb geöffnet. Die Verwaltung wird modernisiert. Die Wettbewerbsfähigkeit steigt. Die öffent-

lichen Finanzen werden auf eine solidere Grundlage gestellt. Wenn das gelingt, dann kann Europa seinen Vorteil als drittgrößter Wirtschaftsraum der Welt mit einer Bevölkerung von über 500 Millionen Menschen auch wirtschaftlich ausspielen.
Auch inhaltlich gibt es ein neues Paradigma auf den Märkten. Nicht schnell und billig ist das Thema, sondern nachhaltig und innovativ. Nicht »Jung« ist in, sondern die Entdeckung der Alten als neue Absatzgruppe und als zusätzliche Ressource mit viel Erfahrung in den Unternehmen. Das ist es, was die Industrieländer liefern können und auf das sich die Dritte Welt erst noch einstellen muss.
All das ist freilich noch im Fluss. Es ist auch noch mit Risiken verbunden. Es besteht die Chance, dass einige Schwellen- und Entwicklungsländer die Anpassung an die neuen Strukturen schneller schaffen als gedacht. Umgekehrt können die Reformen in den Industrieländern scheitern. Zudem werden die gesamtwirtschaftlichen Wachstumsraten schon wegen der älteren Bevölkerung in den Industrieländern nicht die Niveaus erreichen, die es in der Dritten Welt gibt. Man muss die Entwicklung daher immer wieder neu beobachten.
Aber ich würde jetzt erst einmal auf die Industrieländer setzen. Die Schwellen- und Entwicklungsländer kommen später schon wieder.
Schöne Grüße, Dein Tom

10 Die Risiken des Euro

Falle Nr. 36 Das neue Fieberthermometer der Krise

In die Geldmärkte des Euro kehrt Vertrauen zurück

Betreff: **Target**
Lieber Tom,
die Target-Salden in der Europäischen Währungsunion müssen etwas ganz Schreckliches sein. Ich habe gelesen, dass sie sogar Deutschland in den Abgrund reißen können. Leider verstehe ich nicht, was das ist. Ich habe auch im Internet keine verständliche Erklärung gefunden. Kannst Du mir etwas dazu sagen, was ich auch verstehe?
Schöne Grüße, Deine Alexandra

Betreff: **Target**
Liebe Schwester,
die Target-Salden gehören zu den Dingen, die in den letzten Jahren eine bemerkenswerte Metamorphose durchgemacht haben. Sie starteten als ein Nichts, nicht einmal Experten wussten vor drei, vier Jahren davon, geschweige dass sie sie zur Kenntnis nahmen. Dann wurden sie mit einem Mal zu einem existenziellen Risiko der Währungsunion, vor allem Deutschlands. Sie bewogen

manche Leute dazu, dem Euro plötzlich ablehnend bis feindlich gegenüberzustehen und Angst um das ganze Land zu haben. Jetzt normalisiert sich die Lage. Die Target-Salden werden zu einem Fieberthermometer für die Eurokrise. Sie verbreiten gute Laune, weil sich die Temperatur normalisiert.
Viele Grüße, Dein Tom

Betreff: **Target**
Nicht rumreden: Was sind sie denn?
Gruß, Alexandra

Betreff: **Target**
Der Begriff leitet sich ab von Target2. Das ist das Zahlungssystem, das die Europäische Zentralbank in Europa geschaffen hat, um die grenzüberschreitenden Überweisungen innerhalb der Währungsunion abzuwickeln. Das Wort Target hat nichts mit dem englischen target = Ziel zu tun. Es ist vielmehr eine der vielen neumodischen Abkürzungen, die alles vereinfachen sollen, es aber dann noch schwieriger machen. Target heißt: »Trans-European Automated Real-time Gross settlement Express Transfer system«. Der Name ist so ein Ungetüm, dass man dahinter zwangsläufig etwas ganz Schreckliches vermuten muss.
Über dieses System werden pro Tag rund 350 000 Zahlungen im Gesamtwert von rund 2500 Milliarden Euro abgewickelt. Da war vielleicht auch schon einmal eine Überweisung von Dir dabei. Das Volumen dieser Zahlungen pro Tag entspricht in etwa dem deutschen Bruttoinlandsprodukt in einem ganzen Jahr. Das zeigt, wie intensiv das System inzwischen genutzt wird.
So ein System, in welcher Form auch immer, braucht man in jedem Währungsraum. Es existiert auch in Deutschland. Hier wird es allerdings nicht von der Notenbank verwaltet, sondern von einzelnen Bankengruppen. Wenn man eine gemeinsame Geldpolitik haben will, dann muss man sicherstellen, dass sie in jeder Sekunde auch in der entferntesten Ecke der Gemeinschaft ankommt. Die kurzfristigen Zinsen müssen überall gleich sein. Das

leistet das Target-System. Ohne dieses System würden einige Regionen gegenüber anderen bevorzugt oder benachteiligt.
Über den Sinn des Target-Systems gibt es daher keine Diskussionen. Gestartet wurde das Target-System unmittelbar vor der Einführung des Euro im November 1998. Zehn Jahre später wurde es modernisiert. Die »zweite Auflage« ist das heutige Target2.

Nun ist es ganz selbstverständlich, dass in solchen Zahlungssystemen permanent Salden entstehen. Sie betreffen einzelne Institute, wenn sie an einem Tag zum Beispiel mehr Geld aus dem Ausland empfangen, als sie dorthin überweisen. Sie betreffen aber auch einzelne Länder. Sie exportieren etwa mehr, als sie importieren, und bekommen auf diese Weise mehr Geld überwiesen. Oder sie empfangen Zahlungen aus dem Verkauf von Wertpapieren oder anderen Transaktionen. Deutschland ist aufgrund seiner Leistungsbilanzüberschüsse traditionell ein Land, das in der Regel mehr Zahlungen erhält, als es leistet.
Solche Salden sind im Normalfall kein Problem. Wenn eine deutsche Bank mehr Geld aus dem Ausland erhält, als es dorthin überweist, dann hat sie eben zusätzliche Forderungen an das Ausland. Da man sich im gleichen Währungsraum bewegt, sind solche grenzüberschreitenden Forderungen nichts Schlimmes. Es ist im Prinzip nichts anderes, als wenn eine bayerische Bank eine Forderung an eine hamburgische Bank hat. Auch da würde man kein Aufhebens davon machen.
Vor allem die Notenbanken haben mit den Salden nichts zu tun. Sie sind nur an der Abwicklung der Zahlungen beteiligt, weil die EZB das System betreibt. Insofern gab es im Normalfall auch keine Target-Salden der Notenbanken.
Ich mache jetzt erst mal eine Pause, damit Du das verdauen kannst.
Gruß, Dein Tom

Betreff: **Target**
Lieber Tom,
das sieht ja alles harmlos aus. Warum wird denn darum so ein Tamtam gemacht?
Gruß, A.

Betreff: **Target**
Weil das nur in den ersten zehn Jahren der Währungsunion so unproblematisch war. Mit der Währungskrise wurde alles anders. Zum einen nahmen die innereuropäischen Zahlungen stark zu. Es gab erhebliche Fluchtgelder, die zum Beispiel aus südeuropäischen Schuldnerländern nach Deutschland (und in andere Länder) strömten, aus Angst vor einem Zusammenbrechen des Euro. Zum anderen waren die Banken im Euro plötzlich nicht mehr bereit, die Salden aus dem europäischen Zahlungsverkehr automatisch in ihre eigenen Bücher zu nehmen und sich auf diese Weise gegenseitig Kredit zu gewähren. Die Risiken gegenüber einer griechischen Bank zum Beispiel waren mit einem Mal andere als die Risiken gegenüber einer anderen Bank in Deutschland. Man war sich plötzlich unsicher, ob zum Beispiel Athen oder ein anderes Land im Euro bleiben würde. Wenn Kreditinstitute über Target mehr Zahlungseingänge als -ausgänge hatten, wollten sie das nicht mehr kreditieren. Sie gingen zur Bundesbank und überließen ihr den Saldo.
Mit einem Mal entstanden Target-Salden der Notenbanken. Das fing im Jahr 2007 ganz langsam an. Es wurde dann aber immer stärker. Einen besonderen Schub bekamen die Salden mit dem Beginn der Eurokrise 2010. Auf dem Höhepunkt hatte die Bundesbank im Sommer 2012 insgesamt 750 Milliarden Euro Target-Forderungen. Das war ein gewaltiger Betrag. Das Thema bekam politische Relevanz. Dies auch, das muss man hinzufügen, weil der Münchner Professor und Präsident des ifo Instituts, Hans-Werner Sinn, die Target-Salden wie kein anderer thematisierte und sie als große Gefahr für Deutschland darstellte.
Was ist das Problem? Wirtschaftlich sind Target-Salden eine For-

derung oder eine Verbindlichkeit einer nationalen Notenbank gegenüber der Europäischen Zentralbank. Die Bundesbank hatte also Forderungen in Höhe von 750 Milliarden Euro an die EZB. An sich ist das nichts Schlimmes. Diese Forderungen werden verzinst. Sie enthalten auch kein größeres Bonitätsrisiko. Die EZB ist eine seriöse Institution.

Aber wenn es dazu kommen sollte, dass der Euro scheitert, dann wird natürlich auch die EZB nicht mehr gebraucht. Dann müsste sie abgewickelt werden. Dann kann die Bundesbank ihre Forderungen möglicherweise nur noch im Rahmen der Abwicklungsmasse und damit nur noch entsprechend ihrem Kapitalanteil geltend machen. Im Übrigen kann sie sich noch an die jeweiligen nationalen Notenbanken wenden. Wenn diese aber nicht mehr dem Euro angehören, könnte es schwierig sein, das Geld wiederzubekommen.

Insofern muss man die Target-Forderungen der Bundesbank zu dem Obligo Deutschlands hinzurechnen, das sich aus den anderen Operationen, vor allem aus den Rettungsschirmen der Währungsunion, ergibt. Aufgrund ihrer Höhe sind sie bei Weitem der wichtigste Posten. Sie sind größer als beispielsweise die Kredite an Griechenland oder als der deutsche Beitrag zum Kapital des Rettungsschirms ESM (European Stability Mechanism). Nach den Berechnungen des ifo Instituts beträgt die deutsche Haftung für Euroländer auf der Basis der ausgezahlten Hilfsgelder 365 Milliarden Euro (Stand April 2014). Zwei Drittel davon sind Target-Forderungen. Die Diskussion über dieses Thema war also gerechtfertigt.

Schöne Grüße, Dein Tom

Betreff: **Target**

Und warum gibt es jetzt wieder eine Metamorphose. Warum sind Target-Salden plötzlich nicht mehr so dramatisch?

Gruß, Alexandra

Betreff: **Target**

Ganz einfach, weil die Gefahr eines Auseinanderbrechens des Euro nicht mehr so akut ist.

Dafür bekamen diese Salden aber eine neue Funktion. Sie sind inzwischen ein hervorragender Indikator für das Ausmaß der Verbesserung in der Eurokrise. Ich schaue sie mir regelmäßig an. Sie werden monatlich veröffentlicht. Das ifo Institut weist sie übersichtlich auf seiner Website aus.

Es zeigt sich: Bis Mitte 2012 ist die Situation im Euroraum von Monat zu Monat schlechter geworden. Die Target-Salden stiegen und stiegen. Der Höhepunkt war im Juli 2012. Seitdem verbessert sich die Situation. Entsprechend gehen die Salden zurück. Bei Abschluss des Buches beliefen sie sich »nur« noch auf weniger als zwei Drittel des Spitzenbetrags.

Was steht hinter diesem Rückgang? Am Anfang war es die Tatsache, dass Fluchtgelder aus den südeuropäischen Schuldnerländern zurückgeholt wurden. Die dortigen Anleger hatten nicht mehr so viel Angst vor einem Zerbrechen des Euro. Sie investierten ihr Geld daher wieder lieber zu den höheren Zinsen in ihren eigenen Ländern als zu den sehr geringen Sätzen in Deutschland. Das führte bei den deutschen Banken zu erhöhten Zahlungsausgängen und damit zur Verringerung der Target-Salden.

Das erklärt den überaus starken Rückgang der Salden in den ersten Monaten der Verbesserung. Inzwischen steckt hinter dem Rückgang noch etwas anderes. Es ist die Rückkehr des Vertrauens auf den europäischen Geldmärkten. Die Banken geben im europäischen Zahlungsverkehr nicht mehr so viele Forderungen an die Bundesbank (wo sie keine Zinsen bekommen) und halten mehr auf dem europäischen Geldmarkt (wo sie wenigstens eine Minimarge erhalten). Solch eine Vertrauensbildung geht erfahrungsgemäß nur langsam und tastend vonstatten. Insofern sind es jetzt nur noch rund zehn Milliarden Euro, um die sich die Target-Salden pro Monat verringern, verglichen mit den 40 bis 50 Milliarden in den ersten Monaten.

Wenn es wirklich gelingen sollte, die Eurokrise vollständig zu beenden, dann müssten die Target-Salden bis auf null zurückfallen. Ich bin sicher, dass es dazu kommt. Aber es wird noch ein Weilchen dauern. Wenn's im bisherigen Tempo so weitergeht, ist die Krise 2017 vorbei.
Schau Dir die Zahlen einmal an. Dann weißt Du, wie es um Europa steht.
Beste Grüße, Dein Tom

Falle Nr. 37 Wer gewinnt, wenn der Euro zerbricht

In der Krise kann es besser sein, sein Geld zu Hause anzulegen

Betreff: **Euro**
Lieber Tom,
der Euro ist nicht der Friedensstifter, wie wir uns das einmal vorgestellt haben. Er schafft im Gegenteil immer mehr Unfrieden auf dem Kontinent. Die gegenseitigen Aggressionen unter den Euroländern nehmen zu. Täglich gibt es neue Horrornachrichten aus den Schuldnerländern. Die Griechen sollen weiter tricksen. Die Deutschen werden zur Kasse gebeten. Frau Merkel soll Europa in Ordnung bringen. Dabei hat sie bei uns genug zu tun. Es gibt Streiks und Unruhen in den Urlaubsländern.
Wenn man schon nicht selbst auswandern kann – soll man doch wenigstens sein Geld in anderen Ländern anlegen, oder?
Schöne Grüße, Deine Alexandra

Betreff: **Euro**
Liebe Schwester,
das haben viele getan. Sie haben ihr Geld aus Deutschland abgezogen und es in anderen Ländern investiert. Sie haben sich vor allem die Gegenden ausgesucht, die von einer Verschärfung der Eurokrise am wenigsten betroffen worden wären und in denen

sich die Investoren sicher fühlten. Das war in erster Linie die Schweiz. Es waren aber auch Staaten wie Norwegen oder Kanada, die aufgrund ihrer hohen Rohstoffreserven als sicherer galten. Einige Investoren haben Immobilien in London gekauft.
Ob das aber im Nachhinein die richtige Strategie war, bezweifle ich. Ich glaube nicht, dass die Betroffenen das noch einmal machen würden (jedenfalls sollten sie es in meinen Augen nicht).
Einmal natürlich, weil der Euro anders als erwartet nicht auseinandergebrochen ist. Sie sind vor etwas geflohen, was gar nicht eingetreten ist. Das konnte damals freilich niemand ahnen.
Aber auch sonst war es nicht sonderlich attraktiv. Die Zinsen in der Schweiz sind weniger als halb so hoch wie in Deutschland. In Norwegen sind sie zwar etwas höher. Dafür sind die Märkte dort relativ klein und wenig aufnahmefähig. Zudem gab es erhebliche Kosten für Überweisung und Investition der Gelder. In Kanada waren die Langfristzinsen höher.
Aktien haben sich im Ausland auch nicht besser als in der Währungsunion entwickelt.
Es gab darüber hinaus Wechselkursrisiken. Wer Glück hatte und sein Geld frühzeitig in die Schweiz, nach Norwegen oder nach Kanada brachte, konnte noch von der Aufwertung des Frankens, der Krone oder des kanadischen Dollars profitieren. Damit ist es inzwischen aber auch vorbei. In den letzten zwölf Monaten hat sich der Schweizer Franken leicht abgewertet (2 bis 3 %), die norwegische Krone und der kanadische Dollar aber ganz erheblich (um 10 %). Das hängt natürlich mit dem schwächeren Ölpreis zusammen, der so stark von diesem Rohstoff abhängige Länder besonders trifft. Währungen bewegen sich überall auf und ab. Währungsabsicherungen sind teuer.
Es gibt aber noch einen anderen Grund, weshalb ich vom Auswandern des Geldes abrate. Der hängt mit der Mechanik des Euro zusammen. Was fürchten wir als schlimmsten Fall in der Gemeinschaftswährung? Manche denken, dass Deutschland von den Südeuropäern »eingemeindet« werden könnte und die dortigen laxeren Regeln bei Inflation und Staatsverschuldung über-

nimmt. Wer davor Angst hat und es vermeiden will, sollte in der Tat ans Auswandern denken. Aber er muss sich eine Region aussuchen, die in Sachen Inflation und Staatsverschuldung auf Dauer wirklich besser ist. So viele gibt es da nicht.

Ich halte eine solche Änderung der Verhältnisse in Deutschland nicht für realistisch. Dazu ist der Widerstand der Deutschen zu groß. Das passt auch nicht zur Psyche der Deutschen. Es widerspricht den Maastricht-Verträgen, auf die sich alle geeinigt haben und die nur durch einstimmiges Votum aller Mitglieder verändert werden können. Auch am Markt gibt es solche Befürchtungen offenbar nicht, jedenfalls nicht in größerem Maße.

Schöne Grüße, Tom

Betreff: **Euro**

Ich habe ganz andere Sorgen, lieber Tom. Wenn etwas passiert, dann ist es das, dass der Euro gänzlich scheitert. Seine Mitglieder können sich nicht auf einen gemeinsamen stabilitätspolitischen Kurs einigen. Oder die Gläubigerländer sind nicht bereit, den Schuldnern dauerhaft unter die Arme zu greifen. Sie wollen keine Transferunion. Oder, oder … In jedem Fall bricht dann die Gemeinschaftswährung auseinander. Es gäbe wieder 18 nationale Währungen, die sich unterschiedlich entwickeln. Vielleicht sind es auch ein paar weniger, wenn einige Länder zusammenbleiben wollen.

In einem solchen Fall wäre es doch nicht abwegig, sein Geld woanders zu investieren. Wer will sein Geld schon in einer Währung haben, die zerbricht.

Schöne Grüße, Deine Alexandra

Betreff: **Euro**

Liebe Alexandra,

das kommt darauf an. In jeder der Nachfolgewährungen zum Euro würde der Investor unterschiedliche Erfahrungen machen. Ein Grieche beispielsweise müsste sich darauf einstellen, dass sich die neue Drachme (wie auch immer sie heißen mag) abwerten wird. Die Geldentwertung würde hochschnellen, weil die Einfuhren teurer würden. Die Zinsen würden nach oben gehen, weil die Menschen Angst vor der Inflation hätten. Die Staatsverschuldung würde steigen, weil sie in Euro nominiert wird (es sei denn, das Land akzeptiert die Schulden nicht mehr und erklärt sich für bankrott).

Wenn ich Grieche wäre, würde ich unter solchen Umständen in der Tat versuchen, mein Geld vor einem solchen Auseinanderbrechen ins Ausland zu bringen. Ich hätte dort zwar niedrigere Zinsen, ich würde aber von der Abwertung profitieren. Tatsächlich ist das am Anfang der Krise auch in erheblichem Umfang geschehen. Gelder flossen in großem Maß nach Deutschland, aber auch in die Schweiz. Seit Mitte 2012 ist allerdings zu beobachten, dass das Geld wieder in beachtlichem Umfang nach Griechenland zurückfließt. Die Menschen haben jetzt offenbar nicht mehr so viel Angst. Ähnliches gilt für die anderen südeuropäischen Peripherieländer, also Italien, Spanien und Portugal. Irland ist glücklicherweise aus dem Gröbsten heraus.

Für einen Deutschen stellt sich die Lage aber ganz anders dar. Die neue deutsche Währung würde sich bei einem Auseinanderbrechen des Euro aller Wahrscheinlichkeit nach aufwerten. Nicht nur gegenüber den dann wieder nationalen Währungen in Europa, sondern auch etwa gegenüber den USA. Wenn ich mein Geld vorher ins Ausland gebracht hätte, würde es durch die Wechselkursveränderungen weniger wert. Zudem könnte ich nicht von positiven Wirkungen auf den inländischen Kapitalmärkten profitieren. Denn wenn die deutsche Währung auf den Devisenmärkten fester wird, kommt es zu Kapitalzuflüssen. Sie würden die Zinsen vermutlich noch mehr nach unten drücken. Zudem würden sie auf den Aktienmärkten zu Kurssteigerungen führen. Jedenfalls vorübergehend, solange sich die Aufwertung der Währung nicht negativ auf den Export und damit die wirtschaftliche Entwicklung auswirkt.

Mit anderen Worten: Für einige Staaten kann das Auswandern des Geldes aus Angst vor einem Zusammenbrechen des Euro Vor-

teile bringen. Für Investoren in Deutschland ist es dagegen keine gute Idee. Ich würde die Finger davon lassen.
Schöne Grüße, Dein Tom

Falle Nr. 38 Widersprüche einer Transferunion

In der EU geht es nicht nur um Integration

Betreff: **Transferunion**
Lieber Tom,
der Euro mag ja ganz passabel sein. In jedem Fall haben wir uns daran gewöhnt. Aber dass er damit verbunden ist, dass wir immer mehr Geld an Griechenland und andere südeuropäische Staaten überweisen müssen, ist ein Ärgernis. So habe ich mir das in Europa nicht vorgestellt. Ich wollte eine Währungsunion, keine Transferunion. Jetzt haben wir den Salat. Das muss doch mal gesagt werden.
Schöne Grüße, Deine Alex

Betreff: **Transferunion**
Hi Alex,
da muss ich Dir eine Geschichte erzählen, die ich am Anfang selbst nicht geglaubt habe. Die deutsche Bundesregierung hat im vorigen Jahr der spanischen Förderbank ICO einen Kredit in Höhe von 800 Millionen Euro gewährt. Damit soll vor allem kleinen und mittleren Unternehmen auf der Iberischen Halbinsel geholfen werden. Das wurde nicht an die große Glocke gehängt, sondern einfach gemacht.
So weit, so gut. Und was sagen die Menschen dazu? An sich hätte ich erwartet, dass sie Zeter und Mordio schreien, weil wir doch schon so viel Geld über andere Kanäle an die Schuldnerländer zahlen. Es kam aber ganz anders. Als ich mich umhörte, regte sich niemand darüber auf. Im Gegenteil. Die meisten fanden es richtig, den Ländern mit hoher Arbeitslosigkeit zu helfen. Auch Por-

tugal und Griechenland sollten solche Unterstützungen bekommen. Voraussetzung ist freilich, dass es dort Förderbanken gibt, die solche Darlehen ordentlich und sinnvoll an die Wirtschaft vergeben können.
Das passt doch nicht mit der Abneigung gegen die Transferunion zusammen. Mich hat das jedenfalls nachdenklich gemacht. Vielleicht muss man hier doch etwas differenzierter argumentieren.
Beste Grüße, Dein Tom

Betreff: **Transferunion**
Und was ist Deine Erklärung, Tom?
Gruß, Alexandra

Betreff: **Transferunion**
Aus meiner Sicht ist es sinnvoll, zwischen mehreren Ebenen zu unterscheiden. Die eine ist die zwischenmenschliche Solidarität. Wenn es einem anderen schlecht geht, wollen wir helfen, und wir tun es gerne. Es gibt in Europa vielleicht mehr Solidarität, als viele denken. Angesichts der hohen Jugendarbeitslosigkeit und der anhaltenden Rezession ist das ein gutes Zeichen für den Euro und den Zusammenhalt in der Union. Keine Gemeinschaft kann auf Dauer zusammenbleiben, wenn es nicht ein Mindestmaß an Mitempfinden zwischen denen gibt, die Geld haben, und denen, die es nicht haben.
Eigentlich sollte man die Hilfen für Südeuropa auf diesem Gedanken basieren. Also zum Beispiel eine private Spendenaktion zugunsten der jugendlichen Arbeitslosen in Spanien. Ich vermute, da würdest Du Dich auch beteiligen.
Viele Grüße, Dein Tom

Betreff: **Transferunion**
Natürlich würde ich das, gerne sogar.
Deine Alexandra

Betreff: **Transferunion**
Dann wäre vor allem Schluss mit der Diskussion über die Transferunion. Dann würde niemand mehr behaupten, die gemeinsame Währung lebe nur auf Kosten des Steuerzahlers. Dann unterstellt niemand mehr, die Südeuropäer würden die Deutschen erpressen beziehungsweise umgekehrt, die Deutschen würden die anderen unterdrücken.

Das funktioniert freilich nicht. Zum einen würde dabei selbst bei größter Spendenbereitschaft nur ein relativ kleiner Betrag herauskommen. Zum anderen geht es hier nicht darum, wie bei Naturkatastrophen unmittelbare Not einzelner Menschen zu lindern. Vielmehr soll die Wirtschaft wieder in Gang gebracht werden, Banken sollen saniert und Arbeitsplätze geschaffen werden. Das geht nicht über das Rote Kreuz oder die Caritas. Hier braucht man den Staat.

Die zweite Ebene ist nun die Rolle des Staates in dieser Solidarität. Hier ist die Haltung der Bürger schon nicht mehr so positiv. Es gibt eine tiefe Abneigung gegen eine von oben erzwungene Solidarität. Der Bürger will selber entscheiden, ob er helfen will oder nicht. Das gilt übrigens nicht nur in der Währungsunion, sondern auch innerhalb der Nationalstaaten. 2013 waren die Deutschen beispielsweise bei der Hochwasserkatastrophe spontan zu Hilfen bereit, nachdem sie die Bilder von den Schäden gesehen hatten. Andererseits gibt es erheblichen Widerstand gegen erzwungene Umverteilungsmaßnahmen innerhalb der Bundesrepublik. Die Länder Bayern, Baden-Württemberg und Hessen haben beim Bundesverfassungsgericht geklagt gegen den Finanzausgleich innerhalb Deutschlands. Der Solidaritätszuschlag in Deutschland zugunsten der neuen Bundesländer ist, wenn ich es recht sehe, noch unpopulärer als die Einkommensteuer.

Umso überraschender war es, dass sich gegen die Hilfen des deutschen Finanzministers für Spanien so wenig Widerstand erhob. Formal kann man zwar sagen, dass die Maßnahmen gar nicht von Berlin ausgingen, sondern über die Frankfurter Kreditanstalt für Wiederaufbau abgewickelt wurden. Aber das ist eine öffent-

lich-rechtliche Bank. Sie gehört der Bundesrepublik Deutschland. Verwaltungsratsvorsitzender ist der Bundesfinanzminister. Es führt also kein Weg daran vorbei, dass es eine staatliche Maßnahme war. Dass die Bürger trotzdem damit einverstanden waren, zeigt, wie stark die Solidarität hier ist.
Eigentlich müsste man daraus die Schlussfolgerung ziehen, die Hilfsleistungen an die Schuldnerländer in der Gemeinschaft verstärkt auf einer solchen bilateralen Basis zu organisieren und nicht über die Rettungsschirme in Brüssel (oder Luxemburg). Das bringt zwar höhere Risiken mit sich. Die Kredite gehen ja an eine Vielzahl von kleinen und mittleren Unternehmen, bei denen es immer mal einen Ausfall gibt. Die offiziellen Gelder über Brüssel oder die Rettungsschirme sind dagegen Kredite und Bürgschaften an die Staaten. Bei ihnen wurde bisher noch kein Geld verloren. Andererseits tragen die bilateralen Hilfen dazu bei, dass die Länder der Währungsunion stärker zusammenwachsen und manche Vorurteile überwinden.
Nun kann man das aber leider nicht alles so machen. Auch hier wieder wegen der Größenordnung. Die bilateralen Hilfen sind sehr klein, verglichen mit der Gesamtsumme der Mittel, die die Länder benötigen. Die gesamte zugesagte Ausleihsumme der Euroländer an die Schuldnerstaaten (ohne die Gelder des Internationalen Währungsfonds) beläuft sich auf weit über 1000 Milliarden Euro. Das ist mehr als das Tausendfache der bilateral ausgereichten Gelder. Allein auf Deutschland entfallen davon über 400 Milliarden Euro. Es wäre undenkbar, solche Summen nur auf bilateraler Basis aufzubringen. Aber etwas mehr als die bisherigen Hilfen könnte man schon auf den Weg bringen.
Beste Grüße, Tom

Betreff: **Transferunion**
Ich mache alles mit, was nicht von Brüssel eingefädelt wird. Da weiß man gar nicht, wo die Gelder landen.
Gruß, Alexandra

Betreff: **Transferunion**

Liebe Alexandra,

Umverteilungsmaßnahmen auf europäischer Ebene sind in der Tat so ziemlich das Letzte, was die Menschen wollen. Zum einen natürlich, weil die Partner in Europa emotional noch weiter voneinander entfernt sind als die Bundesstaaten in Deutschland. Sie sind trotz aller Sonntagsreden über Europa immer noch irgendwie Ausland. Zum anderen, weil Brüssel bei den Menschen wegen seiner mangelnden demokratischen Fundierung und seiner bürokratischen Regelungswut so unbeliebt ist.

Der Widerwille gegen die Transferunion ist also nicht ein Mangel an Solidarität und ein Widerwille, anderen zu helfen (wie das die Südeuropäer den Deutschen bisweilen vorwerfen). Er beruht vielmehr auf einer tief sitzenden Abneigung gegen die Art, in der die Integration in Europa bisher betrieben wurde.

Daran muss man arbeiten. Man darf bei der Weiterentwicklung der Gemeinschaft nicht nur an zusätzliche Integration denken. Die ist zwar wichtig. Man muss darüber hinaus aber auch überlegen, wie die Gemeinschaft langfristig attraktiver für die Menschen werden kann. Ziel kann nicht eine Art »europäischer Nationalstaat« sein, der alles reguliert. Das wollen die Bürger nicht. Das neue Europa muss viel dezentraler und bürgernäher gesteuert werden. Am besten über die Regionen, die historisch auch nicht so vorbelastet sind, und nicht über die existierenden Nationen. Regionen wachsen über die nachbarschaftlichen Beziehungen auch eher zusammen als Nationen. Regionen sind beim Bürger beliebter. Das ist seine Heimat, in der er sich zu Hause fühlt.

Die EU-Kommission muss also Macht und Gestaltungsfähigkeit an die Regionen abgeben. In Brüssel darf nur das vereinheitlicht werden, was unabdingbar zentral gemacht werden muss. Zum Beispiel die Außen- und Verteidigungspolitik. Verbraucherpolitik kann dagegen durchaus national geregelt werden. Warum sollen genmanipulierte Erdbeeren nicht in einer Region erlaubt sein (wenn die Menschen das wollen), in einer anderen dagegen nicht? Warum sollen die Menschen in einer Region nicht rauchen dür-

fen, in einer anderen dagegen nicht? Es gibt ja auch nicht einheitliche Geschwindigkeitsbeschränkungen in Europa.
Ein solches Europa fände bei den Bürgern sicher mehr Zustimmung. Dann würde nicht mehr so viel über die Transferunion geklagt.
Schöne Grüße, Dein Tom

Falle Nr. 39 Die Eurokrise geht vorüber

Profitieren von einem größeren Kapitalmarkt in Europa

Betreff: **Eurokrise**
Hallo Tom,
hört denn das nie mehr auf mit der Eurokrise? Keiner kann sich vorstellen, dass die Eurokrise je zu Ende geht. Wie soll Griechenland mit einer öffentlichen Verschuldung von über 150 % je wieder auf die Beine kommen? Wie will es Spanien schaffen, die Arbeitslosigkeit wieder auf ein erträgliches Niveau zu bringen? Der bekannte Eurokenner David Marsh hat, so hörte ich, ein Buch geschrieben mit dem Untertitel Warum die Eurokrise nicht mehr lösbar ist. *Müssen wir vielleicht auf ewig mit der Eurokrise leben?*
Schöne Grüße, Deine Alexandra

Betreff: **Eurokrise**
Liebe Alexandra,
ich will mal provozieren: Nein, wir müssen nicht auf Dauer mit der Eurokrise leben. Sie wird zu Ende gehen, vermutlich früher, als wir denken. Spätestens in vier bis fünf Jahren ist sie nur noch etwas für die Geschichtsbücher. Aber das heißt nicht, dass wir dann in Europa den Zustand der »Glückseligkeit« erreichen. Europa und der Euro gehen vielmehr in die Realität des wirklichen Lebens ein, in der man sich über dieses oder jenes streitet, in der mal dieses, mal jenes Land auf der Anklagebank sitzt und in der

es – wie überall – mal gute und mal schlechte Zeiten gibt. Es wird eine Dauerbaustelle sein, an der permanent gearbeitet wird und an der es auch permanent störenden Lärm gibt.
Drei Gründe, weshalb die Eurokrise zu Ende gehen wird. Erstens die historische Erfahrung. Es ist noch nie passiert, dass eine Krise ewig dauert. In den 80er-Jahren des vorigen Jahrhunderts ist die Mexiko-Krise zu Ende gegangen, in den 90er-Jahren die Asien- und die Russland-Krise. Auch die Finanz- und Wirtschaftskrise mit dem spektakulären Zusammenbruch der Lehman-Bank ist inzwischen vergangen. Selbst die große Weltwirtschaftskrise 1929 bis 1933 ging vorbei. Genauso die Hyperinflation in Deutschland 1923, von der die Menschen freilich noch heute reden.
Im schlimmsten Fall endet die Krise nicht, weil sich die Situation bessert, sondern weil es woanders eine neue Krise gibt, die die bisherige in den Schatten stellt. Das war mit der Asien-Krise so. Auf sie folgte unmittelbar die Russland-Krise. Es kann aber auch so kommen, dass sich die Menschen mit den Verhältnissen abfinden. Wir nennen es dann nicht mehr Krise, obwohl die Probleme objektiv noch nicht gelöst sind. Das ist beispielsweise in den neuen Bundesländern in Deutschland nach der Wiedervereinigung der Fall.
So richtig tröstlich ist ein solches Ende der Krise nicht.
Zweitens und inhaltlich wichtiger: Die von der Eurokrise am stärksten betroffenen Schuldnerländer ergreifen Maßnahmen, die nach allen Regeln der Ökonomie Wirkung zeigen. Die Lohnstückkosten gehen kräftig zurück. In Griechenland sind sie seit 2010 um 19 % reduziert geworden, in Spanien um 12 %. Das hätte vorher niemand für möglich gehalten. Die Unternehmen werden dadurch wettbewerbsfähiger. Es hilft, die Leistungsbilanzdefizite abzubauen.
Gleichzeitig verringern sich die Haushaltsfehlbeträge. Die Staatsverschuldung sinkt. Freilich geht das langsam und wird noch viel Geduld erfordern. Es wird vermutlich auch nicht wieder das Vorkrisenniveau erreicht (vor allem auch nicht die alte Maastricht-Regel, dass die Staatsverschuldung nicht höher als 60 % sein

soll). Trotzdem: Es stärkt das Vertrauen der Bürger und der Gläubiger.
Die Regierungen machen die öffentliche Verwaltung effizienter. In Griechenland wird zum ersten Mal ein Grundbuch eingeführt.
Die Arbeitsmärkte werden flexibler. Wenn es einfachere Kündigungsmöglichkeiten gibt (die mit einer entsprechenden sozialen Absicherung verbunden sein müssen), dann steigt auch die Bereitschaft der Unternehmen, wieder Leute einzustellen. Dann können neue Arbeitsplätze an die Stelle treten von alten, die nicht mehr wettbewerbsfähig sind.
Die Krise geht also vorbei, weil sie durch echte Gesundungsmaßnahmen überwunden wird. Europas Wirtschaft und Europas Geld sind dann besser, jedenfalls nicht mehr krank. Vorausgesetzt freilich, dass man mit der Konsolidierung und den Reformen nicht frühzeitig Schluss macht.
Drittens schließlich steht die Europäische Zentralbank mit all ihrer Macht und Autorität hinter dem Euro. Als Mario Draghi, der Präsident der EZB, versicherte, dass er alles tun werde, um den Euro zu retten, glaubten ihm die Märkte. Sie beruhigten sich. Das hat mich damals sehr gewundert.
Inzwischen strömt jede Menge Geld aus den USA und aus Japan nach Europa, weil die Investoren vom Ende der Krise profitieren wollen. Die Aktienkurse der Peripherieländer steigen, die Renditen ihrer Staatsanleihen sinken. Hier konnte man in den letzten Monaten richtig Geld verdienen. Ich hoffe, Du warst bei dieser Rally dabei.
Beste Grüße, Dein Tom

Betreff: **Eurokrise**
Ja, ich konnte etwas verdienen. Aber abgesehen davon war die Entwicklung wirklich erfreulich. Warum soll das nicht das Ende der Eurokrise sein?
Gruß, Alexandra

Betreff: **Eurokrise**
Vielleicht wird es das Ende der Eurokrise sein. Es ist aber nicht das Ende der Baustelle Euro. Die wird bleiben. Und zwar noch eine ganze Weile.
Das liegt zum Teil an den unterschiedlichen kulturellen, vor allem den wirtschaftspolitischen Traditionen. Sie bergen jede Menge Zündstoff. Die einen geben dem Ziel eines stabilen Geldwerts eine höhere Priorität. Sie legen Wert auf Effizienz und Disziplin. Die anderen setzen eher auf Durchwursteln. Ich habe nie verstanden, wie es die italienische Wirtschaft in der Zeit nach dem Zweiten Weltkrieg mit all dem Chaos und all der Improvisation geschafft hat, erfolgreicher als die deutsche zu sein. Das widersprach aller volkswirtschaftlicher Vernunft. Aber es war so. Jetzt müssen sich alle auf einen gemeinsamen Weg verständigen. Das ist schwer und braucht Zeit.
Es liegt aber auch daran, dass die wirtschafts- und finanzpolitischen Rahmenbedingungen der Währungsunion noch nicht fertig sind. Europa braucht nicht nur die Bankenunion, an der derzeit gearbeitet wird. Es braucht auch eine Fiskalunion. Vermutlich wird es – für viele eine schreckliche Vorstellung – irgendwann zu Eurobonds und zu einer gemeinsamen EU-Steuer kommen. In jedem Fall wird die Aufstellung der nationalen Budgets noch stärker koordiniert werden müssen.
Es kommt aber noch schlimmer: Was sich die Menschen noch gar nicht klarmachen: Am Ende braucht es auch eine politische Union. Europa muss ein Staat werden. Denn ohne einen gemeinsamen Staat gibt es dauerhaft auch keine gemeinsame Währung. Das lehrt die Geschichte.
Das Problem ist, dass niemand in Europa einen gemeinsamen Staat möchte. Es wird ein langer Weg werden, bis sich die Menschen so aneinander gewöhnt haben und bis sie den Brüsseler Behörden die so störenden bürokratischen Flügel gestutzt haben, dass sie dann endlich auch einen gemeinsamen Staat akzeptieren. Ich rechne hier eher mit 20 bis 30 Jahren, vielleicht auch mehr, als mit fünf oder zehn.

Die Baustelle Europa wird auch deshalb so lange bleiben, weil der Euro einen schweren Geburtsfehler hat: Er ist nicht demokratisch legitimiert. Er wurde den Menschen übergestülpt, ohne dass man sie vorher gefragt hat. So entwickelte sich in der Bevölkerung ein Unbehagen am Euro, das nichts mit der gemeinsamen Währung zu tun hat. Es ist durch die Krise leider stärker geworden. Und es ist auch noch nicht absehbar, dass es bald vorbei sein wird.

Sicher soll man hier nicht übertreiben. Die Währungsunion ist kein »Kriegszustand zwischen erbitterten Gegnern«. Er sollte weder mit dem »Stellungskrieg an der Westfront im Ersten Weltkrieg« verglichen werden noch mit dem »Kalten Krieg zwischen den Supermächten nach dem Zweiten Weltkrieg«, wie das in dem Buch von David Marsh, das Du zitierst, geschieht. Er ist auch keine unüberwindbare Pattsituation.

Gruß, T.

Betreff: **Eurokrise**

Was ist es denn dann?

Gruß, A.

Betreff: **Eurokrise**

Es ist vielmehr ein bisschen so wie eine Wohngemeinschaft. Die Mitglieder sind in das neue Haus eingezogen. Sie haben sich eine Hausordnung gegeben. Nun merken sie plötzlich, dass das keine theoretische Aktion war, sondern dass sie nunmehr wirklich Tür an Tür leben. Das ist bei so unterschiedlichen Temperamenten und Traditionen, wie es sie in Europa gibt, natürlich nicht ganz einfach. Der eine steht früh auf und weckt durch sein Duschen die anderen auf. Der andere kommt spät nach Hause und macht dabei auch Lärm. Der eine hat einen Hund, der andere eine Katze. Der eine hat einen Hustenanfall in der Nacht, der andere muss sich auf eine wichtige Prüfung vorbereiten. Es ist nur verständlich, dass es da Reibereien gibt. Das ist in jeder WG so.

Aber wie in jeder WG gewöhnen sich die Bewohner mit der Zeit aneinander. Sie merken, dass sie die anderen nicht ändern können. Sie fangen an, sich mit den Verschiedenheiten abzufinden. Vielleicht findet der eine oder andere auf Dauer sogar Gefallen an manchen Unterschieden. Den Deutschen würde es guttun, wenn sie etwas mehr Leichtigkeit im Leben praktizieren würden. Wie gerne fahren sie im Urlaub in diese Länder, nicht nur um des schönen Wetters willen, sondern auch wegen der anderen Lebensart. Andererseits wird den Südländern klar, dass sie nicht alles improvisieren können. Sie merken, dass das Einhalten von Regeln auch manches im Leben erleichtert.

In dem Prozess des Aneinandergewöhnens befinden wir uns gerade. Wenn man das mit anderen Regionen vergleicht, verläuft das erstaunlich friedlich. In den USA gab es beim Zusammenwachsen der Vereinigten Staaten zeitweise Krieg zwischen den Nord- und den Südstaaten. Noch heute gibt es in vielen Gegenden der USA eine tiefe Ablehnung gegen Washington. Bei der Gründung des Deutschen Reiches 1871 ging Berlin mit den einzelnen Regionen nicht gerade zimperlich um. In Deutschland gibt es die bekannten Aversionen zwischen Bayern und Preußen.

Auch in Europa wird es nach der Überwindung der Eurokrise nicht überall Friede, Freude, Eierkuchen geben. Die Deutschen werden in Österreich weiter die »Piefkes« sein und die Italiener in Deutschland die »Itaker«. Das ist nun einmal die Wirklichkeit des Lebens. Daran müssen wir uns gewöhnen. Noch heute ist »Preuße« ein Schimpfwort in Bayern.

Es ist aber nichts, was Dich bei Deinen Anlageentscheidungen beeinflussen sollte. Der Euro lebt und wird weiter leben. Was Du aber im Hinterkopf haben solltest, ist, dass sich zusammen mit dem Euro auch ein europäischer Kapitalmarkt entwickeln wird. Er wird nicht so groß, liquide und effizient sein wie der amerikanische. Aber er wird besser sein als der jetzige, und er wird besser sein, als viele denken (vor allem wenn der unwahrscheinliche Fall eintritt, dass sich Großbritannien der Währungsunion anschließen sollte). Das ist gut für Anleger. Sie profitieren von dem

größeren Volumen und natürlich auch davon, dass es dann vermehrt Mittelzuflüsse aus anderen Regionen geben wird.
Schöne Grüße, Dein Tom

11 Krise für immer?

Falle Nr. 40 Muss es denn immer Krisen geben?

Wo und wann man in der Krise am besten anlegt

Betreff: **Krise zu Ende**
Lieber Tom,
ich glaube den Politikern nicht, wenn sie uns sagen, dass sie alles tun, um die Krise zu bekämpfen. Sie brauchen die Krisen doch, um sich als erfolgreiche Manager zu profilieren und ihre Chancen zur Wiederwahl zu erhöhen. Zudem sehen wir mit eigenen Augen, dass es immer wieder Krisen gibt, wenn nicht bei uns, dann anderswo. Könnte es sein, das Krisen unser Schicksal sind? Dass wir da überhaupt nicht mehr herauskommen?
Schöne Grüße, Deine Alexandra

Betreff: **Krise zu Ende**
Hallo Alexandra,
als ich studiert habe, war die Antwort klar. Uns allen wurde damals die Gleichgewichtstheorie eingetrichtert. Ihre Aussage: Nicht die Krise oder das Ungleichgewicht ist der Normalzustand, sondern das Gleichgewicht. Das ist eine Situation, in der das Sozialprodukt wächst, die Beschäftigung hoch ist, der Geldwert sta-

bil und die Finanzmärkte in Ordnung. Wenn es Störungen gibt, wie etwa die Subprime-Krise in den USA, gerät das System zwar ins Wanken. Aber dann – so die Theorie – entwickelt die Marktwirtschaft aus sich heraus Gegenkräfte, um das Ganze wieder ins Lot zu bringen.
Der Staat muss da gar nicht viel tun. Er muss nur dafür sorgen, dass die marktwirtschaftlichen Anpassungsmechanismen funktionsfähig bleiben und nicht verdeckt werden. Vielleicht muss er ein bisschen nachhelfen, wenn die Störungen zu groß zu werden drohen oder wenn ihre Überwindung zu lange dauert.
Viele Grüße, Dein Tom

Betreff: **Krise zu Ende**
Ist das richtig? Geht die Krise zu Ende, lieber Tom?
Deine Schwester

Betreff: **Krise zu Ende**
Sicher gab es in der Geschichte mehr »normale« Jahre als Krisen. Andererseits ist die Zahl der Krisen aber so hoch, dass man sie schon nicht mehr als Ausnahme bezeichnen kann. Die amerikanischen Ökonomen Carmen Reinhart und Kenneth Rogoff haben über 100 Krisen in 800 Jahren in 66 Ländern untersucht. Sie kamen zu dem Ergebnis, dass sich über alle Jahrhunderte nichts geändert hat. Nach einem Aufschwung mit steigenden Schulden (bei Banken, Staaten, Unternehmen oder auch bei privaten Haushalten) kommen immer wieder der Krach und der Zusammenbruch. Das scheint ein Naturgesetz.
Im Übrigen beginnt sich auch in der Wissenschaft die Meinung zu ändern. Es wurde ein Ökonom entdeckt, den bisher kaum jemand auf der Rechnung hatte. Er war Professor an der kleinen Washington University in St. Louis im Mittleren Westen. Sein Name ist Hyman Minsky. Er wurde mit einem Mal so gefeiert, als ob er die Subprime-Krise selbst prognostiziert hätte. Dabei war er zu diesem Zeitpunkt bereits zehn Jahre tot.
Minsky stellte die »financial instability hypothesis« auf (These

von der finanziellen Instabilität). Marktwirtschaften sind – so seine Theorie – im Kern nicht stabil, sondern instabil, insbesondere die Finanzmärkte. Er erläutert das an einem einfachen Modell.

Es beginnt mit einer stabilen Wachstumsphase. Die Investitionen werden durch Kredite finanziert. Die Unternehmer zahlen regelmäßig sowohl die Zinsen als auch die Tilgungen. Alles ist im Lot. Wenn das eine Weile gut geht, gewöhnen sich die Investoren nicht nur daran. Sie sind zufrieden. Der eine oder andere wird sogar etwas übermütig. Er versucht, aus dem üblichen Trott auszubrechen. Er geht größere Risiken ein und reizt den Kreditspielraum weiter aus. Andere folgen, schon um nicht vom Markt verdrängt zu werden. Sie werden, wie Minsky sagt, spekulativ. Sie kalkulieren die Projekte so, dass sie bei ihren Krediten nur noch die Zinsen regelmäßig zahlen können. Die Tilgung bleibt außen vor und wird durch neue Mittelaufnahmen finanziert. Die Unternehmen halten das für gerechtfertigt, weil hinter den Krediten wertbeständige Anlagen stehen. Die Banken sind einverstanden, weil die Kunden bisher zuverlässig alle Schulden bedient haben, und fordern keine zusätzlichen Sicherheiten.

Wenn auch das eine Weile gut geht, werden die Investoren noch übermütiger und risikobereiter. Aus spekulativen Investoren werden Ponzi-Investoren (Minsky bezieht sich hier ausdrücklich auf den italienischen Gauner Charles Ponzi aus dem vorigen Jahrhundert). Sie zahlen aus ihren Erträgen weder Zinsen, noch denken sie daran, Tilgungen zu leisten. Für beides werden neue Kredite aufgenommen. Die Wirtschaft läuft heiß und heißer. Das auch deshalb, weil die Zahl der Ponzi-Investoren durch den allgemeinen Herdentrieb immer größer wird.

Jetzt muss nur eine kleine Störung kommen, um das System zum Kippen zu bringen. Das kann die Zentralbank sein, die die Zinsen erhöht, weil die Preise zu stark steigen. Es kann aber auch ein Schub bei den Rohstoffpreisen sein, der die Kosten der Unternehmen hochbringt und Gewinnprognosen obsolet werden lässt. Schon sind die Banken nicht mehr bereit, das Kreditgebäude weiter wach-

sen zu lassen. Sie fordern fällige Kredite ein. Wie im Ponzi-System bricht das Ganze zusammen. Es kommt der Abschwung, häufig auch der Zusammenbruch. Das ist das Minsky-Moment.
Schöne Grüße, Tom

Betreff: **Krise zu Ende**
Diese Theorie, lieber Tom, haut mich aber wirklich nicht vom Hocker. Das ist doch überall so. Wenn's den Menschen gut geht, werden sie leichtsinnig und schlagen über die Stränge. Da muss doch noch mehr sein, oder?
Herzlich, Deine Alex

Betreff: **Krise zu Ende**
So schrecklich neu und aufregend ist diese Theorie in der Tat nicht. Wichtig aber ist die Grunderkenntnis: Hinter Krisen stehen keine Naturgesetze oder zwangsläufige Automatismen der Wirtschaft. Deshalb hilft es auch nicht, wenn die Politik neue Gesetze zur Regulierung von Banken, Börsen oder anderem beschließt. Wenn Krisen bei Banken und Börsen nicht mehr möglich sind, dann entstehen sie an anderer Stelle, vielleicht durch Überschuldung der Staaten, durch Rohstoffpreisentwicklungen, durch die Devisenmärkte oder durch geopolitische Spannungen. Du hast sicher gehört, dass es auch einmal eine Tulpenkrise gab.
Krisen beruhen einzig und allein auf dem Verhalten der Menschen. Sie wollen immer mehr und zu immer geringeren Kosten. Zudem haben sie ein Kurzzeitgedächtnis. Sie erinnern sich nur an die – guten – Erfahrungen der letzten zwei, drei Jahre. Sie verdrängen aber, welche großen Unglücksfälle sich davor in den letzten Jahrzehnten und Jahrhunderten ereignet haben. Solange dieses Verhalten vorherrscht, wird es immer wieder Krisen geben.
Daher auch der – ironisch gemeinte – Titel des Buches von Reinhart und Rogoff *Dieses Mal ist alles anders*. Die Menschen haben bei einer Krise immer den Eindruck, dass die aktuelle Krise ein-

malig ist. So etwas hat es noch nie vorher gegeben. Deshalb konnte man es auch nicht vorhersagen und sich nicht darauf vorbereiten. Dabei sind die Krisen in der Grundstruktur immer gleich.
Nun kann man sagen: Wenn alles am menschlichen Verhalten liegt, dann kann man daran nichts ändern. Wir können den Menschen nicht besser machen. Dann müssen wir mit Krisen leben. Oder?
Beste Grüße, Dein Tom

Betreff: **Krise zu Ende**
Warum sollen sich die Menschen denn nicht ändern? Das passiert doch auch in anderen Bereichen. Die Menschen essen heute gesünder als vor 30, 40 Jahren. Sie leben länger. Es gibt keine Kinderlähmung mehr. Warum soll das nicht auch in der Wirtschaft gehen?
Schöne Grüße, Deine Alex

Betreff: **Krise zu Ende**
Das gibt es auch auf anderen Gebieten. In der Forstwirtschaft wurde gerade der 300. Geburtstag der Nachhaltigkeit gefeiert. Bei der Nachhaltigkeit ist ein Wandel gelungen, den keiner für möglich gehalten hätte. Jahrhundertelang hat der Mensch Wälder abgeholzt. Bis er plötzlich merkte, dass das so nicht weitergehen kann. Man muss die Bäume pfleglicher behandeln, sonst sind sie am Ende ganz weg. Und das Erstaunliche: Man tat es. Der Wald wurde nicht ausgebeutet, er wurde geschont.
Die Nachhaltigkeit hat die Gesellschaft und das menschliche Verhalten bis heute von Grund auf geändert. Was tun wir nicht alles, um beispielsweise eine Klimakatastrophe zu verhindern, obwohl nur wenige der heute Lebenden davon wirklich betroffen sein werden.
Es geht also. Freilich hat mich ein Kollege darauf hingewiesen, dass man dabei auch ein bisschen Glück haben muss. Bei der Nachhaltigkeit in den Wäldern spielte nicht nur die kluge Erkenntnis der Menschen eine Rolle. Es kam auch die Einführung

des Mineraldüngers und der Stallfütterung hinzu. Dadurch wurden die landwirtschaftlichen Flächen fruchtbarer, und die Menschen waren nicht mehr im bisherigen Maß auf den Wald angewiesen. Sie konnten sich die Nachhaltigkeit leisten. Zudem wurden andere Energieträger wie Steinkohle, Torf, schließlich Erdöl und Erdgas entdeckt, die das Holz ersetzten. Die Erfindung der Eisenbahn verbesserte die Transport- und Absatzmöglichkeiten der neuen Energieträger.
Trotzdem: Warum sollte es nicht auch im Finanzwesen einmal eine gute Idee und ein bisschen Glück geben? Es ist unwahrscheinlich und ich habe auch keine Vorstellung, wie es konkret aussehen könnte. Ich würde mich in meinen Anlageentscheidungen also nicht darauf verlassen. Aber ausschließen würde ich es nicht.
Dein Tom

Betreff: **Krise zu Ende**
Was heißt das nun für mich als Anlegerin?
Gruß, A.

Betreff: **Krise zu Ende**
Drei Dinge: Gehe zum einen davon aus, dass es immer wieder Krisen geben wird. Was nach oben geht, geht auch wieder nach unten. Das gilt für Aktienkurse genauso wie für andere Preise an den Finanzmärkten. Sichere Dich also ab und glaube nicht denen, die Dir bei hohen Kursen das Blaue vom Himmel versprechen. Wenn's besser kommt, kannst Du Dich immer noch freuen.
Vertraue zum anderen aber auch darauf, dass jede einzelne Krise ein Ende findet. Es hat noch nie eine Krise gegeben, die ewig dauerte. Das Ende kann früher kommen – wie etwa bei der Subprime-Krise in den USA, die inzwischen glücklicherweise zu Ende ist. Es kann aber auch länger dauern wie jetzt bei der Eurokrise. Nach dem Ende der Krise geht es an den Finanzmärkten wieder nach oben. Das ist die Zeit, wo man investieren muss und Geld verdienen kann.

Und noch ein Drittes: Zwischen den Krisen liegt meistens eine Zeit der Ruhe. Da wächst die Wirtschaft wieder. Da investieren die Unternehmen und da sind auch die Finanzmärkte eher normal. Da kannst Du Dich entspannen, Dein Geld in Ruhe arbeiten lassen – und vielleicht ein schönes Buch lesen, das nicht von Krisen handelt.
Schöne Grüße, Dein Tom

Literatur

Beckett, Simon: *Der Hof.* Reinbek 2014

Börsch-Supan, Axel; Ludwig, Alexander; Winter, Joachim: »Alterung, deutsche Renditeentwicklung und globale Kapitalmärkte«. In: Deutsche Bank Research: *Aktuelle Themen, Demografie Spezial* vom 16. 06. 2003

Brandmeir, Kathrin et al.: *Allianz, Global Wealth Report 2013.* München 2013

Dobbs, Richard et al.: »QE and ultra-low interest ratess: Distributional effects and risks«. In: McKinsey & Company: *Insights & Publications,* November 2013

Eichengreen, Barry: »The Rise and the Fall of a Barbarous Relic: The Role of Gold in the International Monetary System (with Michael Bordo)«. Preliminary Draft January 1998. Website von Barry Eichengreen

Eucken, Walter: *Grundsätze der Wirtschaftspolitik.* Tübingen 1952

Fama, Eugene: *Foundations of Finance, Portfolio Decisions and Securities Prices.* New York 1976

Foot, David K.: *Boom, Bust & Echo 2000. Profiting from the demographic shift in the new millennium.* Toronto 2000

Hellwig, Martin; Admati, Anat: *Des Bankers neue Kleider. Was bei Banken wirklich schief läuft und was sich ändern muss.* München 2013

Herrhausen, Alfred: *Denken, Ordnen, Gestalten. Reden und Aufsätze von Kurt Weidemann und Alfred Herrhausen.* Berlin 1992

Hüfner, Martin: *Rettet den Euro. Warum wir Deutschland und Europa neu erfinden müssen*. Hamburg 2011

Kleine, Jens: »Nachhaltigkeit und Investment-Performance aus wissenschaftlicher Perspektive«. Vortrag beim DVFA Asset Management Forum, September 2013

Kleine, Jens; Krautbauer, Matthias; Weller, Tim: *Nachhaltige Investments aus dem Blick der Wissenschaft: Leistungsversprechen und Realität*. München 2013

Magis, Christian: »Kommunale Doppik: (Miss-)Verständnisse und Weiterentwicklungen«. In: *gemeindehaushalt* 108. Jahrgang, Heft 8, 2007, S. 175 – 180

Markovitz, Harry: *Portfolio Selection. Die Grundlagen der optimalen Portfolio-Auswahl*. München 2008

Marsh, David: *Beim Geld hört der Spaß auf. Warum die Eurokrise nicht mehr lösbar ist*. Berlin 2013

Minsky, Hyman: *Stabilizing an Unstable Economy*. New Haven 1986

Moog, Stefan; Raffelhüschen, Bernd: »Ehrbarer Staat? Die Generationenbilanz. Update 2013: Nachhaltigkeitsbilanz der Wahlprogramme«. In: *Argumente zu Marktwirtschaft und Politik* Nr. 121/August 2013

Nienhaus, Lisa; Robinson, Joan: »Normale Zeiten gibt es nicht«. In: *Frankfurter Allgemeine Zeitung* vom 10. 08. 2013

Paulson, Hank: *On the Brink. Inside the Race to stop the Collaps of the Global Financial System*. London 2010

Reinhart, Carmen M.; Rogoff, Kenneth S.: *Dieses Mal ist alles anders. Acht Jahrhunderte Finanzkrise*. München 2010

Sinn, Hans-Werner: *Die Target-Falle. Gefahren für unser Geld und unsere Kinder*. München 2012

Smith, Adam: *Untersuchung über Wesen und Ursachen des Reichtums der Völker*. Tübingen 2005

Stiftung Marktwirtschaft: »Bilanz ehrbarer Staaten? Schulden der größten EU-Staaten wachsen, Griechenland und Spanien verbessert«. Pressemitteilung Berlin vom 28. 11. 2013

Register

MARCEL FRATZSCHER

Die Deutschland-Illusion

Warum wir unsere Wirtschaft überschätzen und Europa brauchen

ca. 250 Seiten, ISBN 978-3-446-44034-0, auch als E-Book erhältlich

Deutschland sieht sich gerne als Hort der Stabilität in einem unsicheren Europa. Es ist stolz auf seine wirtschaftliche Leistungsfähigkeit und darauf, dass es ziemlich ungeschoren durch die Krise gekommen ist. Es feiert die stark gesunkenen Arbeitslosenzahlen der letzten Jahre als vollen Erfolg – und das zu Recht. Doch das schöne Bild trügt.

Deutschland hat seit dem Jahr 2000 deutlich weniger Wachstum zu verzeichnen als andere europäische Staaten. Zwei von drei Arbeitern sind heute schlechter gestellt als vor 15 Jahren. Die deutsche Wirtschaft und der Staat leben von ihrer Substanz. Marcel Fratzscher legt den Finger in die Wunde und benennt die wesentlichen Defizite, die für unsere Zukunft gefährlich werden können, vor allem unsere notorisch schwachen Investitionen. Und er räumt auf mit dem Irrglauben, wir kämen ohne Europa besser zurecht.